企业全流程一本通

TAHOTA
泰和泰

知识产权
全流程
规范管理
一|本|通

泰和泰律师事务所 编著

COMPLETE FLOW
NORMATIVE MANAGEMENT
OF
INTELLECTUAL
PROPERTY

华中科技大学出版社
http://press.hust.edu.cn
中国·武汉

图书在版编目(CIP)数据

知识产权全流程规范管理一本通 / 泰和泰律师事务所编著. -- 武汉：华中科技大学出版社，2025. 2. -- ISBN 978-7-5772-1273-9

Ⅰ. D923.4

中国国家版本馆 CIP 数据核字第 2025ZH6516 号

知识产权全流程规范管理一本通   泰和泰律师事务所　编著

Zhishi Chanquan Quanliucheng Guifan Guanli Yibentong

策划编辑：张婧旻
责任编辑：田兆麟
封面设计：沈仙卫
版式设计：赵慧萍
责任校对：林宇婕
责任监印：朱　玢
出版发行：华中科技大学出版社（中国·武汉）　　电话：(027) 81321913
　　　　　武汉市东湖新技术开发区华工科技园　　邮编：430223
录　　排：华中科技大学出版社美编室
印　　刷：武汉科源印刷设计有限公司
开　　本：710mm×1000mm　1/16
印　　张：22
字　　数：380 千字
版　　次：2025 年 2 月第 1 版第 1 次印刷
定　　价：108.00 元

四川省知识产权发展研究中心课题
天府知识产权研究院培训用书

总序 •

　　进入新时代以来，全面依法治国不断取得新成就，法治中国理念更加深入人心。法治中国建设包含三个方面，即法治国家、法治政府和法治社会。企业作为市场经济最主要的组成部分和最活跃的组织形式，为国家经济社会发展作出了重要贡献，其法治水平也是法治国家、法治社会建设成果的重要体现。

　　2018年，央企率先开启了规范管理和建设的序幕。几年过去，法治央企已成为中央企业治理的核心要求，"依法治企、法治强企"逐渐成为国企治理的核心理念。2022年10月1日起，《中央企业合规管理办法》施行。该办法规定的合规管理，是指企业以有效防控合规风险为目的，以提升依法合规经营管理水平为导向，以企业经营管理行为和员工履职行为为对象，开展的包括建立合规制度、完善运行机制、培育合规文化、强化监督问责等有组织、有计划的管理活动。

　　当然，作为为中国经济社会发展贡献了50％以上的税收、60％以上的国内生产总值、70％以上的技术创新成果、80％以上的城镇劳动就业，同时占据企业数量九成以上的广大民营企业，也不能置身于合规管理大计之外。在快速发展的商业环境中，企业合规管理已经成为确保各类企业稳健运营、降低风险、提升品牌形象和持续竞争力的关键因素。

泰和泰律师事务所作为具有高度社会责任感的大型综合律所，与华中科技大学出版社携手，合力向社会推出企业规范管理系列图书。首批推出的五本书将为广大企业负责人、法务人员、业务人员展示企业在知识产权、人力资源、建设工程、参与政府采购等经营管理活动中涉及的规范管理各要素知识，既有法条解读、问题归纳，也有案例解析和规范实务要点总结。我们的目标是帮助读者归纳和分析不同业务领域的规范管理风险要点，增强企业规范意识和风险应对能力，为企业的持续健康发展提供有力保障。

在撰写这套丛书的过程中，我们充分考虑了国内外法律法规的变化、行业发展趋势以及企业实际需求。我们邀请了多位具有丰富实践经验和深厚理论造诣的律师实务专家，和他们共同完成了丛书的策划和编写工作，并结合自己在企业规范管理领域的实践经验和研究成果，为读者提供这一系列实用、有效的规范管理方法和工具。

这套丛书不仅适用于企业管理者和规范管理人员，也适合学者、研究人员以及对企业规范管理感兴趣的人士阅读。通过阅读这套丛书，您将深入了解相关领域企业规范管理的最新理论和实践，掌握规范管理的核心知识和技能，为企业规范管理体系的建设和完善提供有力支持。

最后，我们衷心希望这套丛书能为您的企业规范管理工作带来实质性的帮助。在未来的日子里，我们将继续关注企业规范管理领域的发展动态，不断推出更多优质资源，在助力企业规范经营、稳健前行的路上尽微薄之力。

是为序。

泰和泰律师事务所

执笔：尹晓东

2025 年 2 月

知产破浪会有时

——为《知识产权全流程规范管理一本通》作序

　　企业知识产权，作为现代企业核心竞争力的重要组成部分，日益受到广泛的关注和重视。然而，知识产权的规范管理却是一个复杂而烦琐的过程，需要专业的知识和丰富的经验来指导实践。正是在这样的背景下，泰和泰律师事务所编著的新书《知识产权全流程规范管理一本通》应运而生，无疑为众多企业提供了宝贵的参考和指引。

　　泰和泰律师事务所知识产权法律中心，经过多年的发展和积累，已经成长壮大为拥有近百名专业律师，超过四十位同时持有律师执业证和专利代理师资格证书的双证专利律师及多位具有海外法律学位和执业经历律师的庞大团队。这样的专业优势，加上律师们在为企业提供知识产权法律服务过程中积累的丰富实务经验，使得泰和泰律师事务所具备了编写这样一本全面、系统、实用的图书的能力。

　　本书的内容丰富而全面，涵盖了企业知识产权规范管理的各个方面，对从概述到体系的构建，再到各类企业的具体规范管理，以及争议解决和海外知识产权管理等内容，都进行了深入的探讨和阐述。这样的内容安排，使得本书不仅具有高度的理论价值，更具有极强的实用性和可操作性。同时，本书还突破常规，摒弃了传统知识产权规范管理类书籍常用的商标、专利、版权等不同知识产权权属类型分类结构，而是以行业属性为依托，对文化创意企业、商业服务企业、科技创新企业等不同类型和行业的企业应当如何开展知识产权规范管理进行深入研究和讨论，并给出了颇具实务性和前瞻性的规范管理建议。

同时，本书的另一大亮点是对中国企业的海外知识产权管理进行了讨论和介绍，这也与我国当下努力构建以国内大循环为主体、国内国际双循环相互促进的新发展格局遥相呼应。2025年是共建"一带一路"倡议提出十二周年，中国企业走出去的步伐愈发坚定和加速，从早期的国际贸易到基础设施建设，再到现在更多地对海外进行投资并购，并实际进入当地市场进行经营，都需要切实加强海外知识产权管理和保护。本书可以为走出去的中国企业提供知识产权海外规范管理的重要帮助。

当然，面对纷繁复杂的商业实践，知识产权规范也面临众多的特殊疑难问题，本书专门对技术秘密保护、食品饮料行业特有包装装潢保护等进行了讨论，为目标读者群体在碰到新问题、难问题时打开解决问题的思路提供了示范和指引。

本书编写的目的在于为企业知识产权管理人员、知识产权服务机构、律师等提供一套贴近企业管理实际、可操作性强且行之有效的知识产权专项规范管理建设指引。这样的目的定位，使得本书不仅能够满足企业内部的实际需求，也能够为知识产权服务机构和律师提供有益的参考和借鉴。在阅读本书的过程中，我深感泰和泰律师事务所知识产权法律中心的专业精神和务实态度。他们不仅对企业知识产权规范管理的理论和实践进行了深入的研究，还结合自身的实务经验，为读者提供了大量实用的建议和解决方案。这样的专业精神和务实态度，使得本书成为一本真正有价值的著作。

　　总的来说，《知识产权全流程规范管理一本通》是一本极具实用性和指导性的图书，对企业知识产权管理人员、知识产权服务机构、律师等来说，都是一本不可多得的参考书。我相信，本书的出版将会对企业知识产权规范管理产生积极的影响，也会推动我国知识产权法律服务的发展和完善。

天府知识产权研究院执行院长

袁嘉博士

2025 年 2 月

序

2023 年 11 月 15 日，《四川党校报》头版刊载了文章《以坚定的政治定力和战略定力　奋力开创四川知识产权工作新局面》。文章全面回顾了过去五年四川知识产权事业走过的砥砺前行的非凡历程，深入分析了当前形势下四川知识产权事业正处在优势叠加的战略机遇期，明确指出了四川知识产权要自觉肩负使命，奋力开创事业发展新局面。

文章指出，"知识产权发展重心从以知识产权保护为基础，进一步强化为科技自立自强、经济高质量发展和高水平改革开放提供更多支撑，也预示着将投入更多资源从事高质量知识产权的挖掘、管理和精准运用。"企业知识产权规范管理旨在捍卫创新成果的合法权益，通过制定有效规范管理政策，实现法律风险降低、商业竞争力提升，吸引投资者和合作伙伴，同时推动研发和创新活动。

在新的经济形势下，企业需要通过系统学习知识产权规范管理的相关知识，掌握知识产权规范管理的实务操作要点，提升企业的知识产权创造、运用、管理和维护能力，增强企业应对激烈市场竞争的能力，保障企业健康持续经营，造福社会，贡献国家。

四川省知识产权发展研究中心在 2023 年初将企业知识产权规范管理问题列入了中心的课题研究计划中，在与泰和泰律师事务所成功合作了《知识产权诉讼实战进阶教程》的基础上，再次委托泰和泰开展知识产权规范管理课题的研究，形成了本书。

在此，衷心感谢课题组全体成员的辛苦付出。希望本书的出版，能为企业提升知识产权管理水平，有效防范知识产权风险提供切实帮助。

四川省知识产权发展研究中心主任

姜　华

2025 年 2 月

　　2011 年 6 月，泰和泰律师事务所知识产权团队出版了《企业知识产权管理体系构建》一书。该书尝试以 ISO9000 族标准的理念和管理原则、方法来再造企业知识产权管理体系，立足于企业知识产权管理工作者的视角，对知识产权在企业内部的管理、保护和运用等常见问题作了较为深入的分析和阐述，以期为企业知识产权工作者提供借鉴。

　　2023 年 6 月，华中科技大学出版社提出了"企业高端法律实务书籍策划案"，邀请事务所律师参与编写。经过十余年的发展，泰和泰律师事务所知识产权业务部门已经从原有三五个零星小团队，成长壮大为拥有近百名专业律师，超过四十位同时持有律师执业证和专利代理师资格证书的双证专利律师的泰和泰律师事务所知识产权法律中心。基于以上的专业优势，特别是知识产权法律中心律师在为企业提供知识产权法律服务过程中积累的丰富实务经验，事务所主动请缨，组织了泰和泰北京、上海、重庆、成都、济南、南昌、广州、杭州等十多个办公室的知识产权专业律师，共同编写《知识产权全流程规范管理一本通》。

　　2023 年，四川省知识产权发展研究中心将企业知识产权规范管理问题列入了中心的课题研究计划，与本书的编写目标不谋而合。作为中心专家团队的一员，编委黄春海律师遂邀请中心课题组加入本书的编写。中心课题组在前期调研成果基础上，与编委会共同确定了本书大纲，并承担了实务案例的收集、梳理和编撰工作。本书凝聚了四川省知识产权发展研究中心课题组全体成员的心血，是中心的重点课题成果。

本书编写的目的在于为企业知识产权管理人员、知识产权服务机构、律师等提供一套贴近企业管理实际、可操作性强且行之有效的知识产权专项规范管理建设指引。

编委会在本书策划之初就以实用为导向，力求打破常规，因此，本书没有采用以商标权、专利权、著作权等不同权利类型知识产权为线索，将各类权利所对应的风险点进行全面铺陈的篇章结构，而是根据企业的行业特点、业务特点，重点介绍科技创新类企业、文化创意类企业和商业服务类企业主要知识产权风险及规范管理要点，并通过一个个典型案例抽象出企业规范管理的应用场景、规范指引供企业知识产权管理者参考。因为本书编委会聚集了泰和泰律师事务所各地办公室的优秀知识产权律师，所以充分利用专业律师在知识产权纠纷争议解决领域的丰富经验。本书还从民事、行政、刑事角度对企业知识产权争议解决合规管理中可能出现的问题及应对措施，以及企业"走出去"面临的知识产权规范管理风险进行了介绍，可为企业知识产权保护及风险防范提供切实可行的经验借鉴。

作者在编写过程中得到了四川省知识产权发展研究中心领导的悉心关怀、天府知识产权研究院专家学者的专业指导；同时也感谢华中科技大学出版社编辑老师的辛勤付出，以及泰和泰律师事务所知识产权法律中心各位同仁的共同参与。

　　企业规范管理是一个多学科交叉的法学前沿问题，并且不断发生变化，对其理论与实务的探讨如火如荼。编委会希望通过此书，与企业知识产权管理者、知识产权保护的从业者共同探索企业知识产权规范管理之路。

泰和泰律师事务所知识产权法律中心

2025 年 2 月

目录

第一章
企业知识产权规范管理概述

第一节 企业知识产权规范管理

一、知识产权规范管理的基本概念

（一）企业规范管理的概念

企业规范管理①是一个涉及公司治理、行政监管、刑法、刑事诉讼法、国际经济法等多个领域的法学前沿课题，目前已逐步发展成为全世界企业普遍接受的一套基于法律风险防控的公司治理体系。

企业规范管理制度在我国的产生和发展体现了国内、国外企业的双向互动。一方面随着改革开放的推进，企业规范管理制度作为一种公司治理方式被跨国企业带进中国，最初是在这些企业的中国分支机构建立并实行；另一方面跟随着中国企业走出去，尤其是前往欧美等国家，出于满足所在国企业规范管理要求、规避法律风险的目的，中国企业也逐渐重视并建立起企业规范管理制度。② 有学者将我国企业的规范管理制度发展历程分为三个阶段：2017 年至 2018 年是萌芽时期，金融领域率先引入规范管

---

① 也称"企业合规"，本书将结合特定语境及相关规范，交替使用这两种表述方式。

② 参见陈瑞华：《论企业合规的中国化问题》，载《法律科学（西北政法大学学报）》2020 年第 3 期，第 34-48 页。

理制度，在此期间国务院国资委（国有资产监督管理委员会）等行政部门也积极引入相关理念，通过发布合规管理指引、合规管理体系指南等方式倡导企业建立合规管理体系；2020 年是制度试验期，例如最高人民检察院在六家基层检察机关开展试点，进行企业犯罪相对不起诉的探索，再比如国家市场监督管理总局对包括阿里巴巴、美团等平台企业作出巨额反垄断行政罚款，并向相关企业发出行政指导书，指导、督促其作出整改，这表明企业规范管理在我国从行业倡导转向制度引进；2021 年至今则是第三阶段，最高人民检察院经过第二批试点后在全国检察机关全面铺开企业合规改革试点，并初步形成了检察建议模式和合规考察模式，这表明企业规范管理的法律化已经进入快车道。①

企业规范管理具有多重含义，而且理论界和实务界的理解不尽相同。规范的来源至少应包括四大类：第一是国家法律、行政法规等规范性文件；第二是行业行为准则、商业习惯等商业惯例；第三是企业内部规章制度；第四是国际条约、规则。② 例如 2022 年 10 月 1 日起施行的《中央企业合规管理办法》第三条第一款对合规的定义就采用了广义合规的概念，即"本办法所称合规，是指企业经营管理行为和员工履职行为符合国家法律法规、监管规定、行业准则和国际条约、规则，以及公司章程、相关规章制度等要求"。学者普遍认为企业合规在字面解读之外还有更深层次含义。陈瑞华教授认为，企业合规不仅具有企业依法依规经营的含义，还是企业自我治理、自我监管和自我整改的治理方式，更是一种在陷入执法调查时获得宽大处理的激励机制③。李勇认为企业合规的本质是企业治理结构和企业文化的自我变更，属于企业自治、协商治理的模式④。江必新教授也认为"企业合规是企业依法依规经营、防控合规风险的一种自我治理方式"⑤。笔者认同李本灿教授的观点，企业规范管理问题的研究可以从国

---

① 参见李勇：《我国企业合规法律化的方向与路径》，载《贵州大学学报（社会科学版）》2023 年第 3 期，第 60-71 页。

② 参见陈瑞华：《企业合规的基本问题》，载《中国法律评论》2020 年第 1 期，第 178-196 页。

③ 陈瑞华：《企业合规基本理论（第三版）》，法律出版社 2022 年版，第 27 页。

④ 参见李勇：《我国企业合规法律化的方向与路径》，载《贵州大学学报（社会科学版）》2023 年第 3 期，第 60-71 页。

⑤ 江必新、袁浙皓：《企业合规管理基本问题研究》，载《法律适用》2023 年第 6 期，第 11-23 页。

家和企业两个角度展开。① 鉴于本书编撰的目的在于为企业管理人员、律师等对企业知识产权规范管理实务提供有益参考和指引，因此侧重从企业视角展开讨论。

从企业经营管理的角度看，企业规范管理是企业以法律风险防控为导向，为有效预防、识别、应对相关法律风险所采取的一种管理机制和建立的一套公司治理体系。

（二）企业知识产权规范管理

一套行之有效的规范管理体系可以降低企业的经营风险、增强企业的市场竞争力，因此越来越多的企业选择在"危机"发生前提前制订计划，采取日常性规范管理模式。日常性规范管理体系所要建立的并不是大而全的通用合规计划，而是通过风险评估，识别与企业自身商业模式和经营方式密切相关，且最容易出现危机的相关风险领域而建立的专门化的规范管理治理体系。故本书编写目的就是为知识产权密集型企业制定知识产权专项规范管理计划提供指引。

知识产权规范管理是企业规范管理体系中的一个重点领域，是企业为了实现高质量发展，以有效防控知识产权合规风险为首要目的，以企业及其员工的经营管理行为为主要对象，开展包括制度制定、风险识别、合规审查、风险应对、责任追究、考核评价、合规培训等有组织、有计划的管理活动。②

企业知识产权规范管理具有以下特点：第一，知识产权专业性强。一方面专利、商业秘密、集成电路布图等知识产权本身包含专业技术问题，另一方面知识产权法律适用较为专业，这给企业管理者制定规范管理计划带来挑战。第二，知识产权规范管理的环节多、链条长，行业特征显著。知识产权类别众多，知识产权风险不均衡地分布在企业的采购、生产、研发、销售等环节之中，因此须规范操作流程，细化规范管理指

---

① 参见李本灿：《企业视角下的合规计划建构方法》，载《法学杂志》2020 年第 7 期，第 76-83 页。

② 参见谢小勇主编：《"走出去"企业知识产权合规管理指引》，知识产权出版社 2023 年版，第 4 页。

引。① 第三，因为知识产权具有特殊性，所以企业的专项规范管理计划需要兼顾"自我保护"和"避免侵权"两个维度；同时，与知识产权有关的法律责任存在交叉，同一种违法行为可能同时产生民事责任、行政责任和刑事责任。

（三）企业知识产权合规风险

企业知识产权管理人员或者律师要帮助企业打造一套切实可行的规范管理体系，应当遵循以合规风险防控为导向这一基本原则。也就是说企业在建立合规管理体系时，首先要进行合规风险的评估、诊断，发现、识别出企业当前的合规风险，列出合规风险清单，并且按其重要性及紧迫程度进行排序，依次开展规范管理计划的设计和起草工作。因此，笔者有必要对企业知识产权保护中常见的合规风险进行梳理和介绍。②

1. 专利权风险

（1）专利许可权滥用风险、专利申请权争议风险、被侵犯专利的风险、被提起专利侵权诉讼的风险、专利转让纠纷风险等；

（2）未能有效开发和实施专利的风险、管理不善导致专利失效的风险；

（3）零部件侵权、雇主替代责任等。

2. 商标权风险

（1）商标申请风险：商标未注册或被他人抢先注册、申请类别不全、重点类别保护力度不够、申请的标识不全面；

（2）商标使用风险：申请地域不全、未对目标市场全面布局、对商品

---

① 参见李菲菲、肖启贤：《知识产权领域企业合规改革路径探析》，载《中国检察官》2023年第7期，第15-17页。
② 参见《企业知识产权合规标准指引（试行）》，上海市浦东新区人民检察院、中国信息通信研究院知识产权与创新发展中心（联合发布）。黄国群、林慧勤：《企业知识产权合规的学理与边界探究》，载《黑龙江工业学院学报（综合版）》2023年第3期，第125页。

或服务类别越权使用、许可他人使用中的质量保障义务与商标增值利益的分配、侵犯他人在先权利、商标不规范使用等。

3. 著作权风险

（1）职务作品、委托创作、版权商的权属确定风险；

（2）作品素材侵权风险；

（3）互联网信息网络传播权侵权；

（4）计算机软件著作权侵权；

（5）许可使用和转让中的法律风险；

（6）销售侵权复制品等。

4. 商业秘密风险

（1）被他人盗窃、以间谍或黑客手段窃取；

（2）内部员工被收买；

（3）对外宣传、合作过程中泄露；

（4）员工离职泄密等。

5. 其他与知识产权相关的风险

实施混淆仿冒、商业贿赂、虚假宣传、不正当有奖销售、诋毁商誉等不正当竞争行为，以及互联网不正当竞争行为。

二、企业知识产权规范管理的目标、原则和意义

（一）企业知识产权规范管理的目标

第一，保障企业知识产权的获取、运用、保护及管理等环节的各项工作都在法律、法规及相关规范性文件的要求下运行。第二，帮助企业监控违规行为，预防知识产权规范风险，避免企业遭受严重的经济损失和声誉损失。第三，优化企业治理结构，确立企业合规文化，减少企业知识产权侵权、违法行为发生的次数，进而提升企业的商业信誉和市场竞争力。

（二）企业知识产权规范管理的原则

企业知识产权规范管理体系建设应当坚持独立性、有效性、全面性、动态性（持续改进）和可查证（留痕性）原则：①

1. 独立性原则

企业知识产权规范管理应从制度设计、机构设置、岗位安排及汇报路径等方面保证独立性；规范管理职能部门应严格依照法律法规及企业相关制度规定等对企业和员工行为进行客观评价和处理；承担规范管理职责的人员应独立履行职责，不受其他部门和人员的干涉；规范管理机构及人员承担的其他职责不应与规范管理职责产生利益冲突。

2. 有效性原则

企业知识产权规范管理应当顺应企业性质、业务类型、经营规模、公司治理结构等实际情况的要求，并将其有效嵌入经营业务的具体环节当中，与法律风险防范、审计监察、内控及风险管理等工作相统筹、相衔接，并建立全员合规责任制，明确管理人员和各岗位员工的合规责任并督促有效落实，确保管理闭环，提升知识产权规范管理的有效性。

3. 全面性原则

企业知识产权规范管理的基础性和关键领域包括专利、商标、著作权、商业秘密；规范管理工作应覆盖业务涉及的研发、生产、销售、对外合作、投资推广、招投标及采购等各个环节，贯穿决策、执行、监督、反馈全流程，并确保所有与知识产权相关的业务、部门和人员均已纳入规范管理工作体系。

4. 动态性原则（持续改进原则）

知识产权规范管理应与企业经营范围、组织结构和业务规模相适应；

---

① 参见《企业知识产权合规标准指引（试行）》，上海市浦东新区人民检察院、中国信息通信研究院知识产权与创新发展中心（联合发布）。

企业应根据企业的业务、经营环境、客户以及相关法律或政策的变化而定期审查和改进规范管理计划；企业经营管理中存在的合规风险问题，要能够得到及时反馈、纠正和改进。

5. 可查证原则（留痕性原则）

规范管理工作应有明确的流程规范作依据，确保企业规范管理有迹可循、有证可查。

（三）企业知识产权规范管理的意义

如《合规管理体系　要求及使用指南》（GB/T 35770—2022）开篇所言"合规是实现组织成功和持续发展的基石和机会"，知识产权规范管理对于企业获得持久领先的竞争优势具有重要意义。

1. 推动企业管理现代化

知识产权规范管理体系的构建可以引导企业在知识产权领域确立自我治理、自我监督、自我整改的公司治理体系，同时也可以向公众宣示企业尊重知识产权、鼓励创新和公平竞争的企业文化，并承担起相应的社会责任，有利于塑造企业卓越的品牌形象。

2. 帮助企业化解或减轻潜在风险

企业规范管理是一种责任分割机制，是为了避免企业自身合规风险而建立的治理体系，这一性质在知识产权专项规范管理中也同样体现。一个有效的知识产权专项规范管理体系，可以在企业与员工、客户、商业伙伴之间建立知识产权合规风险转移和责任切割的机制，从而发挥免除或减轻企业责任的作用。

3. 提升企业市场竞争力，实现可持续发展

知识产权，尤其是企业的自主知识产权往往是企业最重要的核心竞争力的体现，因此，构建知识产权规范管理体系可以巩固并持续不断地发挥企业的竞争优势，为企业赢得更多的交易机会。

第二节　企业知识产权规范管理的内容

一、规范管理义务及其主体

简而言之，知识产权规范管理就是履行企业的全部知识产权合规义务。识别合规义务是进行合规管理的起点，因此，要制定知识产权规范管理计划，建立知识产权规范管理体系需要明确合规义务。

（一）合规义务来源

本书参考《合规管理体系　要求及使用指南》（GB/T 35770—2022）对合规义务的定义，将知识产权合规义务分为"强制性必须遵守的要求"和"自愿选择遵守的要求"。

1. 强制性必须遵守的要求

强制性必须遵守的要求，即知识产权规范管理要求，指无论企业性质、规模，都普遍适用或被动遵守的，具有法律强制性的法律、法规、规章、司法解释、强制性标准、行政政策等规范性文件的要求。企业一旦违反此类合规要求，可能面临"资格剥夺"等严厉的行政责任或刑事责任。

2. 自愿选择遵守的要求

自愿选择遵守的要求，即知识产权规范管理承诺，指企业基于自身利益的考量，主动选择、自愿遵守的义务，例如企业自身的要求或自愿性承诺、推荐性标准、与第三方签署合同所产生的义务等。[①] 相较于具有法定性的知识产权规范管理要求，如果企业不履行合规承诺，一般需要承担违约责任。虽然从后果上看，违反规范管理承诺的责任要显著轻于法定

---

① 张文妍、沈世娟：《企业知识产权合规及实现路径》，载《常州工学院学报（社会科学版）》2023 年第 4 期，第 111 页。

的规范管理要求，但是从商业道德、商业信誉角度看，企业违反其主动选择遵守的具有个性化、诺成性的规范管理承诺更容易给企业带来负面评价。

企业应特别注意，合规义务无法被全部识别，在日常管理中也不必全部识别。《合规管理体系　要求及使用指南》（GB/T 35770—2022）附录A.4.5就指出"组织宜采取基于风险的方法，即组织宜首先识别出与业务相关的最重要的合规义务，然后关注所有其他合规义务（帕累托原则）"。因此，识别合规义务应当结合企业业务特点，聚焦重点风险领域，例如科技创新类企业应当重点关注专利、商业秘密等类型的知识产权相关的合规风险，商业服务类企业则需要聚焦商标、反垄断与反不正当竞争等领域的合规风险。此外，合规义务也不是一成不变的，企业需根据客观实际的变化对合规义务进行动态化的管理和维护。

（二）合规义务主体

企业知识产权规范管理的义务主体应包括三类：一是企业本身；二是直接控制或者参与企业决策、经营、管理的主体，例如股东、管理层和员工；三是与企业经营管理发生联系的，从而影响企业本身管理成效的外部主体，主要是指客户、供应商、经销商、承包商等业务合作伙伴。[①]

二、企业知识产权规范管理主要内容

一个有效的专项合规管理，应当遵循"以风险为导向"的合规理念，并且与企业所要实现的合规目标相适应。企业知识产权规范管理的重点业务并不是一成不变的，而是需要根据企业规模、行业特点、业务范围、违法违规事件等因素来确定。[②]

《企业知识产权合规管理体系　要求》（GB/T 29490—2023）顺应了知识产权工作和企业发展的环境、形势、特点，新增了"知识产权合规义

---

① 参见刘相文等：《中国企业全面合规体系建设实务指南》，中国人民大学出版社 2019 年版。

② 参见陈瑞华：《企业合规整改中的专项合规计划》，载《政法论坛》2023 年第 1 期，第 36-37 页。

务""知识产权合规""知识产权合规管理体系"等概念，将知识产权合规要求贯穿于各类型知识产权管理全链条、企业经营管理各环节与全周期。现在通说认为知识产权规范管理制度体系应当覆盖知识产权的创造、运用、管理、保护等环节，故根据保护客体的不同，知识产权规范管理的对象主要应涵盖专利权、注册商标专用权、著作权以及商业秘密等类型的知识产权。① 知识产权基础管理，包括知识产权获取、维护、运用和保护等四个环节。不同类型的知识产权权利之间既有知识产权的共性，又都具有各自的特点，因此企业应当根据自己的实际情况，选择不同的知识产权类型来保护其具有独创性的智力成果，严格按照标准的要求对相关知识产权进行全过程管理，并对整个过程进行绩效评价和审计。只有这样，企业构建行之有效的知识产权规范管理体系才不会是无源之水、无本之木。市面上以不同类型知识产权权利为切入点，分别阐释对其进行管理的书籍文章较多。这样论述虽然权利类型划分清晰，但内容难免重复，且专业性较强，有一定的理解难度。

为了增强企业知识产权专项规范管理体系建设的可操作性，本书打破常规，不按不同权利类型知识产权所对应的风险点进行全面铺陈，而是按企业发展阶段，将知识产权密集型企业分为初创阶段、发展阶段、优势竞争力阶段和科创板上市阶段，分别介绍各阶段企业知识产权规范管理的实务要点；同时根据企业的行业特点、业务特点，重点介绍科技创新类企业、文化创意类企业和商业服务类企业的主要知识产权风险并总结出相应的规范管理指南。

三、知识产权规范管理重点环节

企业是以营利为目的的经济组织。企业管理的目的是实现组织的有效运转，为营利这个根本目的服务。企业眼中的知识产权问题，更多的是关注企业经营活动中自身所创造和取得的知识产权对应的门类、保护制度和价值体现，以及如何发挥其最大效用，为企业创造价值。因此，企业知识产权规范管理的关键在于对知识产权的获取、维护、运用、保护等环节进

① 参见国家知识产权局：《〈企业知识产权合规管理体系　要求〉（GB/T 29490—2023）国家标准解读》。

行过程化管理，将知识产权规范管理要求贯穿于各类型知识产权管理全链条、企业经营管理各环节全周期。

（一）经营决策环节

知识产权不仅是企业重要的无形资产，还是企业获得竞争优势、打击竞争对手的重要工具和手段。此外，知识产权还具有地域性和时间性的特点，不同类型的知识产权的获取速度有快慢之分，保护期限也不尽相同，因此企业在做决策时应该站在企业发展战略的高度，在市场竞争中运用好知识产权这一竞争工具。

例如，企业如果要拓展海外市场，那么在"走出去"之前就需要对目标国家或地区的知识产权及相关法律状况进行全面审查。

（二）研发设计环节

产品研发设计环节中，专利风险的防控尤为重要。企业应当建立研发活动的知识产权跟踪检索分析与监控制度，从企业发展战略和项目整体目标等角度出发，综合考虑专利申请的时机、地域、技术内容等因素开展专利挖掘、专利布局、专利侵权预警等工作。此外，企业还须明确对研发成果的知识产权归属管理，尤其是在涉及委托开发、合作开发的情况下。

（三）生产运营环节

企业应严格执行知识产权合规制度，加强对供应商及采购产品的知识产权状况的评估，要求供应商提供产品所涉及的知识产权权属证明；对于生产过程中不宜对外公开的操作规程、报表、试验记录和检验检测记录等，应建立相应的保密制度，采取相应的保密措施。企业在承揽委托加工、来料加工、贴牌生产等加工业务时，还要注意规避对外加工业务中的知识产权风险，明确双方知识产权权利义务、保密责任。此外，企业还应建立相应激励机制并加强员工培训，对于生产运营环节中新发现的有知识产权价值的创新成果，要及时评估并采取相应的知识产权保护措施。

（四）宣传销售环节

企业要落实宣传销售环节的知识产权风险排查制度，主动识别、提前处置著作权、商标权、专利权等知识产权侵权风险，确保产品正常推广销售；正确使用注册商标或专利号等知识产权标志，对消费者和有关市场主体进行必要提醒；建立产品销售市场监控机制，多渠道地监控同类产品的市场情况；发现侵权时，应当进行重点信息收集，必要时进行公证。

（五）投资并购环节

尽职调查是一项重要的企业风险防控制度，属于事先的企业风险防控体系的重要内容。尽职调查在知识产权领域同样重要，企业在进行投资、并购、许可、技术转移等重大经营活动时，应当对其中的知识产权状况进行事前审查，通过系统化的梳理发现知识产权潜在风险点，评估这些风险点对于企业经营决策的影响，帮助企业有效地化解知识产权风险。

第三节　企业知识产权规范管理方法

一、知识产权风险识别

风险识别是风险预防的基础，能否有效识别知识产权风险，决定了能否预防风险，确保知识产权规范管理制度有效运转。"风险识别建立在过去经验的基础之上，面向现在以及战略方向中的风险"。[1] 风险识别的依据就是前文所说的规范管理义务，也就是企业将其规范管理义务与经营活动、产品服务，以及运营等各方面联系起来，进行动态化管理，确认可能发生的不规范的情况，从而识别相关风险。

企业常用的风险识别方法有：问卷调查法、访谈调研法、公开信息检索、现场调查、财务账目审查、文件审阅、员工举报等。[2]

---

① 李本灿：《企业视角下的合规计划建构方法》，载《法学杂志》2020年第7期，第79页。

② 参见北京市律师协会：《企业合规管理与律师实务操作指引》，2022年9月23日；武汉市律师协会：《律师开展企业合规法律服务操作指引》，2023年10月21日。

二、知识产权风险评估

《风险管理 指南》（ISO31000：2018）明确，风险评价指风险识别、风险分析和风险评定的整个过程。因此，知识产权风险评估包括风险分析和风险评价两个基本步骤。

进行风险分析的目的是增加对合规风险的了解，在风险识别的基础上考虑不规范情况发生的原因、后果以及发生可能性等因素，以形成知识产权风险清单。风险清单应当包括风险描述、合规义务来源、对应企业行为（即不合规行为）、风险发生原因、风险发生结果和风险发生可能性等内容。

风险分析完成后需完成第二个步骤，即将风险分析的结果与企业能够接受的风险水平相比较，或者在各种风险分析结果之间进行比较，以确定风险的等级，即风险评价。风险评价是利用风险分析过程中获得的对风险的认识，设定合规风险的优先等级，对未来的行动进行决策。常见的风险评价分类方法是按企业对风险的容忍程度，将风险分为三类，即不可接受的风险、中间区域风险和广泛可接受的风险。不可接受的风险是指相关活动带来的风险是企业无法承受的，企业应当不惜一切代价进行风险应对；中间区域风险程度居中，在应对此类风险时应主要考量应对措施的成本与收益，并权衡商业机遇和潜在后果；广泛可接受的风险是指风险很小，无须采取应对措施。[①]

企业完成合规风险的分析和评价之后还应形成书面的风险评估报告。评估报告包括风险评估实施概况、合规风险基本评价、原因机制及可能造成的公司损失，以及处置建议和应对措施等。

三、知识产权风险应对

风险应对是指针对发现的风险制定预案，采取有效措施，及时应对处

---

① 参见张一帆：《云善合规专栏│企业合规风险评估的实务要点》，载微信公众号"云善刑事合规"，2023 年 6 月 20 日。

置。风险应对一般包括五个流程：第一是识别相关合规要求，并将要求按内容分解到相关责任部门；第二是责任部门按照合规要求，建立控制措施和流程；第三是责任部门及岗位人员按照已经建立的控制措施落实整改工作；第四是执行控制措施检查工作，确认合规控制的落实情况，评估合规控制执行效果；第五是要将合规要求、合规控制、合规检查结果等进行比对，展示合规状态与结果。[①]

知识产权管理部门负责本领域的日常合规管理工作，按照合规要求完善业务管理制度和流程，主动开展合规风险的识别和隐患排查，组织合规审查，及时向合规管理牵头部门通报风险事项，妥善应对合规风险事件，做好知识产权领域合规培训，以及对商业伙伴、竞争对手等第三方的合规调查工作，配合进行违规问题调查并及时整改。

---

① 参见北京市律师协会：《企业合规管理与律师实务操作指引》，2022 年 9 月 23 日。

第二章
企业知识产权规范管理体系构建

第一节　企业知识产权规范管理体系构建要素

一、知识产权规范管理组织体系

本章编写参考了深圳市市场监督管理局发布的《企业合规管理体系》（DB4403/T 350—2023），北京市市场监督管理局发布的《企业知识产权管理规范》（DB11/T 937—2021），北京市律师协会发布的《企业合规管理与律师实务操作指引》，以及由上海市浦东新区人民检察院和中国信息通信研究院知识产权与创新发展中心共同发布的《企业知识产权合规标准指引（试行）》等文件资料。

（一）最高管理者

企业最高管理者是企业知识产权管理的第一责任人，应当从宏观层面建立知识产权管理体系，包括但不限于：

1. 向企业全体员工传达知识产权的重要性；
2. 制定、发布知识产权管理方针；
3. 制定知识产权管理目标；
4. 制定知识产权战略；
5. 制定知识产权管理相关程序；
6. 组织进行知识产权管理评价；
7. 确保资源的获得。

最高管理者应在企业最高管理层中指定专人作为管理者代表，授权其承担以下职责：

1. 确保企业知识产权管理体系的建立、实施和保持；

2. 向最高管理者报告知识产权管理绩效和改进需求；

3. 确保全体员工对知识产权方针和目标的理解；

4. 落实知识产权管理体系运行和改进需要的各项资源；

5. 确保知识产权外部沟通的有效性；

6. 配合最高管理者开展管理评价；

7. 组织制定培训计划，监督培训计划的实施。

（二）知识产权管理部门

企业可根据自身行业性质、经营规模等合理选择和设置知识产权管理部门，牵头负责本企业知识产权合规管理日常工作，组织、协调和监督合规管理工作，在直接负责各项合规管理工作的同时为其他部门提供合规管理支持，并确保其对涉及重大知识产权风险事项的一票否决权。知识产权管理部门具体工作职责主要包括：

1. 研究起草知识产权合规管理计划、制定知识产权合规管理制度，组织制定知识产权合规管理战略规划及知识产权合规管理年度报告；

2. 持续关注知识产权法律法规等规则变化，组织开展知识产权风险识别与预警；

3. 参与企业重大决策并提出知识产权规范管理建议和意见，参与企业重大事项知识产权合规审查和风险应对；

4. 参与业务部门对重要商业伙伴的知识产权合规尽职调查和定期评价；

5. 指导各部门知识产权合规工作落地，并提供知识产权合规咨询；

6. 组织开展知识产权合规检查与考核，督促违规整改和持续改进；

7. 推动知识产权合规责任纳入岗位职责和员工绩效管理；

8. 建立知识产权合规绩效考核指标，监控和衡量知识产权合规绩效；

9. 建立举报管理体系，受理知识产权合规管理职责范围内的举报，组织或参与对举报事件的调查，并提出处理建议；

10. 组织或协助业务部门、人力资源部门开展知识产权合规培训；

11. 其他适合由知识产权合规职能部门承担的知识产权合规管理职责。

企业董事会、监事会、高级管理人员应当履行必要的合规管理职责，支持知识产权合规计划的制定与执行，确保知识产权管理部门行使职权的独立性，保障其资源充足。

企业各部门在职权范围内配合落实知识产权合规管理的日常工作，可在本部门设置知识产权合规联络员，进行知识产权风险信息收集和报送，配合知识产权管理部门就相关问题进行调查并及时整改。

二、企业知识产权合规管理制度

企业知识产权合规管理制度是员工在企业生产经营活动中，在涉及知识产权时需要共同遵守的行为指引、规范以及制度规定的总称。规范化的知识产权事务管理和决策流程是企业生产经营过程中不可或缺的，企业应当将知识产权合规审查作为规章制度制定、重大事项决策、重要合同签订、重大项目运营等经营管理行为的必经程序，及时对不合规的内容提出修改建议，未经合规审查不得实施。

企业知识产权合规管理制度由知识产权管理部门起草，经最高管理者批准后发布实施，由知识产权管理部门负责执行和监督。企业可根据自身的需求和性质分别建立与企业发展相适应的专利管理制度、商标管理制度、著作权管理制度、商业秘密管理制度、知识产权预算管理及资产管理制度、知识产权不合规调查制度、知识产权奖酬制度、知识产权合规绩效考核制度、保密管理制度、合规培训制度，以及文件信息化管理制度等。

（一）企业知识产权预算管理及资产管理制度

企业可以根据自身情况，在年度经常性预算中设立知识产权专项工作经费，有条件的企业还可以设立知识产权风险准备金，保障知识产权合规管理工作的正常进行，经费项目可包括：用于知识产权申请、注册、登记、维护、检索、分析、评估、诉讼和培训等的费用；用于知识产权合规管理机构的运行费用；用于知识产权合规管理体系建立、运行、维护和更新的费用；用于知识产权激励的费用。同时，企业应当定期对通过申请、注册、登记、许可等方式获得的知识产权进行清点和核查。

（二）知识产权不合规调查制度

企业应建立对知识产权的不合规调查制度，及时、彻底地调查对本企业及员工或有关第三方的与知识产权不当行为有关的任何指控或怀疑，调查知识产权不当行为的原因、证据等。若被指控知识产权侵权，企业应当核实对方是否为知识产权权利人，企业是否有被控侵权行为，是否应当停止被控侵权行为，并依据对方的主张选择调解或者诉讼解决。

（三）知识产权奖酬制度

企业应制定奖励管理制度，当企业运用知识产权获得收益后，应给予知识产权成果完成人一定的奖励或者报酬。企业设置知识产权奖酬制度能激励知识产权成果完成人的创造性，是知识产权法律所鼓励的制度。例如，《中华人民共和国专利法》（以下简称《专利法》）[①] 第十五条规定："被授予专利权的单位应当对职务发明创造的发明人或者设计人给予奖励；发明创造专利实施后，根据其推广应用的范围和取得的经济效益，对发明人或者设计人给予合理的报酬。国家鼓励被授予专利权的单位实行产权激励，采取股权、期权、分红等方式，使发明人或者设计人合理分享创新收益。"《中华人民共和国民法典》（以下简称《民法典》）第八百四十九条规定："完成技术成果的个人享有在有关技术成果文件上写明自己是技术成果完成者的权利和取得荣誉证书、奖励的权利。"

（四）知识产权合规绩效考核制度

企业通过设立科学的知识产权合规绩效考核评价指标，科学评价各部门合规工作绩效及合规工作贡献，把知识产权合规绩效考核评价纳入对各部门及相关负责人的年度综合考核，将员工的合规履职情况作为员工考核、提拔、评先选优等工作的重要依据。绩效评价重点围绕是否参与知识产权的创作、研发，是否造成企业陷入知识产权风险等。

（五）保密管理制度

企业应明确涉密人员保密制度，设定保密登记和接触权限，对容易造成企业知识产权秘密流失的设备，规范其使用人员、目的、方式和流通；明确涉密信息范围，规定保密等级、期限，以及传递、保存及销毁的要求；明确涉密区域，规定客户及参访人员活动范围等。具体可以包括以下方面。

[①] 如无特别说明，本书引用的《中华人民共和国专利法》均为 2020 年修正版。

1. 人员保密制度

（1）在企业与员工签订的劳动合同及保密合同中，应明确知识产权归属和保密要求。

（2）企业应要求新员工履行所负有的竞业禁止和保密等知识产权义务，并保留记录。例如，通过章程、培训、规章制度、书面告知等方式，对能够接触、获取保密信息的员工等提出保密要求的，此种方式同样适用于前员工、供应商、客户和来访者等。

（3）负有保密义务的员工离职时，企业应提醒离职员工遵守适用的知识产权义务，并保留记录。例如，要求离职员工登记、返还、清除、销毁其接触或者获取的保密信息及其载体，并继续承担保密义务。

2. 文件保密管理制度

（1）确定涉密信息的范围，并对涉密信息采取保密措施。依据《最高人民法院关于审理侵犯商业秘密民事案件适用法律若干问题的规定》（法释〔2020〕7号）规定，与技术有关的结构、原料、组分、配方、材料、样品、样式、植物新品种繁殖材料、工艺、方法或其步骤、算法、数据、计算机程序及其有关文档等信息，与经营活动有关的创意、管理、销售、财务、计划、样本、招投标材料、客户信息、数据等信息，均可被划入构成保密信息的范围。

（2）明确文件保密等级、保密期限，以及保存和销毁程序。

（3）确定涉密人员的范围，并根据文件保密登记设定接触权限。例如，以标记、分类、隔离、加密、封存、限制能够接触或者获取的人员范围等方式，对保密信息及其载体进行区分和管理。

（4）规范电子信息的加密、保存、备份及复制操作要求，明确电子信息安全核查流程和责任人。

3. 设备保密制度

企业应建立设备保密制度，确定保密设备的范围，明确使用人员范围和使用程序，保留使用记录。例如，对能够接触、获取保密信息的计算机设备、电子设备、网络设备、存储设备、软件等，采取禁止或者限制使用、访问、存储、复制等措施。

4. 保密区域管理制度

企业应界定工作环境的保密区域，制定保密区域管理制度，并采取保密措施。例如，对涉密的厂房、车间等生产经营场所限制来访者或者进行区分管理。

（六）合规培训制度

企业应建立对管理层、技术部门、法务部门、全体员工分层级合规培训制度。例如，面向管理层开展的知识产权合规培训时，可考虑偏重知识产权合规培训的宏观性，其内容包括如何设计企业知识产权方针、让知识产权为企业赋能、企业违规时需要承担的责任等；面向全体员工的知识产权合规培训应注重普适性，重点应放在普及基本的知识产权知识，如知识产权的概念、分类、重要性、常见的知识产权侵权及知识产权保护等。

（七）文件信息化管理制度

企业应建立文件信息化管理制度，确保对企业管理中形成的相关知识产权的重要过程予以记录、标识、贮存、保护、检索、保存和处置。对合同、原始知识产权权利载体、行政决定、司法判决、律师函、公司函件等文件进行有效管理，确保其来源与取得时间的准确性，便于企业后续知识产权维权或者申请知识产权保护。

三、企业知识产权规范管理运行体系

（一）企业知识产权规范管理体系运行与维护

企业知识产权规范管理体系的运行与维护，是企业知识产权规范管理体系搭建效果的直接表现。知识产权规范管理体系的有效运行是企业知识产权规范管理的重要环节，知识产权规范管理体系的维护是企业合规持续发展的重要支撑。

企业知识产权规范管理体系运行与维护的主要内容包括：

1. 知识产权合规风险评估与预警

企业应全面梳理经营管理活动中的知识产权合规风险，建立并定期更新合规风险数据库，对风险发生的可能性、影响程度、潜在后果等进行分析，对典型性、普遍性或者可能产生严重后果的风险及时预警。

2. 知识产权合规审查

企业应将知识产权合规审查作为必经程序嵌入经营管理流程，根据业务部门、职能部门和知识产权管理部门的职责要求，完善各部门对经营管理行为、规章制度、重大决策以及合同等的审查标准、审查流程和审查重点，同时定期对审查情况开展评估。

知识产权管理部门负责对企业日常经营管理行为的知识产权合规审查，审查对象包括其开展具体业务所涉及的文件、合同及具体经营决策等内容是否存在知识产权合规风险。

3. 对知识产权违规行为的举报、调查、处置和整改

违规举报是指企业员工或相关方对企业经营管理活动中已经发生的违反知识产权合规政策、合规义务的行为，或可能发生的风险隐患行为进行报告的行为。企业应建立违规举报机制。违规举报机制是通过一系列综合措施建立的举报调查体系，这些措施包括职能的设立、制度的建立、工作流程的制定，以及反馈监督机制的设立等。进行违规举报时应以指定的路径向举报管理部门报告。

4. 知识产权合规报告

企业应建立知识产权合规报告制度，包括定期报告和重大风险及时报告。知识产权管理部门应定期出具知识产权合规工作报告；当企业发生知识产权合规风险时，相关业务及职能部门应当及时向知识产权管理部门报告。

业务部门的知识产权合规人员应当定期向企业合规部门提交阶段性知识产权规范管理汇报文件；企业合规部门应当定期向合规负责人提交阶段性合规工作计划和工作报告。

知识产权合规工作年度计划和工作报告至少应当每年度出具一次。知识产权合规工作年度计划应上报管理层批准。知识产权年度合规工作报告应上报最高管理层审议。

（二）业务管理环节中的知识产权规范管理要求

企业应及时申请注册登记各类知识产权，明确有关专利申请、集成电路布图设计登记、商标注册、著作权登记、商业秘密保护等的知识产权获取及其后续维护或主动放弃的管理措施和工作程序。

企业应明晰处置和运营知识产权的管理规定，明确职务发明成果的界定条件，以及委托或合作开发成果知识产权归属的处置原则，明确有关专利权、商标权、著作权等知识产权转让、许可、投资、质押的管理措施和工作程序。

企业应注重生产经营环节知识产权管理，明确在原材料及设备采购、技术和产品开发、技术转让与合作、委托加工、产品销售、广告宣传或展销、招投标、进出口贸易、企业合资及并购和上市等环节中所可能涉及的各类知识产权事务的管理措施和工作程序。

1. 企业采购活动中的知识产权管理

企业应收集相关知识产权信息，必要时应要求供方提供权属证明；做好供方信息、进货渠道、进价策略等信息资料的管理和保密工作；在采购合同中应明确知识产权权属、许可使用范围、侵权责任承担等内容。

2. 企业生产活动中的知识产权管理

注意发现有知识产权价值的创新成果，及时采取相应的知识产权保护措施；对于生产过程中不宜对外公开的操作规程、各种报表和试验记录、检验检测记录等，应建立相应的保密制度，采取相应的保密措施；承揽委托加工、来料加工、贴牌生产等加工业务时，注意规避对外加工业务中的知识产权风险，明确双方知识产权权利义务、保密责任。

3. 企业研发活动中的知识产权管理

建立研发活动的知识产权跟踪检索分析与监控制度；明确对研发成果

的知识产权归属管理；加强对研发活动的档案和保密管理，建立技术研发档案、记录管理制度，确保研发活动具有可追溯性；加强对研发成果申请专利的挖掘与质量的管控。

4. 企业营销活动中的知识产权管理

对产品即将投放的市场进行同类产品知识产权状况的调查分析，防止遭遇知识产权侵权指控；正确使用注册商标或专利号等知识产权标志，对消费者和有关市场主体进行必要提醒；建立产品销售市场监控机制，多渠道监控同类产品的市场情况；发现侵权时，应当进行重点信息收集，必要时进行公证。

企业上市前，应对已有的无形资产的法律状态、存续年限、法律风险等进行整体的评估与规划；对上市公司准备使用的无形资产的权属和法律状态以及招股说明书中的相关内容进行审查；完整地披露知识产权获取、丧失、转让等信息。

企业应积极开展涉外业务中的知识产权布局；对拟引进的技术或产品的相关知识产权状况进行调查分析，并对侵权风险进行综合评估；签订技术或产品引进合同、输出合同（包括代理合同）；应明确技术或产品引进的许可方式和范围、后续改进成果的归属和分享、权利维护、双方的保密责任和义务、引进技术或产品发生知识产权侵权时供方应承担的法律责任等内容。

（三）企业知识产权运用中的规范管理

企业知识产权运用中的规范管理，即知识产权合规管理，包括知识产权转让、知识产权实施、知识产权许可、知识产权作价入股、知识产权并购和收购、知识产权证券化、知识产权联盟、知识产权标准化等方式。

1. 知识产权转让

企业进行知识产权转让，应确保：
（1）在转让前应对知识产权进行评估，并对购买方进行尽职调查；
（2）在转让合同中应约定知识产权转让后，企业是否仍保留使用权；
（3）根据规定在相关部门进行权属的变更。

2. 知识产权实施

企业进行知识产权实施时，应确保：

（1）评估通过专利技术所生产的产品是否侵犯其他专利权；

（2）调查市场上是否有产品侵犯本企业的知识产权。

3. 知识产权许可

企业进行知识产权许可，应确保：

（1）对知识产权进行评估，并对被许可方进行尽职调查；

（2）在许可合同中约定许可权利类型、使用时间范围、使用地域范围等；

（3）根据法律法规的规定在相关部门履行登记手续。

4. 知识产权作价入股

企业进行知识产权作价入股，应确保：

（1）通过具有评估资质的评估企业评估知识产权价值；

（2）在合同中约定知识产权的使用范围、权属、权益及所得收益的分配。

5. 知识产权并购和收购

企业进行知识产权并购和收购，应确保：

（1）对知识产权进行尽职调查；

（2）对知识产权进行评估；

（3）确定知识产权权利状况，包括已签署许可协议项下的付款义务等。

6. 知识产权证券化

企业进行知识产权证券化，应确保：

（1）评估知识产权资产池的风险及未来的收益；

（2）审核信息披露的完整性、财务报表及合同相关内容；

（3）通过专业的金融服务机构进行证券化操作。

7. 知识产权联盟

企业参与或组建知识产权联盟，应确保：

（1）在参与知识产权联盟或其他组织前，了解其知识产权政策，并进行评估；

（2）组建知识产权联盟时，应遵循公平、合理且无歧视的原则，制定联盟知识产权政策，明确约定知识产权的使用方式、使用范围及使用费用，以及退出联盟后的知识产权的归属和使用；

（3）主要涉及专利合作的联盟，可围绕核心技术，选择适当的专利，建立专利池。

8. 知识产权标准化

企业参与知识产权标准化工作，应确保：

（1）在参与标准组织之前，了解标准组织的知识产权政策；将包含专利和专利申请的技术方案向标准组织提案时，按照知识产权政策要求披露并作出许可承诺；

（2）牵头制定标准时，组织制定标准工作组的知识产权政策和工作程序；

（3）在参与企业标准、团体标准、行业标准、国家标准、国际标准等标准起草时，按照知识产权政策要求，及时披露标准涉及的专利。

四、企业知识产权规范管理风险识别与处置体系

在当今日益激烈的市场竞争中，企业拥有稳固的知识产权资产和有效的知识产权管理战略，是构建竞争优势和确保可持续发展的关键。知识产权规范管理体系充分体现了企业对知识产权的重视，也表明了企业对遵守国家法律法规的承诺。通过有效的合规管理，企业可以防范潜在的知识产权侵权风险，保护自身免受他人侵权行为的伤害，以及最大限度地利用知识产权促进自身业务的发展和创新。

企业需要通过建立和运行知识产权规范管理风险识别与处置体系来实现前文所述目标。该体系是企业预防、发现和应对合规风险的基础性架

构。它涵盖了一系列有组织、有计划的管理活动，包括但不限于制定合规政策和流程、梳理和识别潜在的知识产权风险、进行合规审查、制定风险应对策略、追究责任、评估合规绩效和开展定期培训。这个体系还明确了企业在合规管理方面的职责，指明了合规工作的重点领域，以及合规管理的运行方式和保障措施①。

为了更有效地落实知识产权规范管理，企业应依据自身的具体情况和业务需求，重点注意以下几个方面：

第一，在风险识别与预警方面，企业需要通过建立全面的合规风险信息收集和分析机制，系统梳理经营过程中可能面临的各种知识产权合规风险。通过建立合规风险台账，清晰记录风险源、风险类别、形成因素、可能发生的后果以及发生概率等信息。可以通过这些信息对风险进行分类，并及时发出针对具有典型性、广泛性和严重性风险的预警信息。

第二，在风险检查方面，企业的合规管理部门应牵头组织和协调各项合规检查工作，必要时可以向相关部门征调人员组成专门的检查小组。这些合规检查不仅应定期进行，还应当根据企业业务情况作出相应安排。通过这种检查，企业能及时发现潜在的合规风险并提出整改建议，推动各部门提出并执行具体的解决方案。这些解决方案在合规检查组的确认后，由合规管理机构督促各部门积极落实，以及时消除隐患。

第三，在风险分级方面，企业可以根据所识别的合规风险将之分为："重大知识产权风险""中等知识产权风险"和"一般知识产权风险"。"重大知识产权风险"是指那些可能对企业经营产生重大影响的风险，如法律规则的重大变更、监管机构的处罚或者风险提示，以及那些可能违反法律规则的重大事项等。"中等知识产权风险"主要是指那些新出现的或者已有风险的变化，以及那些可能对企业经营产生较小影响的风险。"一般知识产权风险"则是指对企业发展影响较小，但通过加强管理可以进一步改善的事项所带来的风险。根据风险等级的划分，企业可以更有针对性地制定相应的应对策略和资源配置。

第四，在风险应对方面，企业根据风险类别制定针对性的应对方案，旨在解决或者缓解所识别的各类风险。这些应对方案既有总体的策略指导

① 国务院国有资产监督管理委员会：《中央企业合规管理指引（试行）》（国资发法规〔2018〕106号）。

又包括针对性的专项方案。尤其对于重大风险事件，合规管理部门和相关业务部门应联合制定具体的整改方案，明确整改责任主体、明确具体责任人、设定整改时间节点等明确的要求。合规管理部门应以月为单位，跟踪整改进度，及时向企业决策层领导汇报情况，以保证风险得到有效的控制和处理。

第五，在问责机制建立方面，企业应根据实际情况，制定合规风险问责措施，确保知识产权合规管理不是停留在纸面上，而是能够落到实处。企业应对知识产权合规目标、绩效奖金和其他激励措施进行定期评审，并确保有一套适当的措施来防止不合规行为的发生。如果员工违反了企业知识产权的合规义务或者不遵守制定的目标、制度和要求，那么企业应给予相应的纪律处罚，并在必要的时候追究相关人员的责任。这样的问责机制是驱动全体员工关注并严肃对待知识产权合规的重要手段。

第六，在实施知识产权合规管理方面，培训员工并增强其知识产权意识也是至关重要的。企业应定期举办知识产权法律法规及相关合规政策的培训，以提升员工的认识和理解，确保他们在日常工作中能够遵守相关规定，防止其过失的侵权行为。另外，合规风险的综合管理不仅要求合规部门和业务部门的密切合作，还要求企业高层对合规工作的支持和投入。首席执行官和其他高层管理人员的示范作用至关重要，他们应该通过言传身教，让知识产权合规文化深入人心，从而形成全员遵守知识产权法律法规的良好氛围。

知识产权合规风险的管理是一个动态的过程，随着企业业务的发展和外部环境的变化，合规风险也会发生相应的变化。因此，企业应持续监测外部法律法规的更新变化和内部运营中可能出现的新风险，并不断更新和改进合规风险管理体系。只有这样，企业才能确保知识产权合规管理始终符合最新的法规要求，降低法律风险，并有效保护及运用知识产权支持企业战略执行和市场竞争。

总之，知识产权合规管理对企业来说是一个系统工程，它要求企业不断强化风险识别与评估机制，提高风险控制的有效性，同时也提供给企业必要的风险应对和解决问题的策略和工具。经过科学制定和严格执行合规政策，企业不仅可以避免因知识产权侵权而导致的经济损失和声誉损害，还能提升其知识产权的商业价值，进而在市场上获得竞争优势，实现可持续发展。

五、第三方监督评估体系

在企业经营活动中，知识产权规范管理已经成为企业维持竞争优势、规避法律风险、保持良好企业形象的关键因素。随着全球化以及信息化的加快发展，企业在生产、研发、销售等各个环节都可能涉及知识产权的应用与保护，因此，建立和维护一个有效的知识产权合规管理体系显得尤为重要。在这样的背景下，第三方监督评估体系应运而生，旨在客观、公正地评价企业规范管理体系的有效性，并为相关的知识产权合规管理程序提供参考依据。

第一，关于规范管理体系设计的有效性评估。在设计评估方面，识别和评估违规风险，制定针对性的风险控制能力，以及定期更新风险评估制度成为评估的核心内容。企业应建立起一套科学的风险评估机制，包括定期的合规检查、风险控制方案制定以及动态的风险监控和更新，以便更准确地捕捉到企业运营过程中可能会遇到的各类知识产权风险。同时，企业还需要建立一套系统的政策和程序，对知识产权合规管理的各个环节进行规范化管理，明确制定执行标准，确立责任主体。这不仅要求企业在执行层面有明确的条款约束，同时也需要保证每个员工都能清晰了解并负起自己的责任。

第二，关于规范管理体系执行的有效性评估。在执行评估方面，核心评估内容是资源配置、职责权限以及合规意识。其中资源配置要求企业不仅需要在物质资源上保证知识产权规范管理工作的进行，还要在人力资源上设立相关岗位，保障专业人员的配备。而职责权限则要求企业明确规定知识产权管理部门以及人员的具体职责，确保企业从高层到普通员工皆能清楚认识到自身在合规工作中的责任。提升整体的合规意识也是执行评估的关键。这涉及企业文化的培育，需要企业管理层本身起到表率作用，以营造尊重和保护知识产权的氛围。

第三，关于合规管理体系效果的有效性评估。在合规体系效果评估方面，评估的核心转向合规文化的形成、合规目标的实现情况和可持续发展能力的构建。合规文化是指企业通过各种协调机制，如流程、制度，并通过培训、会议等方式将知识产权风险管理理念内化到每位员工的日常工作中，从而推动企业文化的进一步演化。同时，合规目标的实现情况也显示了企业规范管理在实际工作中的成效，即企业规范管理的具体操作是否符合之前设立的合规目标和制度要求。而可持续发展能力则要求企业规范管理体系能够适应知识产权相关法律规范的变动，并及时作出相应调整。

第三方监管机制不仅能够促使企业自觉遵守知识产权法律法规，还可以帮助企业及时发现管理上的不足，并根据第三方评估机构提出的建议进行必要的整改。这种评估活动有助于扩大企业管理人员和员工对知识产权相关知识的了解，进一步提升其在日常工作中的合规意识和能力。

对于知识产权规范管理体系的第三方监督评估工作，在实际操作中通常包含以下步骤。

1. 评估准备阶段

评估机构通过与企业沟通了解企业的基本情况，包括公司结构、业务模式、知识产权规范管理体系现状等，并根据这些情况制定评估计划。

2. 现场评估阶段

评估团队会到企业现场进行举报和调查机制、政策和程序、培训和沟通安排等方面的实地察看。

3. 报告编制阶段

完成评估后，评估团队将根据企业的合规承诺以及所采集到的数据和信息编制评估报告。

4. 结果反馈阶段

将评估报告提交给企业，让企业对照报告内容审视自身存在的问题，并提出改进方案。

5. 后续跟踪阶段

评估机构会定期跟踪企业改进的情况，以确保企业对评估中发现的问题采取了有效措施。

在这个过程中，第三方监督评估组织须严格遵守客观中立的原则，确保评估过程和结果的公正性。针对发现的问题，要能够提出专业化的改进建议，助力企业最终达成其知识产权合规目标。值得一提的是，第三方监督评估机构的选择也是一个重要环节。这些机构通常具备专业的评估团队，他们对知识产权相关法律法规与企业管理实践有深入的理解和丰富的经验。通过对这些专业机构的选拔和监督，可以增强评估结果的权威性和可靠性。

　　第三方监督评估体系在确保企业知识产权合规性方面发挥着不可替代的作用。企业只有通过这样的检验，方能彰显其对知识产权保护的承诺，提升品牌形象，最终实现可持续的发展。这种评估不仅在一定程度上保护了企业自身的合法权益，也对构建公平竞争的市场环境作出了积极的贡献。

第二节　企业知识产权规范管理体系构建实务指引

一、典型应用场景——以大数据企业为例

　　金融数据产品研发企业甲公司创立于 2010 年前后，依托国内知名高校金融研究中心的基础研究专业力量，构建并持续维护、更新、扩展着中国大陆市场较大的资产管理数据库，并在多年的持续创新、积极研发和高速发展下，形成了聚焦于金融理财、资产管理、财富管理领域的大数据产品研发、金融科技系统研发、金融业务咨询、金融趋势研讨和金融教育赋能等业务。作为一家以智力成果和知识图谱建设为基础，以技术研发和数据处理服务为辅助对外提供服务的第三方智囊机构，甲公司在 2021 年之前主要关注业务布局、内容研发、资源拓展等事宜，但在 2021 年之后，甲公司面临行业转型、竞争对手冲击和发展需要，逐渐认识到知识产权建设和保护的重要性，知识产权规范管理方面的问题也逐渐暴露，成为掣肘公司快速发展的重要因素。基于此，甲公司开展了著作权登记、商标申请、专利申请、采取保密措施等保护工作，但公司整体知识产权规范管理工作尚处于起步阶段，并呈现出以下特点：

　　第一，保护规范分散凌乱，无法形成合力。在宏观层面，公司缺乏一套完善、自上而下的知识产权管理制度，无法有效衔接和整合各业务部门

零散、参差的规范标准，且公司目前的知识产权保护工作尚由各业务部门团队负责人予以推动，公司层面缺乏统一的规划和部署，无法形成知识产权保护的合力。

第二，保护措施粗略，保护力度有待提高。比如，在商业秘密保护方面，甲公司仅采取与员工签署保密协议、在合作文档中加注"保密"字样等强度较弱的保护方式，无法形成强力保护。

第三，保护意识淡薄，未形成保护自驱力。公司各业务部门和职工人员法律专业基础薄弱，对知识产权不了解、不重视，往往导致甲公司在对外业务合作中不知道如何保护公司自有知识产权，甚至有时为了促成合作而忽略或自动放弃了关键知识产权，对关键知识产权的保护不深入，使其保护流于形式。

第四，合规管理不规范，侵权风险显著增高。员工在业务开展过程中存在诸多不规范操作，比如直接复制传播他人作品等，导致知识产权侵权风险显著增高，甲公司不得不付出更多的时间和成本去解决这些纠纷。

基于此，公司拟聘请外部专业知识产权法律顾问协助建设内部知识产权合规管理制度，将各业务部门的知识产权合规管理职责进行明确和分工，将各业务部门在日常经营管理过程中遇到的知识产权合规管理疑问和风险问题进行梳理、消化并内化，将知识产权获取、运用、维护和风险应对的全流程处理机制进行系统规划和安排，从公司制度方面提出解决方案。同时，甲公司明确，该知识产权合规管理制度应与目前法律规范保持一致，不能显著增加甲公司合规管理的运营成本；该知识产权合规管理制度应具备实操性，能使各业务部门在制度指导下有序开展工作；该知识产权合规管理制度应贯穿产品或服务研发、宣传、销售的全过程，不能存在明显漏洞。

企业知识产权合规管理制度的制定，应以自身的经营管理特点为基础，以业务合规要求为指引，以务实和效率为原则，以与企业现行管理制度相融合为目标，来构建自己的知识产权制度体系，切忌生搬硬套标准范本。

二、企业知识产权规范管理制度体系设计思路

外部专业知识产权法律顾问在协助公司建设内部知识产权合规管理制

度时，主要遵从"据实、据需、稳步发展、全面构建"的设计思路来确定该企业的知识产权合规管理制度基本框架。

第一，据实，即通过调研了解甲公司的知识产权合规管理制度实践及其实施更新机制、公司发展实况、公司组织架构及部门职责、外部支撑资源、人员管理实操、知识产权合规实操情况，尽量以贴合公司发展实况和组织架构的方式明确知识产权保护的制度建设内容和组织管理内容。

第二，据需，即根据各业务部门在日常经营管理过程中遇到的知识产权合规管理疑问和风险问题，将知识产权保护需求融入制度之中。如针对人力资源部的人员管理问题，构建员工"入职—在职—离职—离职后"的全生命周期管理要求，并辅之以员工培训教育制度，加强员工知识产权保护意识，同时搭配员工奖惩制度，在确保员工保护公司知识产权的基础上激励员工持续创新。再如，甲公司在业务开展过程中会独立创作或和合作伙伴共同创作形成作品，但也会因创作过程不规范导致被诉侵权或知识产权归属落空，因此，在制度设计时就需要充分考虑甲公司规范创作的需求和争取知识产权的需求，提供具体的方案。又如，不同业务部门在知识产权的创作获取阶段、授权运营阶段、维持保护阶段、风险应对阶段所呈现的需求不同，在制度设计时就需要围绕知识产权合规管理的全链条、全周期作出相应的制度设计和安排。

第三，稳步发展，即在洞悉公司实际情况与制度需要的情况下，在制度设计过程中融入公司发展的期待和规划，但不能远远超出公司目前或未来较长时间的建设目标。比如，知识产权合规管理制度需要合理选择和设置管理部门，并明确各部门的职责分工，使各部门在职权范围内配合落实知识产权合规管理的日常工作。甲公司目前法务部门缺失且暂时无力支撑构建具备一定人员规模的成熟法务团队，在制度设计过程中，就不能设置法务团队，而仅能引入一名法务角色（即法律合规部的法务专员岗），由其对内统筹和协调各项知识产权事项，并在各业务部门的配合和支持下开展工作。再如，公司职务作品较多，但公司目前在员工奖励方面投入有所欠缺，制度设计时需要补充知识产权奖惩制度，但具体的内容应保留一定空间由公司来拟定。

第四，全面构建，即围绕知识产权合规管理制度实施的需求，构建基于制度、组织和人员的管理体系，围绕知识产权的获取创造、授权运营、维持保护、风险识别应对构建具体管理内容，尽量贴合公司实际、覆盖公司需求，推动制度稳健落地和实操。

第三章
文化创意类企业知识产权规范管理

第一节 文创设计成果的著作权保护路径

文化创意类企业是指以文化和创意为核心驱动力，以创意产品、文化艺术服务、创新设计等为主要经营领域的企业。这类企业在其经营活动中强调创造性、创新性，致力于生产和提供具有艺术性、创意性、文化性的产品和服务。许多文化创意类企业进行了数字化转型，利用互联网和新媒体平台拓展市场，对创意保护、IP 管理、商标经营等问题日益重视。如何有效保护企业的创新设计成果，使其不被模仿抄袭，是文化创意类企业共同关注的问题。

从知识产权保护的角度来看，知识产权可以分为著作权（版权）、专利权、商标权以及商业秘密等，不同类型的知识产权保护不同形式的创新成果。例如，对于一些运用 IP 产生的周边产品，既可以通过著作权加以保护，也可以申请外观设计专利权加以保护，而产品上的商业标识，自然可以通过注册商标加以保护。企业选择以何种方式对自己的创作设计成果进行法律保护，如何具体获取和运用不同的知识产权，是文化创意类企业管理者需要学习和掌握的基础知识。

一、文创设计成果的著作权保护

（一）著作权保护对于文化创意类企业的意义

文化创意产业是指以创作、创造、创新为根本手段，以文化内容和创意成果为核心价值，以知识产权实现或消费为交易特征，为社会公众提供文化体验的具有内在联系的行业集群。[①] 因此，文化创意类企业不同于工业、房地产等传统的实体企业，属于"轻资产"企业，其核心资产并非有形的固定资产，而是无形的知识产权，其中著作权又是该类企业的核心命脉，大量原创性的作品包括美术设计、文案创作、影视制作等，这些作品的著作权就是企业的核心竞争力所在。

（二）文创设计成果著作权保护现况

文创设计成果存在易复制、易传播的特点，各类侵权现象频频发生。与其他类型的知识产权侵权案件相比，文创设计成果著作权侵权类案件存在数量更多、地域范围更广、取证成本高、个案判决赔偿金额低的特点。面对广泛存在的著作权侵权，权利人若放任不管，则消费者在获取到廉价侵权产品后往往不会再购买正版产品，对企业的营收将会造成重大打击；而若主动维权，则除了承担颇高的维权成本和时间成本外，还可能面临所获赔偿根本无法弥补企业损失的结果，导致企业陷入进退两难的尴尬局面。

在移动互联网已经普及的当下，技术发展给文创设计成果著作权保护带来了新的挑战：

（1）互联网时代，作品传播过于简便。互联网的便利性使得数字内容更容易被盗版和非法传播。美术、音乐、电影、图书等文化创意作品容易在互联网上被非法分享和复制，文创产品未经授权在互联网上非法传播和销售，导致企业和创作者的权益受损。

（2）社交媒体和平台庞大的活跃用户量，导致创意作品在社交媒体上可能被未授权分享，加剧了知识产权的侵权风险。而一些网站和应用通过深度链接或聚合方式侵权他人作品，使得掌控作品在网络上的使用变得更加困难。

（3）跨境问题和法律挑战。互联网的全球化增加了跨境侵权的复杂性，需要企业协调跨国法律维权。新时代 AI 的高速发展，自动生成内容和算法创作的盛行又在不断挑战传统著作权保护模式。

在新的时代背景和网络环境下，文创设计成果仅仅以传统著作权法律保护为手段，将难以取得有效的保护效果。文化创意类企业需要在加强著

---

① 《北京市文化创意产业分类标准》第二条第二款。

作权保护的同时，更多利用新技术和新的商业模式，从法律保护、技术保护、商业模式创新等多个维度，构建自己的文创设计成果知识产权保护合规管理制度体系。

（三）文创设计成果著作权保护路径的实现

1. 文创设计成果著作权保护路径的选择

（1）权属证明材料留底。不同于一般的侵权案件，在著作权侵权的维权过程中，作者需要证明作品为自己所创作。

根据我国相关法律规定，著作权自作品创作完成之日起产生[①]。因此，作品的设计底稿、样品原件、首次发表的记录等均应归档保存，但由于数据信息的易篡改性，单纯的电子数据作为证据往往无法取信于人，故在作品完成之时，甚至在完成之前，就应将前述各类作品设计创作的底稿材料进行证据固定，通常可以采取时间戳存证或公证等方式。

（2）作品登记。如前所述，作品著作权的获得并不存在形式要求，如必须发表、公开等。我国作品著作权登记制度是权利人可以在国家著作权管理部门进行作品著作权自愿登记，获取相关权利证书的一项制度安排，通过登记可以公示权利归属信息，确定权利，方便维权，维护正常的许可秩序。虽然作品不进行登记并不会影响其著作权的有效性，但在实务操作中，作品著作权登记依然是证明企业享有著作权最为常见的初步证据。[②]需要注意的是，即使作品已经进行了著作权登记，也不能绝对地证明著作权登记证书上载明的作者就是真正的作者。如果他人有证据证明登记作者并非真实的作品作者，该登记证书就不具备证明效力。

2. 文创设计成果著作权保护的实务操作

（1）时间戳证据固定。虽然公证相较于时间戳更加全面完善，但时间戳更为灵活和快捷，且收费标准也远低于公证，可以随时将作品固定。具体操作方式也非常简便，以可信时间戳为例，用户只需要登录联合信任时

---

① 《中华人民共和国著作权法实施条例》第六条。

② 《最高人民法院关于审理著作权民事纠纷案件适用法律若干问题的解释》第七条规定："当事人提供的涉及著作权的底稿、原件、合法出版物、著作权登记证书、认证机构出具的证明、取得权利的合同等，可以作为证据。"

间戳服务中心官网（https：//www.tsa.cn），在知识产权保护板块中选择
"著作权保护"，进入后上传待固定的作品即可。

（2）作品著作权登记。目前我国作品著作权登记实行国家版权局统一
登记和各省版权局属地登记两套登记制度体系。国家版权局统一登记由中
国版权保护中心实施，受理所有作品类型的登记申请。各省版权局的属地
登记，由各省版权局下属登记业务管理机构实施（如版权事务中心等），受
理除计算机软件作品以外的所有类型作品的登记，但须以作者居住地或作品
创作在本省为条件。以美术作品为例，根据中国版权保护中心（https：//
www.ccopyright.com）的登记业务规程，进行著作权登记的主要步骤如
下：① 用户注册：登录网站、注册账户并进行实名认证；② 填报上传：
准备作品登记承诺书、身份证明、作品样本等材料，按照作品类型选择相
应渠道进行申报，并如实填报各项信息；③ 受理申请：中心工作人员对申
请进行初步审查，若提交信息不全会发送补正通知书要求补正，若材料齐
备会发送缴费通知书，缴费成功后则会发送受理通知书；④ 实质审查：中
心工作人员对申请进行实质审查，若不符合登记要求则会再次发送补正通
知书，若符合登记要求，则向国家版权局申报，国家版权局对相关登记信
息进行核准；⑤ 发证公告：目前中国版权保护中心对于登记成功的作品，
默认发送电子证据，并进行公告，若登记人需要也可一并发送纸质证书。
除作品登记，该网站同样支持著作权合同、著作权出质等登记备案。

3. 企业文创设计成果著作权保护制度体系

在当今竞争激烈的商业环境中，企业的创新和知识资产变得比以往任
何时候都更为重要，要真正充分发挥著作权的保护作用，企业除了需要在
微观层面对核心创作成果加以保护外，同样也需要采取一系列宏观层面的
制度安排和战略性举措，提升企业文创设计成果著作权保护效能。

（1）制定全面的企业知识产权战略。将著作权保护纳入企业更高层次
的知识产权战略规划中。考虑企业的整体业务目标，确定著作权在企业知
识产权组合中的地位。综合考虑专利、商标、著作权等各种保护手段，确
保形成综合性的战略，以最大限度地保护企业的创新和知识资产。

（2）教育与培训。在企业内部进行员工培训，提高对著作权的认识水
平。确保员工了解知识产权的价值、保护方法以及避免侵权的重要性。通
过培训，可以在整个组织中建立对知识产权的文化意识，降低侵权风险。

（3）建立权责明确的合作关系。在业务合作中，谨慎处理与供应商、合作伙伴和其他利益相关者的知识产权关系。确保合同中有明确的知识产权条款，明确各方的权利和责任。建立合作伙伴关系时，也要注意对方的知识产权政策和实践，防止潜在的侵权风险。

（4）参与行业标准的制定。积极参与行业标准的制定和知识产权倡议。通过参与行业、标准制定，企业可以影响并参与相关政策的制定，推动构建更加有利于知识产权保护的环境。这有助于建立更加健康和创新的产业生态系统。

二、文创设计成果著作权保护的司法实践

在司法实践中，也有诸多以著作权对文化创意设计成果进行成功保护的案例。

（一）音乐喷泉案

1. 案情概要

某水景公司主张其对其所创作的某音乐喷泉乐曲的喷泉编辑享有著作权，认为某景区管理处以考察名义从该公司获得包含涉案作品在内的视频、设计图等资料并交给某技术公司，某技术公司剽窃涉案音乐喷泉编曲并在某景区施工喷放，侵犯其著作权。某水景公司诉至法院，请求判令某技术公司、某景区管理处停止侵权、赔礼道歉，并赔偿经济损失 20 万元及合理支出 8 万元。

一审法院认为，音乐喷泉作品所要保护的对象是喷泉在特定音乐配合下形成的喷射表演效果。《中华人民共和国著作权法》（以下简称《著作权法》）中虽无音乐喷泉作品或音乐喷泉编曲作品的类别，但这种作品本身具有独创性，应受到著作权法的保护。涉案喷泉音乐作品构成实质性相似，某技术公司、某景区管理处构成侵犯著作权。

二审法院维持原判，认为：涉案请求保护的权利载体可以称为涉案音乐喷泉喷射效果的呈现，是由于涉案客体通过将喷泉水型、灯光及色彩的变化与音乐情感结合而进行的取舍选择、安排，展现出的一种艺术美感表达，亦满足"可复制性"要求，符合作品的一般构成要件。由于涉案客体

是由灯光、色彩、音乐、水型等多种要素共同构成的动态立体造型表达，其美轮美奂的喷射效果呈现具有审美意义，符合美术作品的构成要件。从价值解释角度出发，法律解释要顺应科技的发展、跟上时代的步伐，将涉案客体认定为美术作品的保护范畴，有利于鼓励对美的表达形式的创新，有助于喷泉相关作品的创作。

2. 典型意义

本案对音乐喷泉的作品性质进行了厘定，对音乐喷泉适用法定作品类型与法律法规规定的其他作品之间的顺序关系进行了梳理，有助于保护在科技发展背景下涌现的新兴文化创意成果。该案为我国目前的文化创意类企业创作设计成果的著作权保护打下了坚实基础。

（二）家居用品案——实用艺术品是否受到著作权保护

1. 案情概要

2009 年 1 月，原告某家居用品公司设计了一款家具产品。同年 7 月，某家居用品公司委托某摄影设计公司为其制作的系列家具拍摄照片。2011年 9 月、10 月，某家居用品公司先后在两家网站进行企业及产品介绍与宣传，同时展示了其生产的家具产品照片。2013 年 12 月 10 日，某家居用品公司申请对该家具立体图案进行著作权登记。

被告某销售中心是被告某木业公司在某地区的代理经销商。某家居用品公司发现某销售中心所售某家具与某家居用品公司所设计家具产品完全一致。某家居用品公司认为，其所设计家具产品属于实用艺术作品，某木业公司侵犯了某家居用品公司对该作品享有的复制权、发行权；某销售中心侵犯了某家居用品公司对该作品的发行权。2013 年 11 月 29 日至 2014年 1 月 13 日，某家居用品公司对被诉侵权产品申请保全证据，并提起了本案诉讼。

将某家居用品公司设计的家具产品与被诉侵权产品进行比对，二者相似之处主要体现在艺术方面；不同之处主要体现于实用功能方面，且对整体视觉效果并无影响，不会使二者产生明显差异。

一审法院作出民事判决：驳回原告的诉讼请求。某家居用品公司不服一审判决，提起上诉。二审法院作出民事判决：撤销一审民事判决；某木业公司立即停止生产、销售侵害某家居用品公司家具作品著作权的产品的行为；某销售中心立即停止销售侵害著作权的产品的行为。某木业公司不服，向最高人民法院申请再审。最高人民法院作出裁定，驳回了某木业公司的再审申请。

2. 典型意义

我国《著作权法》并未对实用艺术品的保护进行规定。《伯尔尼公约》第2条第7款规定了成员国可以专门立法保护实用艺术品，如果没有专门立法，应当作为艺术作品受到著作权法的保护。我国作为《伯尔尼公约》的成员国，有义务保护实用艺术品。

实用艺术品作为美术作品受到著作权保护要满足三个条件：一是符合作品的一般构成要件；二是符合美术作品的特殊构成要件；三是实用性和艺术性可以分离。根据《著作权法》第三条，作品的一般构成要件包括：一是属于文学、艺术和科学领域内的智力成果；二是具有独创性；三是能以一定形式表现，可以复制。根据《中华人民共和国著作权法实施条例》（以下简称《著作权法实施条例》）第四条，美术作品的特殊构成要件包括：一是属于以线条、色彩或者其他方式构成的艺术作品；二是具有审美意义；三是属于平面或者立体的造型艺术作品。本案中被侵权家具作品显然符合作品的一般构成要件和美术作品的特殊构成要件。从最高人民法院指导案例的裁判要件部分可知，由于著作权法只保护实用艺术品的艺术性，实用性和艺术性能否相分离成为判断实用艺术品是否受著作权法保护的最重要的标准。在本案中，被侵权家具作品作为家具，实用功能在于储存物品。对其艺术美感的设计进行改变并不影响其储存物品的实用功能的实现，因此其实用性和艺术性可以分离。在本案之前，我国对该类文创产品的外形设计的保护多是从外观专利权角度出发，但是正如本案所示，外观专利保护并非那么坚不可破，这类权利申请不便且极易被判定无效，而著作权法意义上的美术作品所包含的实用艺术品则可以在一定程度上覆盖外观专利权所无法涉及的空白区域，这也就意味着凝结了作者的劳动、智慧的外形设计的可版权性问题在我国可以得到有效解决，体现了我国对智力成果的尊重与保护。该案对现阶段实用艺术作品的侵权认定和保护标准等具有重要指导意义。

三、文创设计成果著作权保护全流程规范管理——以吉祥物文创设计为例

示例背景：假设一个大型体育赛事活动或其他类似活动，主办方需要征集或委托设计者提供吉祥物或其他标志标记等文创设计成果，并需要构建其成果的著作权保护方案。

（一）典型应用场景一：委托创作环节的规范管理问题

1. 委托创作环节规范管理要点

在委托创作的过程中，主要涉及以下两项法律关系：第一，委托人与受托人之间形成的合同法律关系；第二，吉祥物或其他标志标记诞生形成的著作权/商标权法律关系。从合同法的角度来看，在订立该类合同时，除了与一般合同类似，需要注意作品的交付、付款方式与时间节点、违约责任以及争议解决事项外，还要注意几个主要风险点：

（1）作品创作要求、创作期限与定稿流程。

委托创作过程中，若合同未明确规定作品的创作要求、创作期限以及相应的定稿程序，可能导致设计成果与委托人的期望不符，导致合同双方多次修改、交付拖延，不但大大增加了金钱成本与时间成本，甚至可能会影响后续活动的准备。

因此，在该类合同中应当明确详细描述作品的创作要求，包括设计风格、主题内容、尺寸规格、色彩要求等，尽可能确保双方对作品的预期一致。同时，还应约定一定数量的时间节点，如初稿时间、定稿时间等，以确保创作进度受到有效控制。此外，应当为受托人提交初稿后的修改预留一定时间。

（2）作品创作过程的保密问题。

泄密风险是在作品创作过程中最为关键的法律风险之一，因为泄露商业机密等保密信息可能导致相关设计遭人抢先登记/注册，造成严重的商业损失和声誉损害。

应对这一风险，在合同中不仅需要明确定义哪些信息属于保密信息，明确规定设计者在创作过程中对保密信息的使用范围和限制，确保其仅在必要的情况下使用保密信息，并不得将其泄露给任何未经授权的第三方；同时还需要明确规定违反保密义务的后果，包括可能的违约责任和赔偿标

准，并建立安全措施，限制对保密信息的访问和传播，包括加密、访问权限控制、网络安全等措施，防止未经授权的访问和泄露。

（3）作品的权属清晰无争议。

在委托创作过程中，受托人可能无意中或故意侵犯了第三方的著作权或商标权，导致委托人卷入侵权纠纷，承担法律责任。这可能包括使用未经授权的原创作品或商标，或者在设计过程中参考了他人的创意而未经允许。

故在委托创作合同中，必须明确规定受托人对作品的合法性负责，并要求其保证作品不侵犯任何第三方的著作权或商标权。受托人应当承担因侵权行为造成的一切法律责任，并赔偿委托人因此遭受的损失。此外，委托人不但应当慎重选择受托人，如选择业界口碑较为优秀的企业作为合作伙伴，自身也应另行对创作成果进行一定的著作权或商标权审查。

（4）作品的权利归属问题。

由于我国《著作权法》规定，委托作品未明确约定著作权归属的，著作权归受托人。虽然即使在著作权归受托人的情况下，委托人依然有权利在约定的使用范围内享有使用作品的权利，双方没有约定使用作品范围的，委托人可以在委托创作的特定目的范围内免费使用该作品，但这依然大大增加了委托人使用该作品构成侵权的风险，可能导致面临法律诉讼、赔偿责任等法律后果。

因此，在委托创作合同中，应当明确规定著作权的归属，以具体的条款，清晰地表达双方的意图，以避免未来出现权利归属争议，确保创作成果的著作权归属于委托人。在订立合同时，可以咨询法律专业人士，对合同条款进行审查和修改，以确保合同的合法性和有效性，以及保护己方的权益。

2. 委托设计/创作合同示例

委托创作合同

甲方（委托方）：［主办方名称］

乙方（受托方）：［设计者姓名或公司名称］

鉴于甲方希望委托乙方进行一项设计/创作工作，而乙方愿意接受该委托并提供相应的设计/创作服务，双方根据《中华人民共和国民法典》及相关法律法规，经友好协商，达成如下协议：

第一条 项目概述

1.1 项目名称：_____

1.2 项目内容：乙方应根据甲方的要求，进行_____（具体描述设计/创作内容）的设计/创作工作。

1.3 项目期限：自本合同签订之日起至____年____月____日止。

第二条 设计/创作费用及支付方式

2.1 设计/创作费用总额：人民币_____元（大写：_____元整）。

2.2 支付方式：甲方应按照以下方式向乙方支付设计/创作费用：

• 本合同签订后____日内支付人民币_____元作为预付款。

• 项目完成并经甲方确认后____日内支付剩余款项。

第三条 甲方权利和义务

3.1 甲方有权要求乙方按照约定的时间、质量和要求完成设计/创作工作。

3.2 甲方有义务向乙方提供与项目相关的必要信息和资料，并保证其真实、准确、完整。

3.3 甲方有权对乙方的设计/创作成果提出修改意见和建议，并要求乙方进行相应的修改。

第四条 乙方权利和义务

4.1 乙方有义务按照约定的时间、质量和要求完成设计/创作工作，并保证其独创性和合法性。

4.2 乙方有权获得约定的设计/创作费用。

4.3 乙方应保证在设计/创作过程中不侵犯任何第三方的在先权利，包括但不限于著作权、商标权、专利权等。

4.4　如乙方在设计/创作过程中使用了第三方的素材或灵感，应明确注明来源，并确保已获得相应的授权或许可。

第五条　著作权归属

5.1　乙方完成的吉祥物及其他相关文创设计成果，其著作权归属甲方所有。

5.2　乙方不得以任何形式擅自使用、转让或许可他人使用上述设计成果，除非经甲方书面同意。

第六条　保密义务

6.1　乙方应当对委托创作过程中所涉及的商业机密等保密信息保密，不得擅自泄露给任何第三方。

6.2　保密期限为委托创作任务完成之日起［保密期限］年。

6.3　若一方违反保密义务，应向受损方支付违约金，并赔偿因此造成的全部损失。

第七条　违约责任

7.1　如因乙方原因导致设计成果无法按时交付或不符合要求，乙方应当承担违约责任，并赔偿甲方因此遭受的损失。

7.2　若乙方在设计/创作过程中侵犯了第三方的在先权利，导致甲方受损，乙方应承担全部法律责任，并赔偿甲方因此遭受的全部损失。

第八条　争议解决

双方因本合同的解释或履行发生争议时，应首先通过友好协商解决；协商不成的，任何一方均有权向甲方所在地的人民法院提起诉讼。

第九条　其他

9.1　本合同自双方签字（或盖章）之日起生效。

9.2　本合同一式两份，甲乙双方各执一份。

（以下无正文）

甲方（盖章）：＿＿＿＿＿＿＿＿　日期：＿＿＿＿＿＿＿

乙方（盖章）：＿＿＿＿＿＿＿＿　日期：＿＿＿＿＿＿＿

签订日期：＿＿年＿＿月＿＿日

（二）典型应用场景二：作品权属证据固定的规范管理问题

1. 作品权属的证据类型

要证明一个作品权利归属，一般可以提供以下证据：

（1）原始证据：为了证明作品的权属，需要提供作品的原始证据，如底稿、原件、创作过程文件等。这些原始证据可以证明作品的创作过程和创作时间，从而确认作品的原始权利归属。

（2）登记证书：在一些国家或地区（包括我国），作品的著作权可以通过登记来获得法律保护。因此，提供著作权登记证书也是证明作品权属的重要证据之一。

（3）转让或许可协议：如果作品的著作权已经转让或许可给他人使用，可以提供相关的转让或许可协议。这些协议可以证明著作权的转让或许可情况，以及当前的权利归属情况。

（4）发表证明：如果作品已经发表，需要提供相关的发表证明，如出版物、网站截图等。这些证明可以证明作品已经公开传播，并且著作权人已经行使了相关的权利。

（5）其他证据：除了上述证据外，还可以提供其他能够证明作品权属的证据，如作者的声明、证人证言等。这些证据可以作为辅助证据，加强著作权人对于作品权属的主张。

2. 固定作品权属证据的实务操作

一般而言，作品权属证据的固定会采用以下几种方式，其一是向有关机构进行登记，其二是进行公证/时间戳，其三是创作过程留档，其四是公开与发表。

（1）向有关机构进行登记。

这类操作主要涉及向官方或专业机构提交作品或交易信息，以获得官方的证明或记录。具体而言，以著作权登记为例，流程如下：准备作品样本、创作说明、作者身份证明等材料→提交至著作权登记机构→缴纳相应费用→著作权登记机构审核→获得著作权登记证书。

（2）公证/时间戳固定证据。

公证是由公证机构对证据的真实性、合法性进行核实并出具公证书的法律程序。作品的发表、原始证据等均可进行公证。传统公证方式为：企业自行准备需要公证的证据材料（如作品发表截图、原始底稿等）→前往公证处或在线公证平台→提交材料并缴纳公证费→公证员核实材料真实性→出具公证书。而随着技术的进步与发展，企业也可以采用更为快捷实惠的方式，使用可信时间戳进行证据固定：采用特定的可信时间戳服务软件或平台→将作品电子数据上传至时间戳服务中心→服务中心为数据添加时间戳并生成认证证书→存储和保存认证证书及时间戳信息。通过将作品完整地进行公证/记录时间戳，可以证明作品的创作日期与创作内容，以防止他人声称其拥有先于自己的权利。

（3）自我留档。

作品自创作开始到完成，应当尽可能地保留创作的原始文件，例如文字文档、绘画原稿、音频或视频录音等，同时也保留创作过程中的聊天记录、邮件往来等文件，并记录下创作作品的过程，包括创意来源、设计草稿、修改和完善的过程等，以此形成完整的创作过程证据链。

（4）公开与发表。

将作品公开展示或发表，例如在个人网站、社交媒体、艺术展览、出版物等平台上展示作品。公开展示作品可以作为证据，证明作品的作者，并可以追溯到作品的创作时间。

（三）典型应用场景三：作品著作权许可使用的规范管理问题

1. 著作权许可使用环节规范管理要点

在作品著作权许可使用的场景中，涉及的主要法律关系为著作权人与被许可人之间的许可使用合同关系。著作权人作为权利的拥有者，通过许可使用合同将其部分或全部著作权授权给被许可人使用，而被许可人则支付相应的使用费用。在这一过程中，双方需要明确各自的权利和义务，确保合同的合法性和有效性。这一阶段涉及的法律风险点主要包括：

（1）合同有效性风险：如果许可使用合同存在瑕疵或违反法律法规，可能导致合同无效或部分无效，进而引发著作权纠纷。

（2）著作权侵权风险：被许可人在使用作品过程中，如未按照合同约定使用或超出授权范围使用，可能构成著作权侵权，面临法律责任。

（3）费用支付风险：被许可人未按时支付使用费用或拒绝支付，可能导致著作权人利益受损。

（4）作品质量风险：如被许可人使用作品后产生负面影响，可能损害著作权人的声誉和利益。

因此，企业应当重视如下管理要点：

（1）合同审查与标准化，确保许可使用合同内容合法、完整，明确双方权利和义务，减少合同瑕疵。通过制定标准的许可使用合同模板，涵盖权利与义务、使用范围、费用支付、违约责任等关键条款。在签订合同前，由专业法律团队进行合同审查，确保合同内容符合法律法规，并保护双方利益。

（2）著作权保护与监控，监督被许可人按照合同约定使用作品，确保不侵犯著作权人的合法权益。通过建立著作权使用监控机制，对被许可人的使用行为进行实时监控。设立专门的著作权保护人员，负责处理可能的侵权行为，并与被许可人沟通，确保其按约使用。

（3）费用管理与系统建设，确保被许可人按时支付使用费用，维护著作权人的经济利益。通过设立专门的费用管理系统，记录、追踪和提醒费用支付情况。对于逾期支付或拒绝支付的情况，建立相应的追责机制，如发送催款通知、采取法律手段等。

（4）作品质量评估与监控，确保被许可人使用作品后的质量符合约定，维护著作权人的声誉。通过建立作品质量评估体系，对被许可人使用作品后的效果进行定期评估。对于质量不符合约定的情况，及时与被许可人沟通，并要求其进行整改或采取其他补救措施。

2. 许可使用合同示例

著作权许可使用合同

甲方（著作权人）：＿＿＿＿＿＿＿＿＿

乙方（被许可人）：＿＿＿＿＿＿＿＿＿

鉴于甲方是以下作品的合法著作权人，并愿意将其著作权中的部分权利许可给乙方使用，乙方希望获得该作品的使用权并支付相应的使用费用，双方根据《中华人民共和国著作权法》及相关法律法规，经友好协商，达成如下协议：

第一条　作品信息

1.1　作品名称：_____

1.2　作品类型：_____（如文字作品、美术作品、摄影作品等）

1.3　作品形式：_____（如书籍、图片、视频等）

第二条　著作权许可内容

2.1　甲方授予乙方行使著作权中的第_____项权利：

（1）复制权；（2）发行权；（3）出租权；（4）展览权；（5）表演权；（6）放映权；（7）广播权；（8）信息网络传播权；（9）摄制权；（10）改编权；（11）翻译权；（12）汇编权；（13）其他权利。

2.2　许可使用范围：

2.2.1　地域范围：_____

2.2.2　时间范围：自本合同签订之日起至_____年____　____月_____日止

2.2.3　使用方式：_____（如独家许可、非独家许可等）

第三条　作品交付

3.1　甲方应在本合同签订后____日内，将作品的电子版和/或纸质版交付给乙方。

3.2　若甲方未按照约定时间交付作品，乙方有权要求甲方支付违约金，并有权解除本合同。

第四条　保密条款

4.1　双方同意，在合作期间及合作结束后，对涉及本合同的所有商业信息、技术资料和其他保密信息予以保密。

4.2　若一方违反保密义务，应向受损方支付违约金，并赔偿因此造成的全部损失。

第五条　使用费用

5.1　使用费用总额：人民币_____元（大写：_____元整）。

5.2　支付方式：乙方应按照以下方式向甲方支付使用费用。

首次支付：本合同签订后____日内支付人民币_____元。

后续支付：自首次支付之日起，每____个月支付一次，每次支付人民币_____元，直至本合同终止。

第六条　著作权保护

6.1　乙方应确保在使用作品时不侵犯甲方的著作权及其他合法权益。

6.2　乙方应按照本合同的约定使用作品，不得超出许可范围使用或转让给他人使用。

第七条　违约责任

7.1　若乙方未按照本合同的约定支付使用费用，甲方有权要求乙方支付逾期利息，并有权解除本合同。

7.2　若乙方在使用作品过程中侵犯了甲方的著作权或其他合法权益，甲方有权要求乙方立即停止侵权行为，并赔偿甲方因此遭受的全部损失。

7.3　若甲方未按照约定时间交付作品或违反保密义务，乙方有权要求甲方支付相应的违约金，并有权解除本合同。

第八条　争议解决

双方因本合同的解释或履行发生争议时，应首先通过友好协商解决；协商不成的，任何一方均有权向甲方所在地的人民法院提起诉讼。

第九条　其他

9.1　本合同自双方签字（或盖章）之日起生效。

9.2　本合同一式两份，甲乙双方各执一份。

（以下无正文）

甲方（著作权人）：_____（签字/盖章）

乙方（被许可人）：_____（签字/盖章）

签订日期：____年____月____日

（四）典型应用场景四：作品著作权转让的规范管理问题

1. 著作权转让环节规范管理要点

在作品著作权转让的场景中，基础法律关系为转让方（原著作权人）与受让方（新著作权人）之间的著作权转让合同关系。转让方将其对作品的全部或部分著作权权利转让给受让方，而受让方则支付相应的转让费用。这一过程中，双方需要明确转让的权利范围、转让费用、权利瑕疵担保等核心条款，确保合同的合法性和有效性。涉及的法律风险点主要包括：

（1）合同有效性风险：若著作权转让合同存在瑕疵或违反法律法规，可能导致合同无效或部分无效，进而引发著作权纠纷。

（2）权利瑕疵风险：若转让方在转让著作权时存在权利瑕疵，如未获得完整著作权或存在第三方权利主张，可能导致受让方权益受损。

（3）转让范围不明确风险：若合同中对著作权转让的范围约定不明确，可能导致双方对权利边界产生争议。

（4）费用支付风险：受让方未按时支付转让费用或拒绝支付，可能导致转让方利益受损。

因此，企业应当特别重视以下四个方面的管理，并采用以下应对策略：

（1）合同管理是核心，要求制定标准的著作权转让合同模板，确保合同内容合法、完整，并明确双方的权利和义务。为实现这一要求，应建立合同审查机制，由专业法律团队对合同进行审查，以确保其符合法律法规，并保护双方的利益。

（2）验证转让方的著作权权利至关重要，以避免权利瑕疵风险。为此，应建立权利验证流程，要求转让方提供著作权登记证书、原始创作底稿等证明文件，以验证其著作权权利的真实性和完整性。

（3）明确著作权转让的范围也是管理的重要要求。为实现这一目标，应在合同中明确权利种类、地域范围和时间范围，以避免双方对权利边界产生争议。

（4）费用管理是确保转让顺利进行的关键。要求建立完善的费用支付机制，确保受让方按时支付转让费用。为实现这一要求，可以建立专门的费用管理系统，记录、追踪和提醒费用支付情况，以便及时处理逾期支付或拒绝支付的情况。

2. 著作权转让合同示例

著作权转让合同

甲方（转让方）：＿＿＿＿＿＿＿＿＿

乙方（受让方）：＿＿＿＿＿＿＿＿＿

鉴于甲方是以下作品的合法著作权人，并愿意将其著作权中的全部或部分权利转让给乙方，乙方希望获得该作品的著作权并支付相应的转让费用，双方根据《中华人民共和国著作权法》及相关法律法规，经友好协商，达成如下协议：

第一条　作品信息

1.1　作品名称：_____

1.2　作品类型：_____（如文字作品、美术作品、摄影作品等）

1.3　作品形式：_____（如书籍、图片、视频等）

第二条　著作权转让内容

2.1　甲方向乙方转让著作权中的第_____项权利：

（1）复制权；（2）发行权；（3）出租权；（4）展览权；（5）表演权；（6）放映权；（7）广播权；（8）信息网络传播权；（9）摄制权；（10）改编权；（11）翻译权；（12）汇编权；（13）其他权利。

2.2　转让范围：

2.2.1　地域范围：_____

2.2.2　时间范围：自本合同签订之日起永久有效。

第三条　转让费用

3.1　转让费用总额：人民币_____元（大写：_____元整）。

3.2　支付方式：乙方应按照以下方式向甲方支付转让费用：

本合同签订后____日内支付人民币_____元。

（其他支付方式和时间可根据实际情况约定）

第四条　著作权验证与交付

4.1　甲方应在本合同签订后____日内，向乙方提供著作权登记证书、原始创作底稿等证明文件，以验证其著作权权利的真实性和完整性。

4.2　甲方应在本合同签订后____日内，将作品的电子版和/或纸质版交付给乙方。

第五条　权利瑕疵担保

5.1　甲方保证其对转让的著作权拥有完整、无瑕疵的权利，不存在任何第三方权利主张或纠纷。

5.2 如因甲方权利瑕疵导致乙方受损，甲方应承担全部法律责任，并赔偿乙方因此遭受的全部损失。

第六条 保密条款

6.1 双方同意，在合作期间及合作结束后，对涉及本合同的所有商业信息、技术资料和其他保密信息予以保密。

6.2 若一方违反保密义务，应向受损方支付违约金，并赔偿因此造成的全部损失。

第七条 违约责任

7.1 若乙方未按照约定时间支付转让费用，甲方有权解除本合同，并要求乙方支付违约金。

7.2 若甲方未按照约定时间交付作品或违反权利瑕疵担保，乙方有权解除本合同，并要求甲方支付违约金和赔偿损失。

第八条 争议解决

双方因本合同的解释或履行发生争议时，应首先通过友好协商解决；协商不成的，任何一方均有权向甲方所在地的人民法院提起诉讼。

第九条 其他

9.1 本合同自双方签字（或盖章）之日起生效。

9.2 本合同一式两份，甲乙双方各执一份。

（以下无正文）

甲方（转让方）：＿＿＿＿＿＿＿＿＿（签字/盖章）

乙方（受让方）：＿＿＿＿＿＿＿＿＿（签字/盖章）

签订日期：＿＿＿年＿＿＿月＿＿＿日

第二节 文创设计成果的专利权保护路径

文化创意类企业是经济转型升级的重要动力和国家软实力竞争的重要力量。近年来各项文化创意产业相关政策的出台表明，我国对发展文化创意产业的重视程度不断提升。文化创意产业的创意是借助现代科技实现的，由此产生的具有功能性的产品和生产方法符合《专利法》对发明创造的定义，可获得相应的专利权。^① 同时，投资者也会更倾向于支持那些具有强大知识产权保护能力的企业，因为这可以降低技术被复制的风险。专利可以帮助文化创意类企业保护其市场份额，防止侵权者进入市场。这对于保持高利润率非常关键。文化创意类企业在专利权保护方面的积极实践，既包括外观设计专利，也包括与技术创新相关的发明专利。专利权的保护有助于这些企业保护其独特的创意和技术成果，进而在市场上取得竞争优势。

一、文创设计成果专利权保护存在的问题

2020 年我国《专利法》的修改，完善了外观设计专利保护制度，有利于文化创意产业的专利保护，鼓励创作者申请专利，保障其独创性和独特设计的合法权益。尽管有关文创设计成果专利保护的法律规范逐步完善，但实践中文化创意类企业在运用专利保护方面还存在诸多困难。

1. 文化创意类企业专利保护意识和能力存在不足

文化创意产业的创作设计成果通常以著作权的方式进行保护。在专利保护方面，一般文化创意类企业存在意识不足和专业能力不足的问题，也缺乏丰富的专利申请和保护经验。

2. 文创产业专利保护整体氛围存在不足

从文化创意产业整体来看，通过专利对文创产品进行法律保护也存在不足。一方面，由于专利制度的设计往往更加注重对技术创新成果的保护，对于文化创意产业的创作设计成果的保护相对较弱。另一方面，由于大多数文化创意类企业成立时间较短，且企业规模较小，普遍存在重视有形资产的保护，轻视对知识产权无形资产的保护。这些现象造成文创产业在整体上存在专利保护不足的问题。

---

① 杨德桥、韩弘力：《论文化创意产业知识产权保护体系的构建》，载《北京化工大学学报（社会科学版）》2013 年第 2 期，第 10-16 页。

3. 文创设计成果专利维权难度大

文化创意产业的创作设计成果面临着较高的专利被侵权风险。由于文化创意类企业的创作设计成果往往具有较高的经济价值和市场潜力，因此很容易成为侵权者的目标。文创设计成果往往具有较低的复制成本和较高的传播速度，因此侵权案件高发。在专利权受到侵犯时，权利人又存在维权成本较高、维权周期较长、维权收益较低等实际困难。

二、文创设计成果专利权保护路径的实现

（一）文创设计成果专利权保护路径的选择

文化创意类企业的创作设计成果的专利权保护是一项复杂而重要的任务，需要选择合适的保护路径以确保创意成果的合法权益。以下是几种可选择的专利权保护路径。

1. 发明专利保护

发明专利适用于那些在技术上有显著创新的成果，可以涉及新的技术方法、装置或者化学合成物等。在文化创意类企业中，某些创新可能涉及技术性的发明，例如新型的数字媒体技术、创新的材料等。通过申请发明专利，可以获得更广泛、更强有力的专利保护。发明包括产品发明、方法发明以及改进发明。产品发明最终表现形态为实物，方法发明最终表现为步骤、程序，改进发明则是对产品发明、方法发明的改进。

2. 实用新型专利保护

实用新型专利适用于那些在产品的形状、构造或者其结合有新的技术特性的创新。在文化创意领域，可能涉及产品的设计、构造等方面的创新。通过申请实用新型专利，可以在相对短的时间内获得专利权，并有效地保护创意成果。

3. 外观设计专利保护

从实践看，文化创意类企业的业务领域包括开发游戏、设计广告、广

播影视、卡通动漫、音像传媒、视觉艺术、表演艺术、工艺与设计、环境艺术、广告装潢、服装设计等。因而，对于文化创意类企业而言，其大部分智力成果无法通过发明专利、实用新型专利进行保护，通过申请外观设计专利的方式加以保护更具有可行性。外观设计专利主要保护产品的外观、形状、图案等方面的创新。在文化创意类企业中，外观设计专利适用于那些强调视觉美感和艺术性的产品，如服装、家具、包装设计等。通过申请外观设计专利，可以有效地保护创意设计的外观特征。

值得注意的是，在对创作设计成果申请外观设计专利时，确定并识别那些独特而具有区别性的外观元素格外重要，这可能包括产品的形状、图案、色彩、纹理等，这些元素对于产品的整体外观起着关键作用；以及在设计中灵活运用的颜色和材质，这些元素也可以成为外观设计专利的一部分。通过独特的颜色搭配或者特殊的材质选择，提高外观设计的独特性。另外，对于文化创意类企业的创作设计成果是选择通过美术作品登记保护，还是选择外观设计专利来保护也值得探讨。

4. 文创设计成果外观设计专利保护与作品著作权保护的路径选择

从确权保护条件来看，外观设计专利必须满足"实用性"和"新颖性"，需要提出专利申请并经初步审查确权，颁发外观设计专利证书。作品著作权保护不需要登记确权，自作品完成时自动获得法律保护。作品登记实行自愿登记，只要作品具备独创性，不论其是否登记，或是否与已发表的其他作品相似，均可获得独立的著作权。从保护力度来看，外观设计专利权被授予后，任何单位或者个人未经专利权人许可，都不得实施其专利，即不得为生产经营目的制造、许诺销售、销售、进口其外观设计专利产品。而作者对作品享有的著作权，涉及17项权利，包括4项著作人身权和13项著作财产权，保护范围更为广泛。从保护年限来看，外观设计专利的保护年限是15年。美术作品的著作权登记保护年限是作者有生之年加死后50年。实务中对于文化创意类作品更多是以美术作品来进行保护。与外观设计专利相比，美术作品在权利取得方式上更为简便，保护期限上也具有更大的优势。

5. 国际专利保护

如果企业的业务涉及国际市场，应考虑申请国际专利，例如通过专利合作条约（PCT）途径。这样可以在多个国家或地区同时申请专利，确保在企业业务涉足的国家和地区获得其创意成果的法律保护。需要注意的是，PCT申请包含发明和实用新型，外观设计不属于上述范围，所以外观设计不适用PCT途径。

（二）文创设计成果专利权保护的实务操作

以发明专利为例，专利申请的流程如下：申请人将准备好的申请材料提交给国家知识产权局（CNIPA）进行初步审查，初审主要包括对申请文件的形式和内容进行审核，确保其符合法定要求；当专利申请通过初审后，国家知识产权局发出合格通知书即进入公布阶段，如果专利申请人请求提前公开，则申请将进入到公开准备程序，3个月后实行申请公布，该申请人将会获得临时保护的权利，若申请人未提出提前公开，申请则会在申请日满15个月后进入公开准备程序，3个月后实行申请公布，申请人则会获得临时保护的权利；发明专利申请公布后，申请人提交实质审查请求且已生效的，则会进入到实质审查程序中，如果发明专利申请人自申请日起满3年内未提出实质审查请求或者实质审查请求未生效，该申请则会被视为被撤回；发明专利在实质审查合格后即会被授权。

在专利授权后，发明专利需要从授权公告后的次年起，每年缴纳专利年费以维持专利权的有效性。若未缴费将导致权利终止。实用新型专利从申请日起每年需缴纳年费，虽比发明专利的费用低，但同样须及时缴清以免权利丧失。外观设计专利从申请之日起，每年也要缴纳设计专利年费。如果超过约定期限未缴费，该专利权将终止。三种类型专利的年费都按每年递增的方式进行计算。权利人应关注不同类型专利的年费规定，按时缴费，确保权利维持有效。

在选择专利权保护路径时，企业应根据具体的创意成果、产业特点和市场需求综合考虑。有时候，也可以选择多种保护方式的组合，形成更为全面的知识产权保护策略。在专业人士的指导下，企业可以更好地理解各种保护方式的优劣势，制定出更为合理和有效的专利保护计划。

（三）文创设计成果专利权保护路径的建议

为了促进文化创意产业的发展和保护从业者的利益，以及能够有效解决文化创意类企业创作设计成果的专利权保护困境，有必要采取综合性的保护方案。为提高文化创意类产业创作设计成果的专利权保护力度，以促进创新、维护创作者权益，可采取如下措施。

1. 探索新型数字版权技术

新型数字版权技术，尤其是区块链技术，可以为创作者提供更为安全、透明的版权保护机制。区块链的去中心化和不可篡改的特性能够有效地防止盗版和侵权行为，实现数字作品的可追溯性和不可复制性。因此，探索并应用这些新型技术，将是文化创意类产业知识产权的一条新路径。

2. 建立产业共识与自律机制

由于文化创意产业的参与主体众多，因此建立产业共识与自律机制也是重要的路径。产业内部应加强合作，共同制定行业规范和道德准则，明确创意设计成果知识产权保护范围和原则，形成产业自律的良性循环。同时，通过建立行业协会或联盟，促进各方的交流与合作，共同维护文化创意产业的健康生态。

3. 强化知识产权教育与意识普及

在文化创意类企业中，一些从业者对于专利权的了解仍显不足。因此，强化知识产权教育与意识普及是保护专利权的重要一环。通过培训课程、研讨会等形式，提高文化创意从业者对专利权保护的认知水平，激发他们主动运用专利手段的意愿。这将有助于在产业内形成更加良好的专利权保护氛围。

4. 国际合作与经验借鉴

面对全球化的潮流，文化创意产业也需要加强国际合作。我国可以通过加入国际专利组织、签署双边或多边合作协议，推动国际专利制度的协调与合作，提高文化创意产业在国际上的竞争力。同时，学习和借鉴其他国家在文化创意产业专利保护方面的成功经验，为我国文化创意类产业提供更为广泛的发展路径。

三、文创设计成果专利权保护典型案例

（一）发明专利权无效宣告请求行政纠纷案——专利文件撰写

1. 案情概要

上海某智能网络科技公司是名称为"一种聊天机器人系统"的发明专利（以下简称"本专利"）的权利人。本专利是实现用户通过即时通信平台或短信平台与聊天机器人对话，使用格式化的命令语句与机器人做互动游戏的专利。某电脑贸易公司请求宣告本专利无效。

终审法院认为，本专利中的游戏服务器特征不是本专利与现有技术的区别技术特征，对于涉及游戏服务器的技术方案可以不作详细描述。本领域普通技术人员根据本专利说明书的记载就可以实现相关技术内容，因此，本专利涉及游戏服务器的技术方案符合专利法关于充分公开的要求。

2. 典型意义

本案涉及我国计算机人工智能领域的基础专利。"以公开换保护"是专利制度的基本原则，判断作为专利申请的技术方案是否已经充分公开，不仅是人工智能领域专利审查和诉讼中的疑难问题，也直接决定了专利申请人能否对有关技术方案享有独占权。专利申请的充分公开则是在《专利法》第二十六条第三款中得到了规定："说明书应当对发明或者实用新型作出清楚、完整的说明，以所属技术领域的技术人员能够实现为准"。说明书的充分公开，实际上是对说明书撰写的基本要求和实质要求。因此，对于文化创意类企业来说，严肃对待专利申请文件的撰写要求和其重要性是很有必要的，会成为后续专利保护的坚实保障。

（二）玩具发明专利侵权纠纷案——专利侵权赔偿

1. 案情概要

甲公司是 A 玩具的专利权人，该玩具利用磁力使球形的玩具在路面上行走时变形为各种虚拟人物形象，曾风靡世界，引领一代潮流。乙公司开

发了一款 B 玩具，该玩具外表为"蛋形"，在外部磁力的作用下可变形为各种人物形象。乙公司同时还制作了配套的动画片，在各大电视台播放。凭借着乙公司强大的销售网络和前述热播动画片，B 玩具一直处于玩具销售排行榜的前十位，销售额巨大。甲公司根据法院的调查令向电商平台调取了 B 玩具的线上销售额，同时也在全国 17 个城市的 114 家店铺取证购买 B 产品以证明其线下销售规模，但乙公司一直拒绝提供与 B 玩具有关的财务数据。甲公司提供了行业报告，以证明玩具行业线上和线下的销售比例。

2. 典型意义

举证妨碍一直是侵权诉讼的难题之一，很多侵权人在一审过程中拒不提交财务数据，等收到不利的一审判决后，才在二审中提交一些自行委托的审计报告，不当利用司法实务中对举证程序把关不严的漏洞而滥用权利，导致权利人无法得到足够的赔偿，专利权更加无法有效保护。本案中，对于乙公司在二审中提交的专项审计报告，法院认为其既无具体的财务数据的支持，又与相关证据矛盾，因此不予采纳。正是因为乙公司既存在妨碍举证的行为，又是侵权链条的源头，法院认为，可以根据乙公司线上代理商的销售额和行业报告中关于线上、线下销售比例的统计数据，推算出乙公司的侵权获利，该做法对于解决举证妨碍难题是一种有利探索。法院提出的赔偿思路，在侵权公司存在妨碍举证行为时，是保护权利人专利权的一种有效方式。在司法实践中，在无法确定侵权数额时，权利人应该积极去主张。

（三）某玩偶外观设计专利纠纷案——专利侵权判定核心原则："整体观察，综合判断"

1. 案情概要

该案中，原告是某玩偶外观设计专利的专利权人，涉案专利处于有效状态。专利简要说明记载外观设计产品的设计要点在于产品形状和图案的结合，外观设计专利图片显示了玩偶的外观。

原告诉称，被告售卖的系列盲盒侵犯了其外观专利权。被告认为，被控侵权产品在脸部五官形象发型和服饰设计上存在区别，包括眼睛、睫毛、眉毛、嘴巴形状、脸部腮红、发型发饰、手的朝向、服饰、性别等。被告认为对于娃娃玩偶类型的玩具，脸部五官以及发型设计、服饰设计对整体玩偶形象具有实质性影响，故被控侵权产品与涉案专利既不相同也不近似。

本案经过两审判决，二审法院认为：外观设计专利侵权判定应遵循"整体观察，综合判断"之原则，即应对某被控侵权设计与授权外观设计的设计特征，以外观设计的整体视觉效果予以综合判断。同时，产品正常使用时容易被直接观察到的部位以及涉案外观设计区别于现有设计的设计特征应对外观设计比对的判断更具影响。被控侵权产品与涉案专利不相同亦不近似，未落入其保护范围。

2. 典型意义

本案中，法院提出，在判定是否侵犯外观专利权时，应遵循"整体观察，综合判断"的原则。从权利人的角度来看，是不利于去对外观设计专利维权的。因此本案给出的启示为：权利人在申请外观专利时，应提前做好专利整体布局，将尽可能多的样态申请为专利，从而尽可能扩大外观专利所保护的范围。当然，未来可能发生的侵权行为是难以被准确预判的，进行大量的专利布局也将付出额外的高昂成本，因此在作出专利布局时也得综合评估成本与权利保护之间的平衡关系。为了节省成本，权利人也可以考虑采用套件专利申请模式，《专利法》三十一条第二款中指出："一件外观设计专利申请应当限于一项外观设计。同一产品两项以上的相似外观设计，或者用于同一类别并且成套出售或者使用的产品的两项以上外观设计，可以作为一件申请提出。"专利申请人可以考虑将同一类别并且成套出售或者使用的产品的两项以上外观设计作为一件申请提出，从而节省保护成本。

四、一款成套咖啡杯系列文创设计成果外观设计专利权保护全流程规范管理实例

示例背景：泰和泰律师事务所为了纪念事务所 20 周年庆，委托设计公司开发设计了一款带事务所文字及图形商标的咖啡杯套件含杯子、托盘、勺等作为组件的纪念品，需要构建对其成果的外观设计专利保护方案。

（一）典型应用场景一：委托设计环节的规范管理问题

1. 委托设计环节规范管理要点

在委托设计环节中，基础法律关系是委托人与受托人（一般为设计公司）之间的合同关系。这种合同关系基于双方的合意，委托人支付设计费用，受托人提供设计服务，最终交付设计成果。在这类业务中，主要的法律风险点在于以下方面：

（1）知识产权归属不明确：如合同中未明确知识产权的归属，可能导致双方因所有权产生争议。

（2）保密信息泄露：设计过程中可能涉及商业机密，如泄露，会对委托人造成重大损失。

（3）设计要求不明确：若合同中对设计的要求、周期、费用等未明确，可能导致双方理解上的分歧。

（4）设计成果侵犯第三方在先权利或违反相关法律法规：如设计涉及消费者权益保护、广告等，违反这些相关法规可能引发法律纠纷。

为此，可以采用如下应对方式：

（1）明确合同条款：确保合同中明确设计要求、周期、费用、知识产权归属、保密义务等关键条款，通常可以采用制定包含上述关键条款的合同模板，供委托人和受托人使用。

（2）签订保密协议：通过与受托人签订保密协议，明确双方的保密义务和责任，同时进行适当的法律培训，增强各方的法律意识和合规意识。

（3）审查受托人资质：确保受托人具备相应的资质和经验，以提供高质量的设计服务。加强与受托人之间的沟通，对设计过程进行监督，定期检查和评估，确保符合企业要求和相关法律法规。

（4）约定受托人义务：在委托设计合同中，明确受托人须确保设计成果不侵犯任何第三方的知识产权或其他合法权利，如要求受托人承诺在创作过程中未使用任何未经授权的材料或元素。同时，明确约定如果设计成果侵犯第三方权利，受托人应承担的违约责任，如赔偿损失、重新设计等。并在受托人提交设计成果前，进行法律审查，确保设计不侵犯他人的商标、专利、著作权等知识产权，或涉及敏感内容，或侵犯他人肖像权、名誉权等。

通过以上措施，可以确保委托设计环节的合规性和有效性，降低法律风险，保护双方的合法权益。

2. 委托设计合同示例

外观设计委托创作合同

甲方（委托人）：［甲方全称］

乙方（受托人）：［乙方全称］

一、合同目的

根据《中华人民共和国民法典》及相关法律法规的规定，为明确甲乙双方在外观设计委托创作过程中的权利与义务，保障双方的合法权益，特订立本合同。

二、委托事项

甲方委托乙方进行外观设计创作，具体设计内容、要求、周期、费用等详见附件。

三、设计费用及支付方式

3.1　设计费用总额：人民币［设计费用总额］元。

3.2　支付方式：甲方应按照以下时间节点向乙方支付设计费用：

•预付款：合同签订后××个工作日内，支付设计费用总额的××％，即人民币［预付款金额］元。

•中期款：设计成果完成初稿并经甲方确认后××个工作日内，支付设计费用总额的××％，即人民币［中期款金额］元。

•尾款：设计成果最终验收合格后××个工作日内，支付剩余的设计费用，即人民币［尾款金额］元。

3.3　乙方应在收到每期款项后××个工作日内向甲方提供相应金额的发票。

四、知识产权归属

4.1　双方明确，本次委托设计所产生的知识产权，含外观设计专利申请权以及设计文案、设计成果的著作权等所有知识产权归甲方所有。

4.2 乙方在创作过程中使用的任何素材、资料等，如涉及第三方知识产权的，应事先取得相关权利人的授权或许可，确保不侵犯任何第三方的知识产权。

五、保密条款

5.1 双方同意，在合作期间及合作结束后，对涉及本次委托设计的所有商业机密、技术机密及其他敏感信息（以下简称"保密信息"）予以严格保密。

5.2 未经对方书面同意，任何一方不得向任何第三方泄露、传播、复制、使用或允许他人使用保密信息。

六、设计要求与验收

6.1 乙方应按照甲方的要求进行设计，确保设计成果符合甲方的预期。

6.2 甲方有权对乙方的设计成果提出修改意见，乙方应根据甲方的要求进行修改，直至设计成果符合甲方的要求。

6.3 设计成果完成后，乙方应向甲方提交设计成果电子版及纸质版，甲方应在收到设计成果后××个工作日内完成验收。如验收不合格，乙方应根据甲方的要求进行修改，直至验收合格为止。

七、违约责任

7.1 若乙方未能按照甲方的要求进行设计或未能按时提交设计成果，应按照合同总金额的××％向甲方支付违约金。

7.2 若乙方提交的设计成果侵犯了任何第三方的知识产权或涉及敏感内容，乙方应承担全部法律责任，并赔偿甲方因此遭受的全部损失。

7.3 若甲方未按照约定时间节点支付设计费用，每逾期一日，应按照逾期未付款项的××％向乙方支付违约金。

八、争议解决

如双方在合同履行过程中发生争议，应首先通过友好协商解决；协商不成的，任何一方均有权将争议提交至［仲裁委员会名称］进行仲裁。

九、其他

9.1 本合同一式两份，甲乙双方各执一份。

9.2　本合同自双方签字（或盖章）之日起生效，有效期为
［有效期］。

9.3　本合同未尽事宜，可由甲乙双方协商补充，并作为本
合同的附件，具有同等法律效力。

甲方（委托人）：［甲方盖章或签字］
日期：××××年××月××日

乙方（受托人）：［乙方盖章或签字］
日期：××××年××月××日

附件
［外观设计要求、周期、费用等具体细节］
［发票信息及其他相关文件］

（二）典型应用场景二：外观设计成果专利权授权环节的规范管理问题

1. 外观设计专利申请的程序以及授权要求

申请外观设计专利主要包含三个阶段，即：

（1）申请阶段：提交申请文件，包括《外观设计专利请求书》《外观设计图片或照片》《外观设计简要说明》。申请人应根据申请的具体情况，缴纳相应的申请费、申请附加费、优先权要求费。请求减缴专利收费的，应当提出收费减缴请求，并在提出请求前提前办理专利费减缴备案手续。

（2）审查阶段：专利局会进行初步审查，主要关注申请文件的形式问题，如有问题会发出补正通知书。同时，也会审查该设计是否属于外观设计专利保护范围。如果有不属于保护范围的部分，审查员会发出审查意见通知书，申请人需要对此进行答复或修改申请文件。

（3）授权阶段：通过初步审查后，专利局会发出授予专利权通知书，申请人应当办理登记手续，缴纳相应的印花税等费用，正式获得外观设计专利证书。

而申请外观设计专利有四项授权要求：

（1）新颖性，对于外观设计而言，新颖性同样要求该外观设计不属于现有设计，也不存在抵触申请。

（2）区别性，外观设计与现有设计或者现有设计特征的组合相比，应当具有明显区别。

（3）并非由技术功能限定，如果一种外观设计与现有设计的区别在于产品的形状，但该形状是由产品的功能限定的，则该区别通常对视觉效果不具有显著影响，即不能认为该外观设计与现有设计相比具有明显区别。

（4）不与他人在先合法权利相冲突，"合法权利"通常包括就作品、商标、地理标志、姓名、企业名称、肖像，以及有一定影响的商品名称、包装、装潢等享有的合法权利或者权益。[①]

2. 外观设计专利申请文件的准备

以某外观设计产品成套咖啡杯为例，申请外观设计专利，需要准备以下文件：

（1）外观设计专利请求书：这是申请外观设计的核心文件，其中包含申请人的基本信息、外观设计的名称、设计人的姓名、优先权声明（如有）以及外观设计产品的简要说明等。

（2）外观设计图片或照片：这是展示外观设计的关键部分，通常需要提供产品的六视图，即主视图、后视图、左视图、右视图、俯视图和仰视图等。图片或照片应清晰、准确地展示外观设计的整体和局部特征。通常采用计算机绘制或者照片拍摄的方式制作，具体而言，应当参照我国技术制图和机械制图国家标准中有关正投影关系、线条宽度以及剖切标记的规定绘制。以粗细均匀的实线表达外观设计的形状。对于照片拍摄，也应当尽可能遵循正投影规则，最大程度地避免因透视产生的变形影响产品的外观设计的表达造成各视图投影关系明显不对应的缺陷，并采用单一一致且与产品具有适当色差的背景，同时避免强光、反光、阴影等效果。需要特别注意的是，针对立体产品、平面产品以及图形用户界面（GUI）的三种外观设计，其图片与照片的制作也有不同的要求。

（3）外观设计简要说明：这是对外观设计进行文字描述的部分，应当

---

① 王迁：《知识产权法教程（第七版）》，中国人民大学出版社2021年版，第413-421页。

包括外观设计产品的名称、用途、设计要点等。如有申请保护色彩、省略视图或平面产品等特殊情况，也应在简要说明中写明。应当注意的是，具有配套使用关系的组件应当提供额外的说明，提供组件清单，在申请文件中列出所有组件的名称和数量，说明各个组件之间的配套使用关系，如哪些组件是相互连接的，哪些组件是可以独立使用的等，对于每个组件，都应提供相应的视图以展示其外观特征。这些视图应遵循上述外观图示制作要求。

3. 答复审查意见以及授权取证等

在外观设计专利申请材料提交后，也并非只要耐心等待授权即可，在申请过程中，答复审查意见是一个关键步骤。在收到专利局的审查意见通知书时，申请者需要仔细研读并全面理解审查员的反馈。为了确保合规性，答复内容必须遵循《专利法》及其实施细则的规定，不得包含任何误导性或虚假的信息。此外，申请者需要在规定的期限内及时回应，提供充分的论证和必要的证据来支持自己的观点。同时，修改内容必须保持在原申请范围内，不得擅自更改或增加新的设计要素。在整个答复过程中，保持与审查员的沟通，确保双方对申请的理解一致，是提高申请成功率的关键。

获得授权是外观设计专利申请的最终目标。在收到授权通知书后，申请者需要核实授权信息的准确性，并按时缴纳授权费用，以确保专利权的顺利获得。获得专利证书后，申请者需要合规使用证书，不得随意更改证书上的信息或将其用于违法或误导性的宣传。为了维护专利权的有效性，申请者还需要定期监控专利状态，并及时办理续展手续。此外，对于他人侵犯专利权的行为，申请者可以采取合法手段进行维权，保护自己的创新成果。在整个授权取证过程中，应遵守相关法律法规和规定，确保合规性是非常重要的。只有这样，申请者才能获得有效的专利权保护，并充分发挥其创新成果的商业价值。

（三）典型应用场景三：外观设计专利许可实施的规范管理问题

1. 外观设计专利许可实施环节规范管理要点

在外观设计专利许可实施环节，规范管理至关重要。这一环节经常会涉及以下基础法律关系，如专利权人与被许可人之间的合同关系、第三方侵权导致的诉讼法律关系等。主要包含以下风险：

（1）合同风险：因许可合同内容不清晰、不完整，导致双方权利义务不明确，容易引发纠纷，又或者因被许可人未按合同约定使用专利，侵犯专利权人权益，导致专利权人遭受损失。

（2）专利无效风险：专利在许可期间内失效，导致许可合同无法履行，给双方带来损失。

（3）侵权风险：第三方侵犯专利权，导致专利权人遭受经济损失和声誉损害。

为此，企业需要通过组建或外聘具备法律知识和专利经验的团队，负责许可实施环节的规范管理工作，建立完善合同审查机制，制定合同审查流程和标准，确保合同内容合法、完整，定期监控专利状态，及时发现和处理专利无效风险。同时，加强被许可人管理，明确其使用专利的具体要求，加强对其行为的监督。完善侵权风险防控体系，建立快速维权机制，及时应对侵权行为。

2. 外观设计专利实施许可合同示例

外观设计专利实施许可合同

甲方（专利权人）：［甲方全称］

乙方（被许可人）：［乙方全称］

鉴于甲方是［专利名称］的合法专利权人，并拥有该专利的全部权利；乙方希望获得该专利的实施许可，经双方友好协商，依据《中华人民共和国专利法》及相关法律法规，就甲方许可乙方实施该专利事宜达成如下协议：

第一条　专利许可

1.1　甲方授予乙方在［许可范围］内独占（或排他、普通）实施［专利名称］的许可，期限为自本合同生效之日起［许可期限］。

1.2　专利的具体内容详见本合同附件。

第二条　专利使用费

乙方应在合同生效后［支付期限］内，向甲方支付专利使用费人民币［金额］元。

第三条　甲方的权利和义务

3.1　甲方有权监督乙方按照合同约定的方式实施专利。

3.2　甲方有权要求乙方在专利实施过程中保持专利的保密性。

3.3　甲方有权在乙方违约时，要求乙方停止实施专利并支付违约金。

3.4　甲方应当保证所许可的专利是合法有效的。

3.5　甲方应当在乙方需要时提供必要的技术支持和指导，确保乙方能够顺利实施专利。

第四条　乙方的权利和义务

4.1　乙方有权在许可范围内独占（或排他、普通）实施专利。

4.2　乙方有权在专利实施过程中享有相应的经济利益。

4.3　乙方应当按照合同约定的方式和范围实施专利。

4.4　乙方应当按时支付专利使用费。

4.5　乙方应当对甲方提供的技术支持和指导给予必要的配合。

第五条　保密条款

双方应对本合同内容及与专利实施相关的所有技术信息、商业秘密等予以保密，未经对方书面同意，不得向任何第三方泄露。

第六条　违约责任

如一方违反本合同约定，应向对方支付违约金，并赔偿因此给对方造成的全部损失。

第七条　争议解决

因执行本合同所发生的或与本合同有关的一切争议，双方应通过友好协商解决；如协商不成，任何一方均有权向甲方所在地人民法院提起诉讼。

第八条　其他

8.1　本合同自双方签字（或盖章）之日起生效。

8.2 本合同一式两份，甲乙双方各执一份。

附件
[外观设计专利的具体内容描述及图纸]

甲方（专利权人）：[甲方盖章]
法定代表人（或授权代表）：[甲方代表签字]
签订日期：[签订日期]

乙方（被许可人）：[乙方盖章]
法定代表人（或授权代表）：[乙方代表签字]
签订日期：[签订日期]

（四）典型应用场景四：外观设计专利权转让的规范管理问题

1. 外观设计专利权转让环节规范管理要点

外观设计专利权在转让过程中，主要涉及转让方（转让专利权的原始持有者）和受让方（专利权的新持有者）双方之间，基于转移受让合意形成的合同法律关系与外观设计专利实体权利的权属变更。关键的法律风险点包括转让可能无效、侵犯第三方权益以及协议条款不完备等，在确保转让合规性时，需要全面考虑这些潜在风险。

为确保转让合规，需要实施一系列具体管理要求和实现方案。首先，双方应当充分沟通并明确转让的意愿和条件。这包括确定转让的专利权范围、转让价格、支付方式以及转让后双方的权利义务等。其次，双方需要进行资格审查，确保具备转让的权利和资格，以避免转让方资格不足或受让方不具备合法资格导致的法律风险。最后，正式起草转让协议并进行相关登记手续，签署时应确保双方对协议内容充分理解，并自愿同意协议条款，协议应包含清晰明了的条款，涵盖转让的具体内容、转让价款的支付方式和时间、转让后的权利义务等，协议中应当考虑各种可能的情形，以防止未来的纠纷或争议。在完成签署后，根据相关法律规定及时进行登记注册，以确保专利权转移的合法性和有效性。

2. 外观设计专利权转让合同示例

外观设计专利权转让合同

甲方（转让方）：［甲方全称］

乙方（受让方）：［乙方全称］

鉴于甲方是［专利名称］的合法专利权人，并拥有该专利的全部权利；乙方希望受让该专利的所有权，经双方友好协商，依据《中华人民共和国专利法》及相关法律法规，就甲方将专利权转让给乙方事宜达成如下协议：

第一条　专利权转让

1.1　甲方同意将其拥有的［专利名称］专利权（专利号：［专利号］）转让给乙方，乙方同意受让该专利权。

1.2　专利权转让的范围包括专利权的所有权及其相关权益，如申请权、使用权、转让权、维权权等。

第二条　转让费用

乙方应在本合同签订后［支付期限］内，向甲方支付专利权转让费用人民币［金额］元。

第三条　甲方的权利和义务

3.1　甲方有权获得约定的转让费用。

3.2　甲方应保证所转让的专利权是合法有效的，不存在权属争议或任何形式的法律瑕疵。

3.3　甲方应协助乙方完成专利权的权属变更手续，并提供必要的文件和信息。

3.4　甲方应确保在专利权转让前，不存在任何侵犯第三方权益的行为或纠纷。

第四条　乙方的权利和义务

4.1　乙方有权获得专利权的所有权及其相关权益。

4.2　乙方应按时支付专利权转让费用。

4.3 乙方应负责专利权转让后的管理和维护工作，确保专利权的合法使用和维护。

4.4 乙方应承担专利权转让后可能产生的与第三方之间的权益纠纷和法律责任。

第五条 保密条款

双方应对本合同内容及与专利权转让相关的所有技术信息、商业秘密等予以保密，未经对方书面同意，不得向任何第三方泄露。

第六条 违约责任

如一方违反本合同约定，应向对方支付违约金，并赔偿因此给对方造成的全部损失。

第七条 争议解决

因执行本合同所发生的或与本合同有关的一切争议，双方应通过友好协商解决；如协商不成，任何一方均有权向甲方所在地人民法院提起诉讼。

第八条 其他

8.1 本合同自双方签字（或盖章）之日起生效。

8.2 本合同一式两份，甲乙双方各执一份。

8.3 本合同未尽事宜，可由双方协商补充，并作为本合同的附件，与本合同具有同等法律效力。

甲方（转让方）：[甲方盖章]

乙方（受让方）：[乙方盖章]

签订日期：[签订日期]

（五）典型应用场景五：外观设计专利权维护的规范管理问题

专利权人在获得外观设计专利权后，并非可以高枕无忧，维护外观设计专利权是确保专利权有效的重要环节。在维护过程中，规范管理显得尤为关键，专利权人在专利有效期内需要持续关注专利状态，确保专利不受侵犯，同时避免侵权纠纷、维持专利权的稳定性，并最大化专利的商业价值。这包括维持专利年费缴纳、处理专利无效宣告请求、监控市场上的侵权行为等。具体而言：

（1）对于维持专利年费缴纳，企业需要建立专门负责专利管理的部门或岗位，以确保专利年费的及时缴纳。这个部门或岗位负责定期审核专利组合，合理评估专利价值，根据市场需求和公司战略调整，决定是否继续维持特定专利的年费缴纳。通过建立有效的专利管理机制，企业能够有效地控制专利维护成本，提高专利维持的经济效益，同时保护企业的知识产权利益不受侵害。

（2）面对专利无效宣告请求，企业应严格审核专利申请，确保专利权的有效性和可维持性。在专利权遭受无效宣告请求时，应及时准备相关的证据和辩护材料，积极维护专利权的合法性。通过积极的应对和有效的辩护，企业可以有效地维护自身的专利权益，避免专利权被无效宣告，保护企业的知识产权利益。

（3）对于监控市场上的侵权行为，企业应建立完善的知识产权管理体系，定期监测市场，及时发现可能存在的侵权行为，并建立专利侵权应对机制。通过及时发出警告信、提起侵权诉讼等手段，积极维护企业的知识产权，保护自身的创新成果不受侵害。有效应对市场上的侵权行为，有助于维护企业的市场地位和竞争优势，保护企业的长远发展利益。

第三节 文创设计成果知识产权规范管理的几个具体问题

一、职务成果的知识产权归属

根据《著作权法》的规定，创作设计成果的著作权，原则上由创作者或设计者享有。但是对于特殊的作品，例如视听作品，或者在一些特殊的场景下，例如履行职务产生的创作设计成果，或者是通过委托、合作等方式产生的创作设计成果，其知识产权归属的判定也有相应的特殊规则。

职务行为，是自然人完成法人或者非法人组织工作任务的行为。文化创意类企业的员工在履行职务行为中，既可能产生文字、摄影、美术、计算机软件等受《著作权法》保护的作品，又可能产生外观设计、实用新型甚至发明等受《专利法》保护的发明创造。由于《著作权法》和《专利法》对于职务作品和职务发明创造的定义、权属规定有所不同，因此本节将区分不同法律语境来说明职务成果的知识产权归属问题。

（一）职务作品

如果员工的创作设计成果是文字、摄影、美术、计算机软件等作品，员工为完成法人或者非法人组织工作任务所创作的作品是职务作品，其中，"工作任务"是指公民在该法人或者该组织中应当履行的职责。换言之，只有在员工与单位的工作关系存续期间，员工履行其在单位的工作职责时产生的作品，才构成职务作品，依据《著作权法》有关"职务作品"的规定，该作品著作权由作者享有，但单位享有一定条件下的使用权。员工利用业余时间创作的与工作任务无关的作品，或者离职后创作的作品，与单位无关。例如，一位教师为了完成教学工作所制作的课件，属于职务作品，应当适用《著作权法》有关"职务作品"的规定；但如果这名教师是在工作之余，出于自身兴趣爱好，将其多年教学经验总结成文章在社交媒体发布，这篇文章并不属于职务作品，而是教师个人的作品。

（二）职务发明创造

如果员工的创作设计成果是将要或已经申请的发明、实用新型或外观设计专利，在两种情况下，员工的发明创造都将构成职务发明创造，由单位享有专利申请权：（1）执行本单位的任务；（2）主要利用本单位的物质技术条件所完成的发明创造。需要注意的是，即使是从单位离职后，员工的成果也可能成为职务发明创造。因为《专利法》所称的"执行本单位的任务所完成的职务发明创造"，是指：（1）在本职工作中作出的发明创造；（2）履行本单位交付的本职工作之外的任务所作出的发明创造；（3）退休、调离原单位后或者劳动、人事关系终止后1年内作出的，与其在原单位承担的本职工作或者原单位分配的任务有关的发明创造。上述"本单位"，也包括临时工作单位。物质技术条件，则是指本单位的资金、设备、零部件、原材料或者不对外公开的技术资料等。与职务作品不同的是，即使员工并非出于完成工作任务的目的从事的发明创造，例如，上例中的教师为一名理工科教师，出于个人研究兴趣，主要利用单位的实验室、实验设备以及尚未公开的研究成果完成了一项发明创造，该发明创造虽然并非教师的工作任务，同样是职务发明创造，单位可以依据《专利法》享有专利申请权。

（三）职务行为是否必须以存在劳动关系为条件？

在"甲科技公司、白某某与乙科技公司专利权权属纠纷案"中，白某某就职于某大学，其以个人名义与乙公司签订有咨询服务合同约定。

乙公司提交了多封白某某在乙公司期间定期向相关人员报送的周报，内容涉及正在研发内容的进度情况汇报；其在乙公司部分邮件中甚至涉及人员任免的讨论，乙公司内部多个版本的通讯录中均将白某某记载为新产品开发总监。结合白某某在此期间确系在乙公司缴纳社保以及扣缴个人所得税等情况，一审法院认定白某某与乙公司之间形成了事实上的劳动关系，判定诉争专利是职务发明创造，归乙公司所有。

二审法院认为，适用《专利法》第六条关于职务发明规定的前提是发明人与单位之间存在劳动关系或者临时工作关系。职务发明的权属应归于单位的根本原因在于，产生该职务发明的创造性劳动的支配权属于单位。如果单位与发明人之间的关系，仅仅是一般的合作关系，发明人并未让渡对自己的劳动支配权，则没有理由将不属于单位支配的劳动所创造出的技术成果归属于该单位。同时，判断发明人与单位之间工作关系的性质，应当约定优先，在没有约定的情况下，才需要根据双方所实施的实际行为和结果进行综合判断。且乙公司为白某某缴纳社保、白某某在乙公司的通讯录中被列为新产品开发总监等行为，都系乙公司单方行为或者与白某某系某大学方的联系人的工作身份有关，据此，二审法院改判驳回乙公司诉讼请求。

（四）职务成果知识产权归属的一般规则

对于职务作品，除《著作权法》另有规定的特殊职务作品以外，一般职务作品的著作权由实际创作的员工享有，但法人或者非法人组织有权在其业务范围内优先使用。作品完成两年内，未经单位同意，作者不得许可第三人以与单位使用的相同方式使用该作品。职务作品完成两年内，经单位同意，作者许可第三人以与单位使用的相同方式使用作品所获报酬，由作者与单位按约定的比例分配。以上提到的"两年"，是自作者向单位交付作品之日起计算。在实务中，单位应要求员工以书面、电子邮件或者办公系统等有痕方式交付设计成果，以免与员工就作品交付日期发生争议。

与职务作品不同，职务发明创造申请专利的权利属于单位，申请被批准后，单位为专利权人。单位可以依法处置其职务发明创造申请专利的权利和专利权，促进相关发明创造的实施和运用。被授予专利权的单位应当对职务发明创造的发明人或者设计人给予奖励；发明创造专利实施后，根据其推广应用的范围和取得的经济效益，对发明人或者设计人给予合理的报酬。奖励、报酬的方式和数额，可以由双方进行约定，国家鼓励单位采取股权、期权、分红等方式对发明人或者设计人实行产权激励。

（五）单位可以不给职务发明创造人奖励和报酬吗？

如职务发明创造已获得专利授权，单位应当对职务发明创造的发明人或者设计人给予奖励；发明创造专利实施后，根据其推广应用的范围和取得的经济效益，向发明人或者设计人给予合理的报酬。给授权专利的发明人或者设计人发放奖励、报酬，是单位的法定义务。《专利法》要求"应当"发放，如未发放，员工可以向单位追索。具体发放方式和数额，可由单位和员工协商确定，也可以在依法制定的规章制度中规定。单位制定相关规定，应当充分听取本单位科技人员的意见，并在本单位公开相关规定。

如既无约定也无规定，单位应当自专利权公告之日起 3 个月内发给发明人或者设计人奖金，一项发明专利的奖金最低不少于 4000 元；一项实用新型专利或者外观设计专利的奖金最低不少于 1500 元。

根据《中华人民共和国专利法实施细则》（2023 年修订，以下简称《专利法实施细则》）[①] 第九十四条和《中华人民共和国促进科技成果转化法》（2015 年修正，以下简称《促进科技成果转化法》）第四十五条规定，科技成果获得转化的，如单位既未约定也未规定奖励和报酬的方式和数额，按照下列标准对完成、转化职务科技成果做出重要贡献的人员给予奖励和报酬：

（1）单位将该项职务科技成果转让、许可给他人实施的，从该项科技成果转让净收入或者许可净收入中提取不低于百分之五十的比例；

（2）单位利用该项职务科技成果作价投资的，从该项科技成果形成的股份或者出资比例中提取不低于百分之五十的比例；

---

① 如无特别说明，本书引用的《中华人民共和国专利法实施细则》均为 2023 年修正版。

（3）单位将该项职务科技成果自行实施或者与他人合作实施的，应当在实施转化成功投产后连续三至五年，每年从实施该项科技成果的营业利润中提取不低于百分之五的比例。

（4）国家设立的研究开发机构、高等院校规定或者与科技人员约定奖励和报酬的方式和数额应当符合前述第（1）至（3）款规定的标准。

（5）国有企业、事业单位依照本法规定对完成、转化职务科技成果做出重要贡献的人员给予奖励和报酬的支出计入当年本单位工资总额，但不受当年本单位工资总额限制、不纳入本单位工资总额基数。

（六）特殊职务成果的知识产权归属

1. 工程设计图、产品设计图、地图、示意图和计算机软件

如果员工的创作设计成果是可以受到《著作权法》保护的工程设计图、产品设计图、地图、示意图或者计算机软件，员工为完成工作任务创作，且主要是利用法人或者非法人组织的物质技术条件创作的，作者享有署名权，著作权的其他权利由法人或者非法人组织享有，法人或者非法人组织可以给予作者奖励。

需要注意的是，这里的"物质技术条件"与职务发明创造的"物质技术条件"不同，是指该法人或者该组织为公民完成创作专门提供的资金、设备或者资料。同时，奖励也并非职务发明创造的"应当"奖励，而是"可以"奖励。因为此类作品如果内容存在错误，或在传播过程中对公众产生任何负面影响，通常是由单位来承担相应责任。

2. 报社、期刊社、通讯社、广播电台、电视台的工作人员创作的职务作品

2020年修正的《著作权法》，将报社、期刊社、通讯社、广播电台、电视台的工作人员为完成单位工作任务所创作的作品，纳入了特殊职务作品，作者享有署名权，著作权的其他权利，包括发表权、复制权、发行权、信息网络传播权、改编权等，均由法人或者非法人组织享有，法人或者非法人组织可以给予作者奖励。

这意味着，记者为完成报道所拍摄的图片、视频，以及撰写的文字稿件，都将直接成为单位的作品，其他单位如需使用，无须向作者个人获得授权，而是由作者所在的单位来直接行使权利。

这一修改的原因是多方面的，从文化宣传的角度看，媒体作品在引导社会舆论、传播文化知识等方面具有举足轻重的作用，一旦出现错误，主要责任也将由单位承担，单位享有著作权将便于单位监管工作人员的职业行为；从作品传播的角度看，他人使用相关稿件、照片或者视频，除法定许可情形外，需要获得著作权人许可，如果按照职务作品权利行使的一般规则，使用者需要找作者获得许可，作品完成两年内作者需要经单位同意，而使用者找单位比找作者个人更容易，且找到作者个人也很难确认单位是否已经同意，影响作品传播的效率和安全。

3. 非媒体单位员工为单位自媒体创作的文章、图片等，算不算特殊职务作品，著作权是否也归单位享有？

《著作权法》仅规定了报社、期刊社、通讯社、广播电台、电视台等媒体机构的工作人员创作的职务作品由单位享有著作权，作者享有署名权，对于除报社、期刊社、通讯社、广播电台、电视台以外的其他单位，并无此规定。因此，其他非媒体单位工作人员的职务作品，应按照一般职务作品处理，即著作权由实际创作的员工享有，但单位在其业务范围内优先使用。作品完成两年内，未经单位同意，作者不得许可第三人以与单位使用的相同方式使用该作品。因此，在实务中，非媒体单位如需就员工为单位自媒体创作的文章、图片等获得独立的权利，应在劳动合同或者其他合同中对此进行明确约定。

（七）法人作品及领导讲话稿

《著作权法》的立法目的是鼓励创作，所以原则上创作作品的自然人是作者。由于在职务行为中，单位为员工创作设计提供了资源，并承担了责任，所以产生了职务作品和职务发明创造的特殊制度，由单位享有除署名权（表明发明人或者设计人身份）以外的全部或部分权利，但员工仍然是作者或者发明人、设计人。

然而，在《著作权法》中，有一种更特殊的情况，作品系由法人或者非法人组织主持，代表法人或者非法人组织意志创作，并由法人或者非法人组织承担责任，法人或者非法人组织视为作者。员工在其中不享有任何权利。

法人作品是一种非常特殊的作品，司法实践在认定法人作品时通常也谨慎考量，并不过分扩大法人作品的范围。比较典型的法人作品是政府工作报告。在过往的案例中，曾有某动画电影制片厂主张其动画角色形象是在制片厂的集体领导下创作完成，属于法人作品；江苏省某出版社主张某报社摄影记者的照片为报社法人作品；某川剧院主张其编剧编写的某剧本为法人作品，这些主张均未获得支持。

与法人作品相似的，由他人执笔，本人审阅定稿并以本人名义发表的报告、讲话等作品，著作权归报告人或者讲话人享有。著作权人可以支付执笔人适当的报酬。

二、委托设计成果的知识产权归属及实务处理

委托他人进行创作设计产生的成果，不论是受《著作权法》保护的作品，还是受《专利法》保护的发明创造，知识产权的归属规则是相同的，即权利归属由委托人和受托人通过合同约定，如无明确约定，则权利属于受托完成作品或者发明创造的人。委托人在约定的使用范围内享有使用的权利；双方没有约定使用范围的，委托人可以在委托的特定目的范围内免费使用该作品。

因此，实务中企业在委托他人进行创作设计时，应充分考虑对创作设计成果的后续使用需求，在具有谈判优势的情况下，可以与委托方在合同中明确约定设计成果的知识产权归属于己方。比如，在委托设计合同中，可以约定"委托作品或委托发明创造知识产权归属"的条款："乙方（受托方）因履行本合同所产生的开发成果的知识产权，包括但不限于著作权及其相关权利、专利权、商业秘密等，全部权利归甲方（委托方）所有。"如果无法直接约定知识产权归属于委托方，则委托方应当尽可能在合同中明确创作设计成果的使用范围，同时明确委托创作设计的目的，以作为使用范围出现描述遗漏时的补充。

此外，在委托设计合同中，还需要注意避免侵犯他人在先权利的问题。企业委托他人创作设计时，应当提示、监督受托人，注意避免侵犯他人在先权利，保存好双方签署的委托合同以及付款凭证、发票，注意委托创作设计的对价是否合理，如果明显低于成本价或同行业市场价格，委托创作设计成果侵犯他人在先权利的可能性会更高。此外，对于创作设计成果或者重要的阶段性成果，建议要求受托人以电子邮件等有痕方式进行交付。尽管受托人天然有义务保证其交付的成果不侵犯他人权利，但为了后

续万一出现侵权情形时便于追究责任，仍然建议在合同中明确约定权利瑕疵担保条款。比如，在委托设计合同中约定"乙方（受托方）应保证为甲方（委托方）提供的服务及服务成果，免受第三方提出的侵犯其著作权、专利权、商标权等知识产权以及姓名权、肖像权、隐私权等合法权益的主张。如乙方违反本约定，则乙方应自行承担可能发生的一切经济及法律责任，并赔偿由此给甲方造成的全部损失及合理费用"。

三、合作设计成果的知识产权归属及实务处理

（一）合作作品的知识产权归属

在合作关系中，如果两人以上合作创作作品，著作权由合作作者共同享有。没有参加创作的人，即仅提供思路、要求、指令而不实际创作的人，不能成为合作作者。

合作作品的著作权由合作作者通过协商一致行使；不能协商一致，又无正当理由的，任何一方不得阻止他方行使除转让、许可他人专有使用、出质以外的其他权利，但是所得收益应当合理分配给所有合作作者。合作作品可以分割使用的，例如音乐作品的词或者曲，作者对各自创作的部分可以单独享有著作权，但行使著作权时不得侵犯合作作品整体的著作权。

（二）合作发明创造的知识产权归属

如果企业与其他单位或者个人合作完成的是发明创造，除另有协议的以外，申请专利的权利属于共同完成的单位或者个人，申请被批准后，申请的单位或者个人为专利权人。

专利申请权或者专利权的共有人对权利的行使有约定的，从其约定。没有约定的，共有人可以单独实施或者以普通许可方式许可他人实施该专利；许可他人实施该专利的，收取的使用费应当在共有人之间分配。除上述情形外，行使共有的专利申请权或者专利权应当取得全体共有人的同意。

需要注意的是，与合作作品不同，如果合作发明创造各方没有就是否申请专利达成一致约定，其中一方或几方是不能直接以合作发明创造去申

请专利的。因为专利制度实际上是以通过公开技术方案的方式获得一定期限的专有权利。不同于著作权自动取得，专利需要经申请获得授权才能享有，而专利申请是有风险的，特别是我国发明专利实行"早期公开，迟延审查"制度，有可能出现技术方案被公开却无法获得专利授权的情况，所以，如果有合作发明创造人不希望技术被公开，其他合作方应当尊重其意见。

（三）合作设计成果的知识产权归属约定实务

由于在合作关系中，合作各方对创作设计成果的知识产权均有贡献，因此其知识产权的权利归属和行使规则相较于委托关系更为复杂。如未事先明确约定，后续合作各方关系发生变动时，有可能会形成僵局，影响创作设计成果的使用。因此，企业应当在合作之初即充分考虑合作创作设计成果的后续使用和改进/改编，尽可能事先协商达成一致并在合同中进行明确约定。

1. 合作作品或合作发明创造的知识产权归属约定的条款示例

合作过程中新产生的所有著作权及相关权利、专利、技术秘密等知识产权，甲乙双方按照甲方50％、乙方50％的比例共同拥有，双方共同申请专利，双方均有单独或共同使用的权利；

合作过程中新产生的所有著作权、专利、技术秘密等知识产权，归甲方享有。

2. 合作作品或合作发明创造的后续改进利用约定的条款示例

未经任何一方书面同意，另一方不能将共有技术及专利擅自转让、许可或与第三方合作使用。

合同任何一方有权在完成本合同约定的研究开发工作后，利用合作研究开发成果进行后续改进，但不得侵犯另一方享有的知识产权。后续改进产生的具有实质性或创造性技术进步特征的新的技术成果、知识产权、商业秘密、技术秘密和其他合法权利，归改进方所有，但另一方享有优先免费使用的权利，具体使用方式由双方另行协商确定。

四、视频类创作设计成果的归属

视频类创作设计成果根据独创性的有无，分为视听作品和录像制品，有独创性的构成视听作品，享有著作权；无独创性的是录像制品，其制作者享有录音录像制作者权（该权利属于邻接权），即对其制作的录音录像制品只享有许可他人复制、发行、出租、通过信息网络向公众传播并获得报酬的权利。以固定机位对表演活动进行全程录制产生的录像制品，就是典型的录像制品。

视听作品又分为电影、电视剧作品和其他视听作品。电影作品、电视剧作品的著作权由制片者享有，但编剧、导演、摄影、作词、作曲等作者享有署名权，并有权按照与制作者签订的合同获得报酬。其他视听作品的著作权归属由当事人约定；没有约定或者约定不明确的，由制片者享有，但作者享有署名权和获得报酬的权利。不论何种视听作品，其中的剧本、音乐等可以单独使用的作品的作者有权单独行使其著作权。

五、自媒体账号的归属

随着自媒体的普及，特别是短视频的普及，自媒体账号承载的流量价值越来越受到企业的重视，自媒体账号的归属问题也成为文化创意类企业比较关注的热点问题之一。[①]

实践中，许多自媒体平台的账号权益为"三权分置"，"三权"即所有权、使用权，以及使用过程中形成的财产价值收益权。例如，根据《"抖音"用户服务协议》的约定，账号所有权归抖音公司享有，使用权益归注册用户享有，但当账号的实际运营人和注册人为不同主体时，双方对账号注册的贡献值是司法机关在判定账号使用权益归属参考的主要依据。而注册使用的电话号码、账号的实名认证信息、账号运营的方式、双方的合作模式、双方的协议约定等都是衡量该"贡献值"的重要因素。

---

① 参见袁芳：《泰和泰研析丨抖音账号"名实不符"到底归谁？》，载微信公众号"泰和泰律师"，2022 年 4 月 26 日。

为适应和促进"主播经济"的发展，实务中司法机关尊重双方就账号的使用权益、财产价值进行的约定，但前提是该约定不得突破平台规则及法律规定。

自媒体平台的初始注册人与实际运营人不一致时，不仅容易带来风险，还极易产生难以解决的纠纷。

自媒体平台通常禁止未经允许的账号交易和转让，有的平台还规定，如若发现或者有合理理由认为使用者非账号初始注册人，为保障账号安全，平台有权立即暂停或终止向该注册账号提供服务，并有权使该账户永久禁言。平台冻结账号后，在账号争议纠纷被解决，经确权需要对涉案抖音号实名认证信息进行修改时，通常需要有权部门的相应判决书、裁决书等有效文件，平台经逐级审批后进行协助修改。

所以，为避免产生不必要的风险和纠纷，企业应尽可能使用自己持有的电话号码注册抖音账号和完成实名信息认证。

第四节　文化创意类企业知识产权侵权风险

文化创意类企业或文化创意产业，以"文化"为内核，以"创意"为核心及驱动力，系文化产业、创意产业的融合及衍生物，其派生的文化创意类产品成果凝聚了创作者的不可量化的智力劳动及创作心血。因生产经营业务模式不同，文创产业又具有原创造性和再创新性的产业特点，形成了高创意性、高融合性、高行业渗透性、高衍生性、高科技性和高附加值的行业特质。[①] 2022 年元宇宙概念来袭，跨界发展的"文创 IP"潮，及文化产业数字化的新发展业态，为文创产业带来巨大经济潜力，但因其产品抄袭容易、投入性低、高回报率的商业性质，再创作的创新深浅、援引边界难以把控，使文化创意类企业在经营中容易成为侵权实施主体或者被侵权的侵害对象。

[①] 参见彭傲特：《中国文化创意产业知识产权保护研究》，西安工程大学 2018 年博士学位论文。

上海市浦东新区人民法院发布的《自贸区文化创意产业知识产权司法保护状况》① 显示，2013 年至 2019 年该法院受理涉自贸区文化创意产业知识产权案件共计 19856 件，涉及文字、视听、图片、网络、游戏等作品，其中文学作品作为"IP 大户"，所涉纠纷最多。2022 年，上海市普陀区人民法院发布《涉文化创意产业知识产权纠纷案件司法审判白皮书（2019—2021 年）》② （以下简称《文创产业司法白皮书》） 显示，该院 2019 年受理文创产业知识产权纠纷案件 1295 件，2020 年受理 1543 件，至 2021 年受理 2064 件，收案增幅至 34%，案件逐年递增，且纠纷领域广泛，涵盖广播影视、游戏动漫、创意设计、广告、传统文化、计算机软件等创意群体，其中涉及著作权的纠纷案件数量最多，商标权纠纷次之，不正当竞争较少，专利权纠纷则未见占比，著作权纠纷中又以信息网络传播权纠纷最多。

由此可见，文化创意类企业在知识产权领域被侵权风险最高的，也是其知识产权落入保护范围最广的著作权领域；其次为商标权领域，再次为不正当竞争领域，而落入专利权法保护范围的较少，这也与文创产品的表现形式以及创新科技水平有关，引发纠纷的侵权模式通常为组合型侵权。③

一、文化创意类企业著作权侵权风险

（一）著作权保护范围

《著作权法》保护思想表达而不保护思想本身，故"作品"需满足在特定领域内、具有独创性、可复制性，并以有形形式表达的要件，某些已进入公有领域的作品不具有可版权性④。

---

① 上海市浦东新区人民法院：《自贸区文化创意产业知识产权司法保护状况》。

② 上海市普陀区人民法院：《涉文化创意产业知识产权纠纷案件司法审判白皮书（2019—2021 年）》。

③ 参见上海市普陀区人民法院：《涉文化创意产业知识产权纠纷案件司法审判白皮书（2019—2021 年）》。

④ 参见锦江法院民一庭课题组：《论二次创作作品独创性之界定》，载《四川行政学院学报》2012 年第 3 期，第 55-57 页。

文化创意类企业在原有文化内容（如传统文化、IP）上进行商业化创新时，应在合理限度的基础上，形成自身思想表达的内容，满足独创性的构成要件，排除与原知识产权构成实质性相同而带来的侵权风险，对于私有领域的作品应通过商业合作获得授权许可，对于公有领域作品的市场衍生作品也应做好"可获知性"的排除工作。

（二）文化创意类企业著作权侵权问题及相关判例分析

相较于其他的行业，文化创意类企业知识产权纠纷更具易发性及高发性，法院受案纠纷内容覆盖了产品创造、运营管理及保护的全生命周期。以漫画作品为例，其在创作初期就可能显现高热度。漫画的呈现和运营形式也不限于纸质书籍或电子刊物，其生态产业链条涉及影视化、动漫化、游戏化、文字化、舞台剧、有声书、广播剧、线下场景体验馆、IP商业合作及其衍生周边等各类产业，采取线下宣传和线上传播的捆绑式营销融合运营方式，又涉及多方行业主体，知识产权侵权风险贯穿在文创产品的整个生命周期中。本节选取了信息网络传播权侵权、再创作实质侵权、IP宣传侵权纠纷等案例。

1. 使用他人IP制作周边衍生品侵权案

案例

使用他人卡通形象生产销售周边衍生品侵权纠纷案
——知识产权创作不得侵犯他人在先权利

案情简介

原告某动画公司发行系列卡通片，拥有相关动画角色的著作权，并申请注册该动画角色的系列商标。两被告制造、销售与该动画角色外形近似的玩具，并在外包装和销售店铺等多处标注与原告权利商标近似的标识。原告诉至法院，请求判令两被告立即停止侵权并赔偿经济损失。两被告辩称其已获得案外人的外观设计专利和著作权授权，同时拥有A和B商标

（二者与原告商标有个别字符差别）的许可使用权，有权生产、销售涉案火车玩具并标注原告动画角色商标字样。

法院判决

结合原告在中美两国的版权登记证书以及商标注册证，原告享有涉案动画角色形象的著作权以及该动画角色系列商标的专用权。两被告提供的作品登记证书和外观设计专利证书所载作品完成时间或专利公告时间均晚于原告权利作品的创作完成时间，不能对抗原告拥有的在先著作权。被告主张获得许可使用权的 A 商标早在侵权发生前已被撤销，故以该商标作为权利基础进行抗辩并无事实和法律依据；B 商标与被控侵权标识存在明显差别，被告未规范使用注册商标的行为，仍应按照商标侵权的认定标准予以评判。被告的涉案行为系借助原告作品、商标等所享有的综合性声誉，在产品外观、包装、标识、宣传等多个环节对原告权利进行侵害，应当承担相应的法律责任。

文创侵权风险提示

知识产权的获取应建立在合法的前提下，不得侵犯他人的在先权利。我国的作品登记制度、外观设计专利制度的审查模式为形式审查，若申请登记的作品为抄袭、侵害他人在先享有著作权的产品，即便完成了登记也不能对抗在先权利。

2. 销售他人 IP 的周边衍生品，销售平台帮助侵权案

案例

某 NFT 数字产品侵害作品信息网络传播权案

案情简介

深圳某文化创意公司享有甲系列作品全球范围内独占的著作财产权，

其在杭州某科技公司经营的 A 平台上发现某用户铸造并发布了甲 NFT 数字作品。深圳某文化创意公司认为，杭州某科技公司作为专业 NFT 交易平台未履行审核义务，并由此获利，构成信息网络传播权侵权，要求停止侵权，删除相关 NFT 作品并在区块链上销毁或回收，并赔偿损失。

法院判决

NFT 数字作品的交易流程涉及铸造、上架发布、出售转让三个阶段。其中，铸造 NFT 数字作品涉及《著作权法》中的复制行为，上架发布 NFT 数字作品于交易平台涉及信息网络传播行为，出售 NFT 数字作品不涉及复制或信息网络传播行为，亦不构成著作权法意义上的发行行为。NFT 数字作品作为数字藏品的一种形式，其使用的技术可以较为有效地避免在后续流转中被反复复制的风险。NFT 数字作品交易服务伴随着相应财产性权益的产生和移转，NFT 数字作品的铸造、上架发布全流程受控于平台，同时，基于此类交易可能引发的侵权后果、平台的盈利模式等因素，杭州某科技公司应当对其网络用户侵害信息网络传播权的行为负有相对较高的注意义务，审查 NFT 数字作品来源的合法性，确认 NFT 数字作品铸造者具有适当权利。本案中，杭州某科技公司未尽到相应的注意义务，其对被诉侵权行为的发生具有主观上的过错，应当承担帮助侵权的民事责任。

文创侵权风险提示

为了判断交易平台是否应对经营者的侵权行为承担帮助侵权的民事责任，可从交易模式、提供的技术、平台实控程度、盈利模式等维度，综合判定交易平台是否应尽到较高的注意义务。本案中交易平台除应当履行一般网络服务提供者的法律义务外，还应对其所售周边产品之知识产权权属合法性进行初步审查，否则容易为自身带来帮助侵权的风险。

3. 游戏动态画面影像实质相同侵权案

案例

甲网络科技公司诉乙科技公司等著作权侵权纠纷案

案情简介

原告甲网络科技公司经授权取得韩国某网络游戏（以下简称"权利游戏"）的著作权、商标权等知识产权权利的独占性授权。被告乙科技公司开发了一款网络游戏（以下简称"被控侵权游戏"）。经过实地试玩比对，原告认为被控侵权游戏的动态画面影像与权利游戏中构成类电影作品的动态游戏画面构成实质性相似。原告认为被告作为实际运营方，在未经著作权人许可的情况下，依托另一被告公司在互联网中运营的网站，向游戏玩家提供与权利游戏构成实质性相似的被控侵权游戏画面，构成侵权。

法院判决

网络游戏整体画面的表现形式、创作方法均与《著作权法》中的电影作品类似，当画面本身符合《著作权法》规定的独创性要求，可以比照《著作权法》中的类电作品加以保护。在游戏画面的比对过程中，既要遵循画面动态的整体比对，也必须结合游戏的情节、地图、人物、技能、武器、魔怪、NPC等元素进行细节比对，以此确定二者是否构成实质性相似。而根据中国版权保护中心所留存软件著作权原始登记资料中所记载的内容，结合被控侵权游戏自初始载入至实际运行的全过程画面均未指向被告乙科技公司，故法院判定现有证据不足以认定该被告参与实施了被控侵权游戏的研发及授权运营，判决被告两公司共同赔偿原告经济损失及合理开支。

文创侵权风险提示

　　该判决案例对于文化创意类企业中的游戏产业维权具有一定的指导意义，除判定游戏源代码实质相同外，对于游戏画面、设定场景等侵权界定方法参照电影作品的界定标准，然后进行侵权分离认定，首先抽离思想部分，同时运用"三步法"，判断"可获知性"，剥离公有领域，比对作品是否构成实质性相同。该三步判断法是现在知识产权侵权界定的重要方法，文化创意类企业在进行创新过程中，也可以时时运用该方法排除与其他近似产品雷同的可能性，避免侵权风险。

　　4. 二创短视频侵犯作品完整权案

案例

某制片厂公司与邓某、黄某等著作权权属纠纷

案情简介

　　甲、乙两部动画为中国动画经典作品，角色人物形象家喻户晓。某制片厂公司依法对甲、乙两部动画片及其角色造型享有著作权。三被告制作的 17 个基于该动画角色的配音侵权视频，在广泛传播后，给原告造成了极其恶劣的社会影响，侵犯了原告著作权。

法院判决

　　被告拍摄传播的短视频，是以原告享有著作权的动画片中的人物故事演绎片段为基础，在不改变原著作品视频数据情况下，将原著作品人物在故事中音频数据承载的普通话替换为四川方言或者重庆方言，并更改原著作品人物对话内容，其内容充斥粗俗、消极、晦暗的言辞，丑化了原著作品人物形象，与原著作品塑造的机智、勇敢、团结、友爱的人物形象相去

甚远，完全改变了原著作品人物角色的思想表达。三被告的行为已构成共同对原告原著作品的修改权、复制权、保护作品完整权、信息网络传播权等相关著作权利的侵犯。被告在为原著作品人物配制四川方言或者重庆方言时，刻意夸大使用不文明用语，并上传到网络平台广为传播，不仅损害了著作权人的合法权益，还伤害了喜爱这种语言的人民群众的感情，既给社会造成了负面影响，也与全社会倡导的社会主义核心价值观相冲突。

文创侵权风险提示

短视频二创企业在进行二次创作时，应合理应用片段，创造形成具有独创性的创作内容，形成自身思想观点表达，对原作进行转换性替代，避免侵权风险。现下二创视频市场中，恶搞、丑化等视频通常占据较高热度，二创视频企业为了流量，难免会进行恶搞创作，但在进行再创作时应避免对原作品的作品人物形象、思想表达进行丑化破坏，再创作亦须符合社会价值观及遵守公序良俗，否则会破坏原创作品的完整性，落入侵权范围。

二、文化创意类企业专利权侵权风险

（一）专利保护范围

《专利法》第二条明确规定了专利法保护的是"发明、实用新型、外观设计"，与《著作权法》保护客体要求不同的是，专利法保护的是具体的技术方案以及产品外观设计，技术方案可以简单理解为发明人提出的解决技术问题的设想，属于思想层面的成果，这与通常意义上著作权保护思想的表达但不保护思想，是存在本质区别的。对于产品外观设计而言，专利保护的外观设计需要具有一定的审美价值，这与著作权保护的美术作品，特别是实用工艺美术作品存在一定的重合性，因此在文化创意类企业产品设计成果的知识产权保护方面，同样存在采用专利保护的空间和必要性。但由于专利权的申请周期长，保护期限远低于著作权保护期限，因此对于季节性、时新性较强的文化创意类企业，如服装设计企业，申请专利权保护并不一定是首选项。

（二）文化创意类企业专利权侵权问题及相关判例分析

1. 生产销售动画 IP 周边衍生物侵犯外观设计专利权

案例

某动漫文化公司与施某某侵害外观设计专利权
纠纷案——销售某动漫玩具侵犯专利权

案情简介

某动漫文化公司是一家动漫影视作品制作公司，投资拍摄了某动画电视连续剧，深受小朋友的喜爱。原告根据该电视剧中的动漫形象向国家知识产权局申请了角色系列玩具的外观设计专利。被告施某某在其经营的玩具店，销售了与原告专利整体视觉效果相同的玩具公仔。

法院判决

原告是某动漫玩具专利共有权人。被告施某某销售的玩具与原告外观设计专利相似，落入了原告专利权利保护范围。遂判决被告施某某停止销售并销毁侵权产品，赔偿原告经济损失及合理费用 1 万元。

文创侵权风险提示

专利权具有排他性的特点，专利权人对其专利享有实施许可权、转让权、独占实施权等权利。产品申请了外观设计专利，任何单位或者个人未经专利权人许可，都不得实施其专利，即不得为生产经营目的制造、许诺销售、销售、进口其外观设计专利产品。

2. IP 玩偶外观设计专利及侵权界定方法

案例

某文化创意公司与齐某等侵害外观设计专利权纠纷案

案情简介

某文化创意公司系某玩具娃娃的外观设计专利的专利权人，其发现被告甲公司销售的手办落入涉案专利权的保护范围。此外，原告在被告齐某开设的淘宝店铺购买到被控侵权产品，产品上载明制造商乙公司、经销商甲公司，因此原告认为三被告的行为构成侵权。

法院判决

关于被控侵权产品是否落入涉案专利权的保护范围的问题。外观设计专利侵权判定应遵循"整体观察，综合判断"之原则，即应对某被控侵权设计与授权外观设计的设计特征，以外观设计的整体视觉效果予以综合判断。同时，产品正常使用时容易被直接观察到的部位以及涉案外观设计有别于现有设计的设计特征，这一点应对外观设计比对的判断更具影响。本案中，上诉人所主张的与涉案专利最近似的被控侵权产品与涉案专利相比，在上述设计上存在明显区别，即便不考虑服饰、发饰设计，从整体看，其他区别设计对二者视觉效果亦产生显著影响，构成实质性差异。因此，被控侵权产品与涉案专利不相同亦不近似，未落入其保护范围。法院对某文化创意公司诉请不予支持。

文创侵权风险提示

本案一审判决对外观设计专利是否侵权的界定方法，进行了具体的说理解释，对文化创意类企业的外观设计专利侵权分类具有指导意义，即以外观设计专利产品的一般消费者的知识水平和认知能力，判断外观设计是否相同或者近似。法院认定外观设计是否相同或近似时，通常会根据授权外观设计、被诉侵权设计的设计特征，以外观设计的整体视觉效果进行综合判断。对于主要由技术功能决定的设计特征，以及对整体视觉效果不产生影响的产品的材料、内部结构等特征，不予考虑。同时，判断对外观设计整体视觉效果影响性，更要关注：（1）产品正常使用时容易被直接观察到的部位有别于其他部位的设计特征；（2）授权外观设计有别于现有设计的设计特征相对于授权外观设计的其他设计特征。

三、文化创意类企业商标权侵权风险

（一）商标保护范围

《中华人民共和国商标法》（以下简称《商标法》）[1] 第九条第一款规定："申请注册的商标，应当有显著特征，便于识别，并不得与他人在先取得的合法权利相冲突。"第八条则以列举的方式对商标可用要素进行了规定，如包括文字、图形、字母、数字、三维标志、颜色组合和声音等，同时第十条、第十一条对于法定排除保护的禁止性商标也作了明确规定。

商标是区分企业产品和服务来源的标识，是企业的符号象征，商标不仅局限于传统的 LOGO，还包括文化创意类企业中创造的 IP，以及在创造或再创新的过程中获得高曝光度、高热度的企业产品或产品的构成部分。这些事物一旦使社会大众产生了显著区分于一般性认识的认识，就会作为该企业的"商业外观"，通过"第二含义"获得显著性[2]，可起到识别商品的来源与保护品牌的作用。

---

[1] 如无特别说明，本书引用的《中华人民共和国商标法》均为 2019 年修正版。

[2] 参见谢晴川：《商标"显著特征"之内涵重释》，载《法学研究》2022 年第 4 期，第 93-111 页。

（二）文化创意类企业商标权侵权问题及相关判例分析

1. 互联网相关的驰名商标认定及跨界保护案

> 案例

某商标权无效宣告请求行政纠纷案

案情简介

上海某甲科技公司以晋江某乙公司的商标构成对该公司核定使用的商标（以下简称引证商标）的复制、摹仿，违反《商标法》第十三条第三款为由向国家知识产权局提出无效宣告请求。国家知识产权局作出被诉裁定，认为在案证据不足以全面反映引证商标构成驰名商标要求，判定诉争商标核定使用商品与引证商标核定使用的服务关联性不强，不致误导公众，损害上海某甲科技公司合法权利。因此，诉争商标的注册未违反《商标法》第十三条第三款的规定，应予维持。上海某甲科技公司不服，起诉至法院。

法院判决

互联网平台具有传播速度快、传播范围广、内容灵活丰富等特点，引证商标经过持续使用和广泛宣传推广，在诉争商标申请日之前，在"提供在线电子出版物（非下载）；广播和电视节目制作"服务上为相关公众广为知晓，构成驰名商标。诉争商标构成对引证商标的复制、摹仿、翻译。诉争商标在"天然增甜剂；烹饪用葡萄糖"等商品上的注册和使用，易使相关公众误认为诉争商标与引证商标具有相当程度的联系，从而减弱引证商标的显著性，不正当利用引证商标的市场声誉，致使上海某甲科技公司的利益可能受到损害。诉争商标的注册违反了《商标法》第十三条第三款规定，应予宣告无效。

文创侵权风险提示

在认定驰名商标时，可以结合所涉商品、服务的行业特点对在案证据予以综合考虑。互联网平台具有传播速度快、传播范围广、内容灵活丰富等特点，引证商标在诉争商标申请注册时虽获准注册未满三年，但已持续使用五年以上，亦可认定为驰名商标。本案涉及互联网核心商标的保护，判决所体现的驰名商标认定标准，对数字经济下涉互联网相关的驰名商标认定提供了有益借鉴，对恶意抢注商标的违法行为进行了拨乱反正。

2. 净化网络游戏营商环境遏制仿冒维护市场公平

案例

甲计算机系统公司与乙网络科技公司、丙信息科技公司侵害商标权纠纷案

案情简介

甲计算机系统公司及关联公司在中国大陆境内使用 2 个注册商标（以下简称"涉案注册商标"），并许可其以自己的名义独立维权。A 游戏在 2008 年至 2016 年获得了诸多荣誉，并在各权威网络游戏排行榜中名列前茅。经监测发现，被告乙网络科技公司在其运营的游戏平台提供一款由被告丙信息科技公司开发的名称与 A 游戏名称有一字之差的 B 格斗游戏软件供玩家下载（截至起诉时下载量已达 20.7 万次），其行为严重侵犯了原告涉案注册商标专用权，故原告将其诉至法院。

法院判决

游戏网站经营者是否应当承担责任是本案争议焦点之一，法院认为 A 游戏经过长期的使用和推广，连续数年获得诸多奖项，在相关公众中具有

较高的知名度，被告乙网络科技公司作为专业的游戏网站经营者，理应知道 A 游戏的相关情况，但其仍在经营的网站提供被控侵权游戏的下载及运营，同时，在其网站关于 B 游戏的下载及宣传页面的图片中，使用了含有齿轮加游戏名称的图文标识，该标识侵犯了原告的商标权，故其行为应认定与丙信息科技公司构成共同侵权。

文创侵权风险提示

知识产权保护为多重权利保护机制，多数情况下存在权利竞合的问题，本案原告公司可通过著作权、商标权、反不正当竞争等角度进行维权。判断两款游戏是否构成商标侵权，可以从两者的提供服务模式、销售渠道、消费对象等方面进行实质对比，在一般消费大众眼中，是否认为两者存在特定关联，并产生混淆，如有则应认定为属相类似的商品或服务。关于游戏领域的通用名称的认定，法院裁判认为法定的商品名称或约定俗成的商品名称，需依据法律规定或者国家标准、行业标准属于商品通用名称的，或者相关公众普遍认为某一名称能够指代一类商品的，才能认定《商标法》规定的通用名称。同时，游戏网站经营者对平台内游戏具有初步审核义务，应建立一套知识产权审核机制，避免协助共同侵权行为发生。

四、文化创意类企业不正当竞争风险

（一）《中华人民共和国反不正当竞争法》的保护范围

《中华人民共和国反不正当竞争法》（以下简称《反不正当竞争法》）[1]与《著作权法》《专利法》《商标法》等具有明确设定的保护权利客体的知识产权法律不同，后者保护的是法定权利，前者保护的是正常的市场竞争秩序以及在此基础上形成的经营者的相对竞争利益。《反不正当竞争法》以公平竞争秩序等社会公共利益为核心，对企业商业竞争设置了行为规制，作为"行为规制法"保护的法益是民事利益。现行司法实务中，《反

---

[1] 如无特别说明，本书引用的《中华人民共和国反不正当竞争法》均为 2019 年修正版。

不正当竞争法》通常作为知识产权法的兜底保护，常与《商标法》结合保护企业公平竞争权利及利益①。

从《反不正当竞争法》具体保护设置来看，规制行为涉及市场混淆行为、商业贿赂行为、误导型商业宣传行为、侵犯商业秘密行为、不正当的有奖销售行为、损害商业信誉行为、互联网不正当竞争行为等，对于文化创意类企业更多涉及的是市场混淆/仿冒、互联网不正当竞争、侵犯商业秘密等不正当竞争的行为。

（二）文化创意类企业不正当竞争侵权问题及相关判例分析

1. 仿冒、混淆构成不正当竞争

案例一

A 游戏著作权及不正当竞争纠纷案

案情简介

A 游戏在中国市场连续运营十余年，拥有数量庞大的玩家群体，具有高知名度和美誉度，其著作权人为甲公司、××IP。2017 年 5 月，甲公司发现由乙公司及其关联公司开发、运营的 B 手游（名称前两字与 A 游戏不同）在角色设定、形象、属性、技能等各方面均与 A 游戏完全相同或高度近似，认为其全面抄袭了游戏形式、内容、核心要素、操作等，侵害了 A 游戏的改编权、信息网络传播权等著作权，同时在相关推广中还使用"官方正版""最强××""重温经典"等混淆性表述，涉嫌构成虚假宣传的不正当竞争。2017 年 9 月，甲公司、××IP 提起诉讼，要求乙公司等停止侵权行为并连带赔偿原告经济损失 1 亿元及合理费用 31 万余元。

---

① 龙俊：《反不正当竞争法"权利"与"利益"双重客体保护新论》，载《中外法学》2022 年第 1 期，第 64-83 页。

法院判决

一审法院认为，A 游戏在中国已连续运营多年，具有极高知名度和广大玩家基础。甲公司及承继主体××IP 基于 A 游戏积累了良好声誉，而 B 手游亦属游戏行业，因此两者具有较强竞争关系。根据《反不正当竞争法》第八条的规定，经营者不得对其商品的性能、功能、质量、销售状况、用户评价、曾获荣誉等作虚假或者引人误解的商业宣传，欺骗、误导消费者。尽管"××"一词本系常用词汇，但结合 A 游戏版本沿革情况及游戏运营时间，"正版""经典""1.76"等词汇具有指向 A 游戏的含义，B 手游在游戏运营推广期间，使用了"延续××经典设置、官方正版、经典升级、经典 1.76××"等宣传用语，该宣传方式较易使玩家对两款游戏具有关联性产生误解，较易成为吸引玩家的重要指标，因此属于虚假宣传的不正当竞争行为。同时 B 手游在多个游戏下载平台上分别出现了乙公司等四家公司的信息，考虑到四者的授权运营关系，法院认定乙公司等四家公司实施了涉案宣传行为，构成虚假宣传的不正当竞争。被告四公司未提供盈利流水，法院推定 B 手游流水收入等具有可参考性，同时考虑到游戏流水与实际获利无法直接等同，结合涉案作品的性质、类型、影响力、实际运营主体及运营情况、被告侵权使用的情况及方式、被告主观过错、持续时间、游戏业的一般盈利可能性、游戏受众认知情况等因素综合考虑，酌情确定赔偿数额，判决乙公司等被告停止侵犯著作权、停止虚假宣传的不正当竞争行为、赔偿原告经济损失 2500 万元及合理费用 25 万元。一审判决后，各方当事人均未上诉，一审判决生效。

文创侵权风险提示

网络游戏著作权侵权纠纷日益受到社会关注，关于游戏作品类型的界定、著作权保护范围的划定、实质性相似的比对方法、损害赔偿的计算均系司法实务热点难点问题。本案中，法院通过结合游戏组成要素、叙事情节推进等要素，判断游戏作品的类型及其是否构成独创性表达受著作权保护；同时从游戏侵权界定环节的实质性相似判定的角度，除传统的游戏静态要素特征比对外，还着重将类电作品的动态画面对比方式及判断标准引入游戏产品的侵权界定标准内，为游戏型文化创意类企业保护自身版权及自查是否侵权都提供了很好的判断角度和对比内容。

混淆性的表述是否为被诉侵权游戏吸引消费者的重要指标，系不正当竞争行为判断的要点，故存在具有一定相似性的游戏开发企业，在营销推广自身游戏时应避免在相关推广中使用"官方正版""最强××""重温经典"等能让消费者产生误解的混淆性表述，避免玩家对二者产生关联性联想，否则有落入仿冒他人产品、混淆市场等不正当竞争行为范围内的风险。同时，本案还对确认侵权后的赔偿标准的参考判断标准进行了阐述，在法定赔偿的最高限额之上作出高额判赔，对于被侵权企业的维权及索赔思路有借鉴意义。

案例二

甲公司与乙文化传播公司等不正当竞争纠纷案

案情简介

香港电影《×××××》具有较高的知名度，相关公众关注度高。乙文化传播公司（以下简称乙公司）和李某于 2018 年在微博、微信公众号中宣传被诉侵权电视剧《××××2018》为"连续剧版♯×××××♯"，并在媒体宣传中称是改编自《×××××》等。香港电影著作权人甲公司诉至法院，主张乙公司、李某构成不正当竞争。

法院判决

法院经审理认为，综合考虑涉案电影在香港影院上映期间票房收入、电影上映前及上映期间宣传力度，以及电影授权视频网站播放量、媒体对电影持续报道程度、相关公众对于电影评价的参与程度等因素，可以充分证明涉案电影名称达到"有一定影响"的程度。乙公司、李某的行为构成仿冒混淆有一定影响的电影名称及虚假宣传，二者依法应承担不正当竞争法律责任。

文创侵权风险提示

仿冒混淆有一定影响的商品名称可理解为《反不正当竞争法》对于未注册商标保护的补充手段。本案厘清了仿冒混淆"有一定影响"的商品的认定要件及考量因素，在依据《反不正当竞争法》第六条审查被侵权商品名称是否具有"有一定影响"时，应当参照《商标法》第十四条等关于商标显著性审查因素的规定，从商品使用该名称的持续时间、商品销售区域及数额、宣传的持续时间、宣传程度、宣传范围广度，商品名称在相关公众角度的知晓程度及其受保护记录等要素进行综合考虑及判断；同时结合电影作品的传播特点，本判决对于集中于视听作品的动漫影视传媒业的文化创意类企业涉及商标滞后保护所引发的仿冒混淆型不正当竞争纠纷处理有较高的参考指导价值。

2. 侵犯商业秘密构成不正当竞争

案例

网络游戏公司侵害商业秘密纠纷案

案情简介

甲公司、乙公司是涉案 A 网络游戏软件的开发、运营者，其对该游戏软件源代码的商业秘密享有权利。徐某、肖某曾经是甲公司、乙公司的员工，在职期间参与开发 A 网络游戏软件。二人离职后不久即成立丙公司，并与其关联企业丁公司共同经营 B、C 游戏。甲公司、乙公司诉至法院，指控徐某、肖某及其两家关联公司侵害甲公司、乙公司游戏软件商业秘密权利，要求对方赔偿经济损失 2550 万元。

法院判决

法院认为，本案中甲公司、乙公司穷尽其方法提供证据，然丙公司和丁公司持有证明该待证事实的直接证据，但其无正当理由拒不提供，其行为有违诉讼诚信原则，根据《最高人民法院关于民事诉讼证据的若干规定》（法释〔2019〕19 号）第九十五条，可推定原告所主张被告侵犯其商业秘密、被诉游戏软件源代码与 A 网络游戏源代码实质相同，原告证据已达到初步的证明效力。故徐某、肖某将其在甲公司、乙公司接触到的 A 网络游戏商业秘密用于开发被诉侵权游戏，侵害甲公司、乙公司 A 游戏软件服务器源代码商业秘密。法院判决：丙公司、丁公司、徐某、肖某立即停止侵权，赔偿甲公司、乙公司经济损失及合理维权费用共计 500 万元。

文创侵权风险提示

商业竞争中不正当获取他人的商业秘密等合法权益，扰乱市场公平竞争秩序的情况并不少见，但在此类案件中由于相关的资料、证据由被诉侵权人掌握，被侵权人获取的难度很大。在本案中，被诉游戏的程序源代码或者目标代码由被告掌握，原告无法直接获取。但其要证明被告实施了侵犯商业秘密的行为，一是要证明被告具有获得商业秘密的可能性，二是要证明被告使用了商业秘密用于商业竞争，则证明二者代码实则实质性相同至关重要。

本案正确适用相应的民事诉讼证据法律规定，厘清了被诉侵权源代码与权利人游戏源代码同一性的举证责任分配问题，公平分配举证责任，为游戏文创型企业或是其他类型的文化创意类企业的侵犯商业秘密事实举证困难等司法难题进行了有益的探索。为文化创意类企业保护商业秘密、公平竞争等合法权益提供了良好的处理思路，亦对有侵权风险的企业敲响了警钟，应对商品的结构进行设计优化，切断相似性。

五、文化创意类企业的知识产权法律风险规避与应对

知识产权的侵权具有认定复杂、多元重合的特点，文化创意类企业的知识产权法律风险实际上贯穿于企业及企业商品的研发、生产、营销宣传、销售等整个生命周期，在其发展中仍存在许多风险，从文创产业的知识产权案件的递增幅度来看，文化创意类企业的知识产权法律保护意识在增加，但在实际运营中对权利的保护及侵权的风险的把控能力仍

有待提高，文化创意类企业经营中可从以下几个方面提升知识产权法律风险的规避及应对能力。

（一）增强权利保护意识，提前规划布局，做好创作成果保护

知识产权是文化创意类企业的核心竞争力，文化创意类企业提升对知识产权的保护意识，首先要强化作品权属认定工作，对创作成果及时有效固定，完善权属管理流程，留存创作原稿底稿，固定创作时间、创作者等创作信息，明确职务作品、合作作品、委托定制作品的成果权利归属及授权适用范围，避免因权属不明而导致后期对创作成果的开发受限；及时对创作成果进行著作权登记、外观设计专利、商标注册登记等有效登记申请；及时申请权利保护续期，明确权属法定保护，提高权利保护效率。有许多文创产品在生产初期就具有一定的知名度或热度，如影视作品、动画作品，此时若企业早期对其未形成商业标识的布局，就很容易被他人恶意抢注，增加后期维权成本。故文化创意类企业在经营过程中，应提前规划好企业的商标版图，做到常用商标必注册，商标注册对业务领域、地域范围、标识元素等全面覆盖，同时注意企业经营中形成的具有显著性的商业标识的要素，如上文中的电影作品名称等，亦应当尽早注册。另外，文化创意类企业还可进一步对相似商标在相关范围内进行全面覆盖的预先注册，避免后期因商标混淆、仿冒等不正当竞争行为对企业利益造成影响。

（二）建立自查机制，遵守授权使用的使用规范

知识产权受到保护的前提是其符合合法性的要求，文化创意类企业在进行文创成果创造时应当树立"无授权，不使用"的基本原则，严格审查创作素材来源的合法性，是否具有权利瑕疵，事先获取授权，建立自查机制，事后及时补获授权，不做主动侵权，避免"被动"侵权。有条件的企业可以设立专门的知识产权专员或者委托专业的律所对企业的知识产权进行管理，特别是在其他人的作品上进行二次创作时，要充分做好自查，以免侵权。

（三）做好"可获知性"风险背调，遵守使用规范

信息网络高度交互的时代，对于在先相似创作作品的"可获知性"的排除认定在司法实践中愈发困难。故企业应当完善创作管理流程，在创作筹备阶段，要做好对于创作方案的"相似性"背调工作，同时做好对原素

材的深度加工，形成自己的思想表达，能够对原素材形成实质性转化替代，避免造成侵犯其他在先权利，而造成自身侵权风险。

（四）完善企业管理机制，规范商业交易行为

对知识产权进行规范有效的管理是文化创意类企业利用知识产权业务长远发展和收益最大化的基础保障。对内的企业管理机制除了前述权属管理、创作管理、自查机制外，还应当注重企业内部商业秘密的分级管理保护。文化创意类企业人员流动性大，其商业秘密一般涉及客户名单、宣传方案、未公布创作成果内容、经营方案等，获取使用相较于技术型企业的技术秘密更加容易，商业秘密保护的难度也更大。故文化创意类企业应当对于企业相关核心资料获取采取加密、权限设置、限制访问的技术手段，设立商业秘密分级管理制度，制定企业管理规定及员工手册，区分岗位，分级拟定保密协议，设立商业秘密保密义务，设置竞业协议及后期竞业任职追踪，防止因为员工离职后在竞争企业就职或创业而泄密，致使不正当竞争导致企业利益受损①。文化创意类企业要将知识产权的转化价值最大化，"IP 授权＋衍生品"的模式是文创产业的商业合作常态。文化创意类企业在交易过程中应当规范商业交易行为，预先了解交易对象的商业经营情况、企业资信情况，特别需注重关注其资质的行政审批许可，同时了解并遵守国内、域外、行业性的知识产权交易法律及政策，关键严格审查交易标的权属情况。对受让或许可权利的权利归属、授权期限、授权地域、权利效力、许可方式、权利所涉范围和权利过往交易授权完整性等情形进行尽职调查、审查，及时披露权利情况，避免权利瑕疵，引发后期履约纠纷。同时细化合同约定，明确双方权利义务、违约责任，涉及转让的应及时进行权属变更。规范商业交易行为，降低法律风险。

---

① 参见上海市普陀区人民法院：《涉文化创意产业知识产权纠纷案件司法审判白皮书（2019—2021 年）》。

第四章
商业服务类企业知识产权规范管理

第一节　品牌塑造与保护中的知识产权风险

　　商业服务类企业是指向需要购买商业服务来满足自身的特定需求的个人、企业或政府机构提供各种商业服务的企业。这些商业服务的目标是帮助客户解决各类商业问题，提高客户的商业价值和市场竞争力，或者通过向客户提供日常生活所需的商业服务提升生活幸福度。商业服务类企业的服务范围非常广泛，涵盖了各种商业领域和不同行业，企业需要根据不同的客户需求和行业特点提供个性化的服务，包括但不限于法律服务、咨询服务、审计服务、评估服务、投资服务、融资服务、理财服务、通信服务等专业服务，同时也包括医疗保健、旅游住宿、餐饮娱乐等生活娱乐类服务。

一、商业服务类企业的特点

（一）广泛性

　　商业服务类企业的广泛性包括服务内容和服务对象的广泛性。商业服务类企业的服务范围广泛，涵盖了众多不同行业领域、不同类型的服务对象。因此，商业服务类企业需要针对不同的服务对象提供个性化的服务，以满足其多样化的需求。

（二）高附加值

商业服务类企业所提供的服务中，很大一部分属于智力劳动，需要从业人员具备专业知识和技术技能，因此其服务价格相对较高，属于高附加值的行业。

（三）营利性

商业服务类企业通常以营利为目的，提供有偿的商业服务。这些服务的价格通常根据服务的类型、内容、质量等因素来确定。

（四）重视品牌建设和市场推广

商业服务类企业需要积极塑造良好的品牌形象和市场口碑，通过提供高质量的服务、建立客户信任和提高客户忠诚度，以及进行有效的市场营销活动，吸引更多的客户和提高市场占有率。

二、商业服务类企业知识产权规范管理主要问题

品牌塑造与保护是企业在市场竞争中非常重要的两个环节。品牌塑造主要是指通过设计、推广、营销等方式来提升品牌知名度和认可度，从而吸引消费者并促进销售的过程。而品牌保护则是指采取措施来保护品牌的形象和声誉，防止被侵权或冒用等不良行为。在塑造品牌之前，企业需要明确自己的品牌定位和目标市场，以便更好地针对目标消费者进行品牌推广和营销。其中，设计独特的品牌标识是关键一步。一个独特、易于记忆的品牌标识能够帮助消费者更好地识别和记忆品牌，进而提升品牌的知名度和认可度。同时，建立良好的品牌声誉也是品牌塑造的重要一环。只有通过始终如一的高质量产品和卓越服务，企业才能赢得消费者的信任，进而树立良好的品牌声誉。更为重要的是，品牌塑造与保护中涉及知识产权保护的问题，企业必须采取如注册商标、申请专利等切实有效的措施，才能防止他人侵权或冒用等不良行为，确保企业的品牌形象和声誉不受损害，为企业的长期发展奠定坚实的基础。

（一）《商标法》和《反不正当竞争法》在商标保护领域的联系和区别

在当今市场竞争日益激烈的背景下，企业名称、字号、品牌包装等商业标识作为企业的无形资产在企业和行业发展中的重要性逐渐凸显。商标作为企业形象和品牌价值的代表，具有显著特性和吸引力，能够聚焦消费者，成为市场追捧的对象，也会成为竞争对手关注和恶意模仿的焦点。

《商标法》和《反不正当竞争法》二者结合构成了我国商标的法律保护体系，两部法律在商业标识的保护内容上有交叉又有所区别，联系在于二者的立法宗旨均在于鼓励和保护公平竞争，保障消费者、生产者、经营者的利益，促进社会主义市场经济发展。二者对于市场主体在同种或类似商品上使用相同或近似注册商标或其他标识的行为都做出了规制。《商标法》主要负责对注册商标的保护，《反不正当竞争法》在为未注册商标和企业其他商业标识提供保护的同时也对注册商标的恰当使用起着重要规范作用。当注册商标使用方式不当，行为人通过混淆等行为构成对他人商标商誉的反向掠夺侵害时，同样可能构成不正当竞争。《反不正当竞争法》调整的是作为知识产权专门法《商标法》规定的侵权行为之外的其他违反公平、诚实信用原则的不正当竞争行为。如果某种侵权行为在《商标法》中有规定，则应适用《商标法》进行规制。《商标法》和《反不正当竞争法》的组合保护能起到完整严密地保护企业品牌的作用。

（二）商标注册环节的规范管理问题

1. 商标申请注册规范

我国是实行商标注册制的国家，即除驰名商标之外，其他商标只有通过注册才能获得商标权。经营者通过商标注册取得商标专用权，可以在一定条件下排斥他人对相同或近似商标在相同或类似商品或服务上的使用。[①]商标注册是品牌塑造与保护最直接、最有力、最有效的手段。

在我国商标注册应满足特定的条件。首先，商标应具备显著性。独特的设计和标志可以赋予商标一定的法律优势，使其更易获得注册，同时增

---

① 参见王迁：《知识产权法教程》（第七版），中国人民大学出版社 2021 版，第 503 页。

强保护力度。显著性越强，商标的识别度和记忆度就越高，更有利于品牌塑造和消费者认知。其次，申请注册的商标不属于禁止使用的标志。这意味着商标不能违反公共利益、道德或相关法律法规，否则将无法获得注册。再次，商标注册不能与在先权利发生冲突。为避免这种情况，经营者需要在申请注册前进行全面的商标检索，排查已存在的相似商标，并可以通过调整商标的构成要素，化解可能的冲突。最后，商标不能具备功能性。如果对产品的某项功能进行保护，可能会不恰当地阻碍市场的正常竞争。

2. 商标申请注册环节的恶意抢注行为

我国《商标法》在商标的申请、异议与无效宣告阶段均确立了相应的制度制止恶意抢注商标行为。《商标法》第四条中的"不以使用为目的的恶意商标注册申请"通常是指并非基于生产经营活动的需要、提交大量商标注册申请、缺乏真实使用意图、不正当占用商标资源、扰乱商标注册秩序的行为。

随着我国品牌知名度在世界范围内的不断提升，我国企业在海外遇到的商标纠纷日益增加，许多知名商标被抢注的现象层出不穷。如果商标在海外被抢注且无法收回，我国企业在国外市场将无法继续使用该商标，在海外发展时需要启用一个不为人所熟知的新商标，这势必会影响到产品的销量，并且需要额外投入大量的资金和精力进行新的推广宣传，导致一定的经济损失。此外，抢注我国知名品牌的商标也是国外企业阻止我国优秀品牌进入国外市场的一种策略。通过抢注，他们可以阻止我国相同或类似的商品进入或进一步扩大国外市场，将作为竞争对手的中国企业挡在国际市场之外。造成这一现象的主要原因有两方面。从客观角度来看，大多数国家采用注册获得商标权的制度，这意味着商标注册具有地域性限制，即企业在某个特定国家注册的商标，只在该注册国享受专用权，在其他国家则无法受到保护。从主观角度来看，我国企业在商标国际化注册方面的意识相对淡薄。很多企业在产品出口后才意识到要注册自己的品牌，这导致他们在国际市场上可能面临商标被抢注的风险。同时，由于对国外知识产权法律规定的了解不足，当企业的权益受到侵害时，他们未能及时采取法律行动来维护自己的权益。

随着全球市场的一体化发展，在国内恶意抢注外国知名商标的问题也日益突出。商标抢注行为不仅损害国内相关公众和消费者的利益，亦阻碍外国商业主体进入中国市场，对日益开放的国内市场造成扰乱，影响国家形象，并导致授权确权纠纷的大量产生，浪费行政和司法资源。曾多次出现中国山寨产品战胜海外正品的情形。导致这一问题的根源在于，我国主流观点认为，从发展中国家的法律政策或经济政策出发，现阶段不宜保留知识产权地域性原则。① 对于未在我国注册使用但具有知名度的外国商标，往往是以外国商标在中国达到驰名的程度为前提条件才给予特殊保护。② 而"在中国境内使用"又是认定品牌驰名的主要因素、必要因素和决定因素，域外的使用证据仅被认为是参考因素和补强因素。但未在中国注册的外国知名商标持有人可以依据《商标法》第三十二条后半段"也不得以不正当手段抢先注册他人已经使用并有一定影响的商标"，对国内抢注的商标提出异议或无效宣告请求，以对自身品牌提供一定的保护。该条款对有一定影响的未注册商标提供阻止他人以"不正当手段抢注"的异议权和无效宣告请求权。适用该条款须满足特定的条件：一是该未注册商标在争议商标申请日之前已经在相同或类似商品或服务上广泛使用并具有一定影响力。二是与争议商标属于在相同或者类似商品上的相同或者近似商标。三是他人对争议商标采取了不正当手段抢先注册。

3. 商标注册环节抢注行为的应对措施

（1）企业应充分重视商标布局。目前世界各国普遍实行商标专用权的注册取得制，并实行在先申请的原则。在采用"注册主义"的国家，商标所有人的权利能够得到当地商标法的保障，前提是他们先行申请并注册了该商标。因此，如果企业计划将品牌扩展到海外市场，那么在进军海外市场之前，务必要完成商标注册，以确保"产品未动，商标先行"。企业通过在不同的市场、产品和服务类别上进行商标布局，可以为自己未来的发展留下足够的空间，以支持企业的长期发展。在未采取商标注册取得制的

---

① 参见杨静：《商标授权确权中地域性原则的重构——基于中美实践的比较》，载《知识产权》2020 年第 3 期，第 60-75 页。

② 参见王迁：《知识产权法教程》（第四版），中国人民大学出版社 2014 版，第 431 页。

国家，企业也可以依据商标已在先使用得到法律的保障。在这种情况下，我国企业需要妥善保存商标使用的证据，例如商业宣传、产品销售等实际证据，以便在需要时能够提供有力的证明。

（2）针对重点国家或地区开展商标和市场监控。通过在与企业业务发展相关联的国家和地区建立监测机制、加强市场调查、收集和分析情报以及运用法律手段，企业可以及时获取市场信息，有效应对潜在的商标侵权行为。《国务院关于新形势下加快知识产权强国建设的若干意见》（国发〔2015〕71号）中明确提出要提升海外知识产权风险防控能力。

（三）商标使用环节的规范管理问题

规范使用企业拥有的注册商标的同时不侵犯他人的商标专用权是企业知识产权合规管理在商标使用管理部分的重要内容。

根据《商标法》第五十六条的规定，注册商标的专用权，以核准注册的商标和核定使用的商品为限。所谓核定使用的商品，是指商标注册证上记载的核定的商品类别和商品；所谓核准注册的商标，是指登载于商标注册证上的文字、图形、字母、数字、三维标志、颜色组合和声音等，以及上述要素的组合。商标权人必须严格按照商标注册证上登载的商标信息规范使用其注册商标，不能超越权利边界，不得自行改变已注册商标。这也要求经营者做好商标的维持工作，以避免产生商标被撤销的风险。

经营者还应避免实施《商标法》第五十七条所列举的侵犯注册商标专用权的各类行为。如对他人注册商标的专用权产生侵犯和损害，将可能面临法律诉讼和赔偿责任，严重损害自身的品牌形象。因此，经营者应当严格遵守《商标法》的相关规定，尊重他人的注册商标专用权，合法合规地开展经营活动。

三、商标规范管理的主要措施

（一）商标注册申请阶段的管理要点

企业要做好品牌知识产权风险规范管理工作，从品牌塑造的第一步商标注册就应注意合规性。在申请商标之前，企业务必做好商标检索工作，充分了解拟注册商标的现状和潜在风险。企业在申请商标注册时，应避免恶意申请、囤积注册等不良行为。充分尊重他人的注册商标专用权，不要"碰瓷"驰名商标或模仿他人品牌。企业商标注册如果山寨痕迹明显，不仅不利于企业自身独立品牌的塑造，更可能引发商标异议和侵权诉讼等法律问题，为品牌发展徒增时间和经济成本。

同时，企业在商标注册过程中应进行商标档案管理，固定商标使用时间，避免他人以在先使用为由提出异议。商标档案管理包括对商标注册申请文件、使用证据、商标续展、变更等重要文件的保存和管理。通过对商标档案的规范化管理，企业可以更好地维护商标专用权，避免商标异议和侵权纠纷等问题。同时，对于商标使用时间的固定，企业可以通过收集和整理商标使用证据，确保商标使用的连续性和稳定性，避免他人以在先使用为由提出异议。这些措施有助于企业更好地保护自身的商标权益，提升品牌形象和市场竞争力。

（二）合理进行商标布局

1. 申请商标注册应注意覆盖企业可商标化的全部标识并严密保护核心商标

企业应定期关注和检查企业已有的品牌资源，在以下众多蕴含着潜在的、有价值的商标的商业标识中充分挖掘：包括但不限于企业 LOGO、企业主要产品的 LOGO、企业门店整体装潢设计、企业商号和字号、企业子品牌、企业有知名度的广告语、品牌的拼音和外语名称、员工特色服饰及其他与品牌有关联的、可延伸的名称或符号等。

2. 商标布局应具备前瞻性

根据我国《商标法》第三十一条的规定，商标注册申请的先申请原则是商标保护的最基本规则之一。商标从申请到注册要经过一系列手续：提出、形式审查、初审公告、实质审查、核准注册等环节，还可能产生驳回申请、异议、复审、诉讼等。一旦企业选取或设计完成了品牌，应该立即进行商标注册，不要拖延或等待，否则可能会被他人抢占先机。在这个漫长的过程中，企业还应注意做好商标申请的保密工作，避免可能会面临品牌形象受损、市场份额被抢占等风险。

3. 从企业发展战略出发

企业集团商标布局的关键是要紧跟企业的战略目标和业务发展，立足前瞻性并做优资源配置，充分考虑现有及未来的业务范围、可能应用的领域，同时注意布局延伸到关联的、类似的、竞争性的产品/服务。以家电品牌美的为例，据美的集团人员的介绍，集团根据不同品牌的重要程度进行分级管理，美的品牌在国内进行了全品类商标注册，海外布局则主要选择核心品类、关联品类和部分周边品类。如果是专业品牌，则要根据业务的具体需求，在核心品类和关联品类进行布局；如果是外销品牌，则要根据业务的具体需求进行品类和区域选择。①

4. 考虑不同市场地域维度

积极规划商标的海外注册。在经济全球化的浪潮当中，企业想要壮大就必须考虑全球化战略，而商标海外布局是品牌塑造的重要内容，企业在国际化发展中应考虑在产品出口国、制造国、商标授权地区等关联地区注册商标。企业在向海外申请商标注册时，存在多种途径：一种是直接去各个国家逐一提出商标注册申请；一种是通过商标国际注册马德里体系（简称"马德里体系"）进行注册，这种方式的优势在于手续简便、费用低廉、节省时间；还有一种主要途径是通过地区性的注册体系，比如欧洲共同体商标注册体系，优点是商标及其注册申请在整个地区均有效。注意海外商标的本土化。品牌商标在设计时建议注意语言差异问题，由于不同国家和地区都有独特的语言和文化背景，因此商标名称的翻译和表达方式需要进行本土化处理，以确保商标在当地市场中的可接受度和合法性。

四、商标注册全流程规范管理实例

假设一家创新型公司（以下简称为 A 公司）设计了一个图形加文字的

---

① 参见张伟伦：《企业集团如何做好品牌管理和商标布局？——专访美的集团高级知识产权顾问王明红》，载《中国贸易报》2023 年 10 月 31 日第 07 版。

注册商标，需要将其使用在技术开发和技术咨询等服务项目上，需要构建其商标权保护方案。

（一）典型应用场景一：商标策划和委托设计环节的规范管理问题

1. 商标策划和委托设计环节规范管理要点

（1）基础法律关系。

在商标策划和委托设计环节会涉及知识产权法律关系，主要涉及著作权的保护，商标策划和设计成果均属于智力成果，在具备独创性的前提下应受知识产权相关法律法规的保护。同时还会涉及合同法律关系，如公司委托设计机构设计商标，公司与设计单位之间成立合同法律关系，双方之间的委托设计关系受《民法典》的调整。

（2）可能面临的法律风险点。

首先，知识产权侵权风险是委托设计环节应关注的重点，如策划的商标或设计成果侵犯他人商标权、著作权等已有权利，权利人通过媒体曝光、行政投诉、诉讼等途径主张权利的，不仅可能导致 A 公司品牌声誉受损，还可能导致 A 公司面临大额赔偿的风险。

其次，还可能存在合同违约风险，如设计机构未能按约交付合格设计成果，或公司未能按约支付设计费用，均可能引发合同纠纷，影响双方的合作关系并导致设计成果交付拖延或商标注册申请被驳回等不利后果。

最后，商业秘密泄露风险也蕴含在委托设计环节中，例如在策划和设计过程中设计文件遭泄密导致公司设计被他人抄袭，甚至被他人抢注商标，导致公司的前期投入付诸东流。

（3）合规管理要点。

① 进行商标审查。首先，应进行商标的合法性审查，在策划和设计商标时，应确保商标的设计内容符合法律法规的规定，如应避免使用国家名称、国旗、国徽、军旗等敏感元素，并进行严密的商标检索以避免使用与已注册或已申请的商标相同或相似的设计，保证不侵犯他人的合法权益。其次，应进行商标显著性审查，商标应具有能够明显区分商品或服务的来源的功能。在策划商标时，应避免使用过于描述性、通用性的词汇或设计，以确保商标具有显著性，提高商标注册申请的成功率。再次，避免商标设计存在违背公共秩序和善良风俗的不良影响，如避免使用具有贬低、

侮辱性质的词汇或设计，以及避免使用与违法、犯罪活动相关的元素。最后，确保设计成果符合相关法律法规的规定和委托合同的要求。如发现设计成果存在问题，应及时与设计机构沟通并要求其进行修改。

② 对设计机构进行背景调查。在选择设计机构时，应考虑其专业能力和信誉度，确保其能够如约提供高质量的设计服务。同时，应与设计机构签订正式的委托合同，明确双方的权利和义务。在委托合同中明确商标的设计要求，包括商标的风格、色彩、字体等要素，以确保设计结果符合公司预期，避免后期因理解偏差而导致返工和修改，提高设计效率并加速商标的注册进程。还应在委托合同中设置专门的保密条款或另行签订保密协议，确保设计过程中涉及的设计技术细节、设计理念等商业秘密不会外泄，从而保护公司的知识产权资产安全。

③ 防范知识产权侵权风险。在委托设计商标过程中，A 公司应在注意保护自身知识产权创新成果的同时避免侵犯他人的知识产权，对所使用的各种素材进行详尽的知识产权审查，避免使用未经授权的图片、字体等元素，确保每一项素材都有明确的来源和合法的使用权。同时，应与设计机构明确设计成果的知识产权归属、使用范围、转让或许可条件等关键条款，从而避免后续因知识产权归属或使用不当问题引发法律纠纷。

（4）实现路径。

① 进行知识产权风险筛查。在公司内部设立专门的知识产权岗位或委托律师事务所对策划设计成果进行是否存在侵权风险的筛查和判断，通过设置专门的知识产权人员，提高处理知识产权风险的专业度和效率。同时利用大数据和人工智能技术，建立知识产权检索和预警系统，包括知识产权信息的监测和采集，由公司知识产权部门或外部律师进行预警数据的分析和预警论证，进行信息发布并提出预警对策建议，为公司提供决策的信息基础。

② 完善公司合同管理流程。在公司内部建立合同审批流程，确保合同内容经过法务、法律顾问、财务等相关部门和人员审核，确保合同条款完善且合法合规。定期对合同履行情况进行检查和评估，包括监控设计机构的工作进度、确保设计机构按合同约定履行设计义务。

③ 加强公司保密管理。对参与策划和设计的员工进行背景调查并定期进行安全培训，培训应包括保密意识培养、处理敏感信息的规范操作流程以及应对潜在泄密风险的措施等内容。与相关员工和委托设计机构签订保密协议，进一步约束员工和设计机构的行为，防止公司商业秘密外泄。同

时采用加密技术和物理隔离等物理保密措施，防止未经授权的访问和数据泄露，保障设计内容安全。

2. 委托设计合同示例

商标委托设计合同

甲方（委托方）：A 公司

法定代表人：

地址：

乙方（受托方）：

地址：

法定代表人：

根据《中华人民共和国民法典》《中华人民共和国著作权法》及相关法律法规规定，甲乙双方在平等、自愿、公平、诚实信用的基础上，就甲方委托乙方进行商标设计事宜达成如下协议：

第一条　委托事项

甲方委托乙方进行商标设计，具体要求如下：

1.1　商标内容：

1.2　商标用途：

1.3　设计要求：

1.4　作品的格式要求：

项目	图片格式	分辨率	色彩	像素
参数				

第二条　作品素材

甲方应向乙方提供的作品素材及协作事项如下：

2.1　素材清单：

2.2　提供时间和方式：

2.3　其他协作事项：

2.4　乙方在收到作品素材后应立即检查签收。如乙方认为作品素材不符合本条要求，应在____日内向甲方说明理由并要求甲方尽快重新提供。因乙方没有及时通知更换素材而产生的延误及损失由乙方负责。

第三条　设计费用及支付方式

3.1　设计费用总额为人民币（大写）元整（￥____元）。

3.2　支付方式：甲方应在合同签订后日内支付合同总额的____％的设计费用作为预付款给乙方，即人民币（大写）____元整（￥____元）。乙方完成设计终稿并提交甲方确认后，甲方应在____日内支付剩余的设计费用，即人民币（大写）____元整（￥____元）。

3.3　支付信息：

乙方账户信息：

开户行	
户名	
账号	

甲方确认的发票信息：

发票项目	
户名	
纳税人识别号	
开户银行及账号	
地址及电话	

第四条　设计成果的交付与验收

4.1　乙方应在合同签订后日内完成商标设计，并提交设计初稿给甲方。

4.2　交付方式：以电子邮件方式向甲方项目负责人或项目专员通过电子邮箱发送，完成作品初稿交付。

4.3 甲方应在收到设计初稿后日内提出修改意见或确认设计成果。如甲方提出修改意见,乙方应根据甲方的意见进行修改并在____日内提交修改稿,直至甲方确认设计成果为止。

4.4 设计成果经甲方确认后,乙方应提供完整的设计文件和使用权证明给甲方。

4.5 验收方式:对于乙方提交的设计成果终稿,甲方出具加盖公章和由项目负责人签字的定稿确认单,即视为乙方成果验收通过、乙方完成了本合同受托工作的交付。

第五条 知识产权归属

5.1 本合同项下商标设计成果及设计过程中产生的全部文件、资料的知识产权及所有权归甲方所有,乙方不得对设计成果主张任何权利。未经甲方书面同意,乙方不得擅自使用或将设计资料、设计成果提供给第三方。

5.2 甲方为委托设计提交给乙方使用的技术资料、设计方案、图纸、设计稿等素材与资料,其知识产权及所有权仍归甲方所有,乙方不得在本合同约定范围外作任何利用,不得复制、留存或以任何方式提供给第三方。

5.3 甲方有权对设计成果进行商标注册、著作权登记等保护措施,乙方应提供必要的协助和支持。乙方承诺,不会以任何形式将设计成果进行著作权登记或申请商标注册,也不会协助任何第三方进行此类申请。

第六条 保密条款

6.1 双方应对在履行本合同过程中获知的对方的商业秘密和技术秘密予以保密,未经对方书面同意,不得向任何第三方泄露或使用。

6.2 乙方对在合同履行过程中接触到甲方的作品素材、商业秘密(包括但不限于项目的所有策划、创意、营销策略和销售状况等),应当遵守保密义务,不得擅自使用或披露给任何第三方,否则应按合同价款的____%向甲方支付违约金。

6.3 保密期限自本合同签订之日起至本合同终止后年。

第七条 违约责任

7.1 如乙方未能按约定期限完成设计任务、提交的设计成果不符合甲方的要求或有其他违约行为,乙方应向甲方支付相当于合同价款＿＿％的违约金，甲方有权要求乙方进行修改，经甲方通知后仍未纠正违约行为的，甲方有权单方解除合同，不予支付相应费用，并有权要求乙方赔偿由此造成的一切损失（包括但不限于直接损失、诉讼费/仲裁费、律师费、差旅费等）。

7.2　乙方未经甲方同意将委托设计的主要工作或辅助性工作转包给第三人的，乙方应向甲方支付相当于合同价款＿＿％的违约金，且甲方有权单方解除本合同，并有权要求乙方赔偿由此造成的一切损失（包括但不限于直接损失、诉讼费/仲裁费、律师费等）。

7.3　乙方提交的作品应当符合法律规定，因作品内容违法而受到相关行政机关处罚或因作品内容侵犯第三方合法权益，由乙方负责妥善处理纠纷并承担全部赔偿责任（包括但不限于赔偿甲方因此支出的赔偿金/和解款、诉讼费/仲裁费、律师费、差旅费等）。

第八条　争议解决

甲乙双方在执行本协议时发生争议，可通过双方友好协商解决，若经双方协商不成的，应向甲方所在地人民法院提起诉讼。

第九条　其他事项

9.1　任何一方因履行本合同而相互发出或者提供的所有通知、文件、材料，均以本合同所列明的地址送达，一方迁址或者变更联系方式的，应提前三日书面通知对方。否则，因联系方式错误致使无法送达而造成的不利后果均由未通知方承担。

9.2　本合同未尽事宜，由双方另行协商或另行签订补充协议。

9.3　本合同自双方签字并盖章之日起生效。本合同一式两份，甲乙双方各执一份，具有同等法律效力。

（以下无正文）

甲方（盖章）：　　　　　　　　乙方（盖章）：
负责人（签字）：　　　　　　　负责人（签字）：
签订日期：　　　　　　　　　　签订日期：

（二）典型应用场景二：商标注册申请前的可注册性分析规范管理问题

1. 商标的可注册性要求

（1）商标内容的合法性。商标内容不能违反国家的相关法律法规政策的规定，也不能侵犯他人的合法权益。具体而言，标志不得与国旗、国徽、天安门等特定官方标志相同或近似；不得有民族歧视、欺骗公众的后果或有损害道德风尚等不良影响；不得使用特定的中外地名，除非符合我国《商标法》第十条第二款的规定，地名具有其他含义或者作为集体商标、证明商标组成部分。

（2）商标的显著性。商标应当具有显著性，以便于消费者识别和记忆特定产品和品牌。商标不能是商品的通用名称、图形、型号，也不能直接表示商品的质量、主要原料、功能、用途、重量、数量及其他特点。显著性可以通过两种方式获得：一是商标本身固有的显著性，如本身立意新颖、设计独特的商标；二是通过长期使用获得显著性，如直接描述商品质量、产品主要成分等特点的描述性标志经过长期广泛使用，获得了指示特定商品或服务出处的功能，可以作为商标注册，例如"两面针"作为有治疗作用的中草药，在商家长期用于特定品牌的牙膏之后，产生了识别这一款商品来源的作用，因此可以作为商标注册。

（3）商标的不冲突性。申请注册的商标不得与已注册或待注册的商标相同或近似，同时，申请注册的商标不得与被撤销或者注销未满一年的注册商标相同或类似。以避免使相关公众对商品或服务的来源产生误认或者认为其来源与使用引证商标的商品或服务有特定的联系。

（4）商标的原创性。商标应是企业自主或委托他人原创设计的，不能存在抄袭他人的商标或图案等侵犯他人合法权益的行为。对企业而言，一个具有独特性和原创性的商标设计能够起到区分品牌和产品的作用，增强品牌记忆度和消费者忠诚度，有利于企业扩大市场销售份额。

（5）以使用为目的注册商标。我国《商标法》第四条中规定："不以使用为目的的恶意商标注册申请，应当予以驳回。"该规定一方面是为了防止出现"傍名牌""蹭热点"、抢注公众人物姓名等损害或攀附他人商誉及合法权益的商标注册申请行为；另一方面是为了避免注册人恶意囤积注册商标，向利益相关方兜售或进行假意"维权"以获取不正当利益，扰乱商标注册与管理秩序。因此，企业注册商标应避免被认定"不以使用为目的"。企业可以通过提供广告宣传图、委托设计合同等证明商标已实际投入使用或有意向投入使用来证明商标注册目的。如企业申请注册的商标为防御性商标，则可以通过提交企业已拥有的在先注册商标，证明申请商标与在先商标的设计理念、使用领域具有关联性，表明申请人进行防御性的商标注册是为了更好地保护在先商标权利，注册申请具有合理合法性。

2. 判断商标是否具有显著性、是否可能与在先商标冲突的实务操作

（1）判断商标是否具有显著性。

① 如商标仅有商品的通用名称、型号、图形，则商标不具有显著性，例如以"鸭梨"的文字标志在新鲜水果这一指定商品上注册商标，"鸭梨"作为梨的品种之一，是商品的通用名称，因此该商标不具有显著性。

② 仅直接表示商品质量、主要原料、功能、用途、重量、数量及其他特点的商标不具有显著性，例如以"专业"这一文字标志作为 A 公司的注册商标，"专业"仅表现 A 公司的服务质量和水平，并未将 A 公司提供的服务与其他品牌区别开来，因而不具有显著性。

③ 图形、形状设计过于简单的商标不具有显著性。例如仅以单个字母、单个阿拉伯数字或类似于一条直线、一个等腰三角形这样的简单几何图形作为商标的设计，极易被认定为不具有显著性。

④ 其他不具有显著性的情形：过于复杂的文字、图形、数字、字母及上述要素的组合；商品的外包装；常用祝福语以及网络用语，例如"生日快乐"等；通用的标志符号，例如交通标志等，因一般公众不会将这类标志作为区分商品或服务来源的商标标识看待而不具有显著性；普通广告语、表现商品或服务特定的句子，但广告语句本身具有极高知名度或者通过与其他要素组合获得显著性的除外。

⑤ 商标经过使用而获得显著性。某些商标本身并不具有显著性，但是该商标通过商家长期使用于某商品或服务之上以及广泛宣传，实现了区分商品或服务来源的功能，可以作为商标注册。

根据《最高人民法院关于审理商标授权确权行政案件若干问题的规定》（法释〔2017〕2 号）第七条的规定，"人民法院审查诉争商标是否具有显著特征，应当根据商标所指定使用商品的相关公众的通常认识，判断该商标整体上是否具有显著特征。商标标志中含有描述性要素，但不影响

117

其整体具有显著特征的；或者描述性标志以独特方式加以表现，相关公众能够以其识别商品来源的，应当认定其具有显著特征。"该规定第十一条指出，即使商标标志或者其构成要素暗示商品的特点，但不影响其识别商品来源功能的，可以作为商标注册。

由此可见，在判断一个标志是否具备显著性时，不能仅仅关注商标标志本身的文字含义、发音、字形以及外观设计等要素，还需要全面考虑该商标所指定的商品或服务类别，相关公众对特定商品或服务的通常认识，以及该商标在其所属行业中的产品销量、商标使用时间等实际使用情况，并最终落脚于判断标志是否具备识别商品来源的功能。只有通过具体、综合且整体性的评估，才能准确判断一个标志是否真正具备显著性。

（2）判断是否可能与在先商标冲突。

① 进行在先商标的检索。在商标数据库中进行筛查找出与申请商标相同或相似的在先商标。国家知识产权局商标局中国商标网作为向公众提供商标信息查询"官方"渠道，应以该网站"商标网上查询"系统提供的信息为主要检索依据。中国商标网提供了多种商标查询方式，在查询时应以网站显示的"商标详情"为基础，并重点关注该页面"商标流程"模块提供的商标状态信息。同时，关注"商标公告"信息以判断商标最新权利状态，进行综合分析判断。非官方的商标查询网站和APP提供的数据也可以作为补充参考。例如企查查和天眼查，这两个网站可以在一定程度上复查他人持有的商标情况，作为网上查询商标权法律状态的辅助核查手段。当然，申请人还可以通过线下查询的方式核查，需要前往商标局办事大厅取号并递交相关申请文件，一般工作人员会现场告知查询结果。

在进行商标检索时应保证查询的全面性和准确度。如果在商标检索时仅查询了商标的文字名称，但由于实际申请时所提交的商标设计稿中标志字体、色彩、结构或排列的差异，查询结果可能不能完全反映相同或近似的程度。对于组合商标，如A公司设计的商标由图形加文字组成，在检索时仅查询了商标的中文或英文文字部分，而实际提交申请的商标中的图形部分与他人的注册商标相同或近似也可能导致商标整体被驳回。

如果A公司计划开拓海外市场，那么A公司还需要进行海外商标检索。A公司可以到世界知识产权组织（WIPO）构建的全球品牌数据库（Global Brand Database，网址：https：//branddb.wipo.int）进行查询，该数据库自2013年2月起免费提供给全球普通公众公开使用。对于欧盟国家的商标，我国知识产权局已上线运行欧盟商标查询系统（网址：https：//eutms.gpic.gd.cn）供公众查询使用。具体到某一国家的注册商标则可以到该国的知识产权局或商标局官方网站进行查询。

②判断商标是否相同或者近似的标准和方法。在判断申请商标是否与检索出的在先商标相同或者近似时，第一步应确认商标指定使用的商品或者服务是否归属于同一或相似类别，A公司作为技术开发和技术咨询类公司，所涉及商品或服务类别应为第42类或第45类。在判断标准上，应从商标的形态、颜色、发音、含义以及其整体表现形式和结构等不同角度，以相关公众的通常认识作为判断标准。在判断方法上，综合采用隔离观察比较、要部比对以及整体观察比对，在比较对象相互隔离的状态下分别进行比对，在隔离观察的前提下，比较两个商标之间最显著、给人留下最深印象的部分是否相同或相似，最后，还要进行整体的观察比较，判断申请商标与引证商标是否在整体上给人留下了相似或相同的印象。同时，还须综合考虑在先商标的显著性特征、在先商标的知名度、商标申请人的主观意图等因素，以判断是否容易使相关公众对商品或服务的来源产生混淆。

（三）典型应用场景三：商标注册申请的提出

1. 申请文件要求

（1）每一件商标注册申请应当提交1份《商标注册申请书》，该申请书可以在国家知识产权局商标局中国商标网上下载并使用统一的模板。申请书上的信息应填写完整、准确。

（2）申请书上要求粘贴清晰的商标图样，图样的长和宽应当不大于10厘米，不小于5厘米。无论申请哪一类型商标，均应当在申请书中予以声明，并说明商标的使用方式。以颜色组合或者着色图样申请商标注册的，应当提交着色图样，并提交黑白稿1份；不指定颜色的，应当提交黑白图样。以三维标志申请商标注册的，应提交能够确定三维形状的图样，提交的商标图样应当至少包含三面视图。以声音标志申请商标注册的，应提交符合要求的声音样本，对申请注册的声音商标进行描述，以五线谱或者简谱对声音商标进行描述并附加文字说明；无法用五线谱或者简谱描述的，应当用文字加以描述，商标描述与声音样本应当一致。商标为外文或者包含外文的，应当说明含义。

（3）申请人身份证明文件：申请人需要提交有效的身份证明文件，如营业执照、身份证等。具体提交哪种文件，取决于申请人的类型（个人、法人或其他组织）以及申请人的国籍。A公司作为企业法人，则应提交营业执照副本的复印件。

（4）其他文件：根据具体情况，申请人可能还需要提交其他相关文件，如委托商标代理机构办理申请事宜的，应提交商标代理委托书；如果申请注册的商标是人物肖像，应提供肖像权人同意书等。

2. 申请和审查的基本流程图示、商标注册的相关费用

（1）商标注册申请和审查流程如图 4-1 所示。[①]

（2）商标注册的相关费用主要包括受理商标注册费和委托商标代理机构办理的代费。受理商标注册费的收费标准如表 4-1 所示。如果委托商标代理机构办理，申请人应向商标代理机构缴纳商标注册官费和代理费。商标的有效期限为 10 年，10 年期间不需要缴纳其他费用。

表 4-1　商标注册收费标准表

收费项目	纸质申请收费标准（按类别）	接受电子发文的网上申请收费标准（按类别）
受理商标注册费	300 元（限定本类 10 个商品。10 个以上商品，每超过 1 个商品，每个商品加收 30 元）	270 元（限定本类 10 个商品。10 个以上商品，每超过 1 个商品，每个商品加收 27 元）
补发商标注册证费	500 元	450 元
受理转让注册商标费	500 元	450 元
受理商标续展注册费	500 元	450 元
受理续展注册迟延费	250 元	225 元
受理商标评审费	750 元	675 元（部分待开通）
变更费	150 元	0 元
出具商标证明费	50 元	45 元
受理集体商标注册费	1500 元	1350 元
受理证明商标注册费	1500 元	1350 元
商标异议费	500 元	450 元
撤销商标费	500 元	450 元（部分待开通）
商标使用许可合同备案费	150 元	135 元

① 图示信息来源：国家知识产权局商标局。

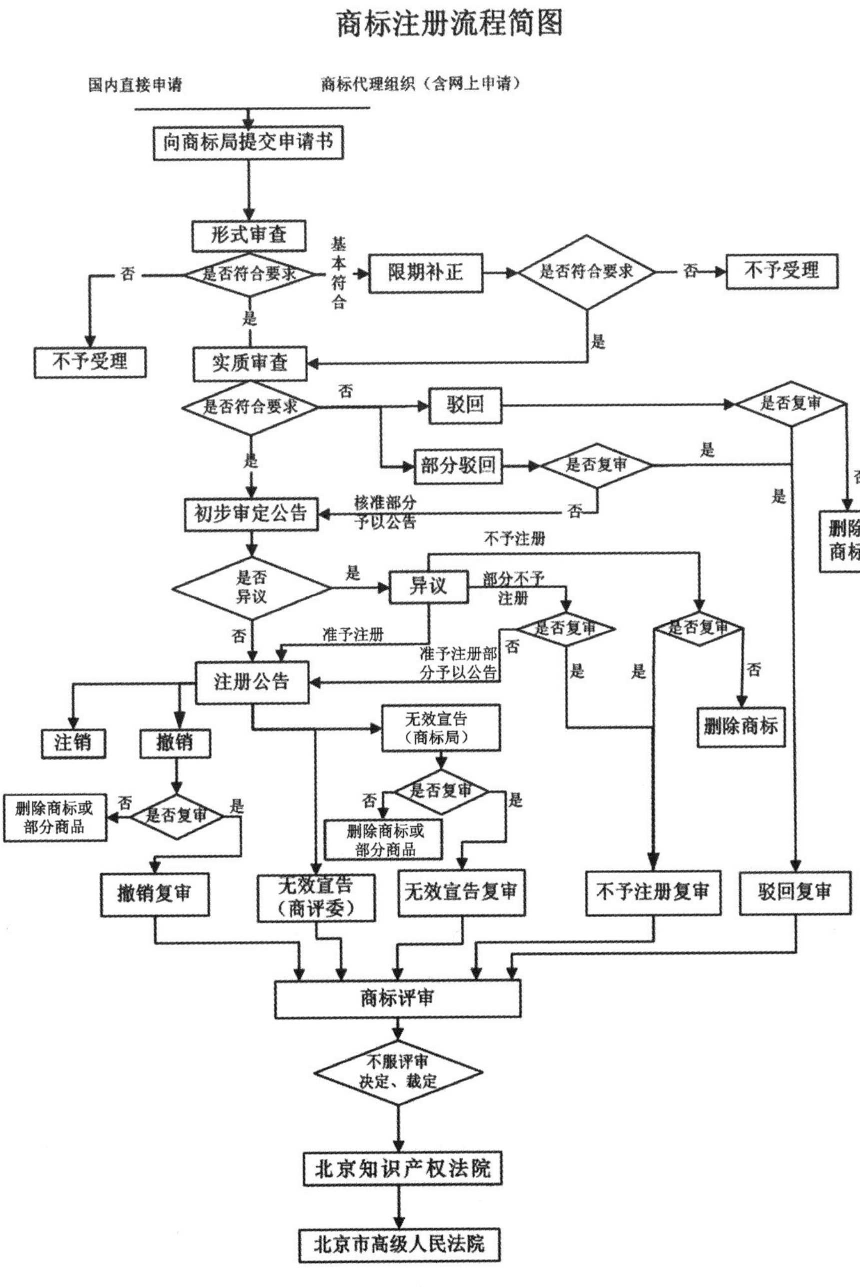

商标注册流程简图

国内直接申请　　　　　商标代理组织（含网上申请）

向商标局提交申请书

形式审查
是否符合要求
否 → 不予受理
基本符合 → 限期补正 → 是否符合要求 → 否 → 不予受理
是 → 实质审查

实质审查
是否符合要求
否 → 驳回 → 是否复审 → 否 → 删除商标
否 → 部分驳回 → 是否复审 → 是
是

初步审定公告
核准部分予以公告 → 否
不予注册

是否异议
是 → 异议
部分不予注册
否 → 准予注册
准予注册部分予以公告
是否复审 → 是
是否复审 → 否 → 删除商标

注册公告

注销　撤销
无效宣告（商标局）

删除商标或部分商品 → 否
是否复审 → 是
删除商标或部分商品 → 否
是否复审 → 是

撤销复审　无效宣告（商评委）　无效宣告复审　不予注册复审　驳回复审

商标评审

不服评审决定、裁定

北京知识产权法院

北京市高级人民法院

图4-1　商标注册流程图

（四）典型应用场景四：商标注册申请驳回复审及行政诉讼

1. 商标注册申请被驳回的原因和救济途径

随着知识产权保护观念的不断深化，企业对品牌安全的关注度日益提高，商标注册申请已被视为企业品牌发展和保障的重要环节。然而，在注册商标数量持续攀升的背景下，商标注册申请被驳回的可能性也随之增加，这无疑为企业品牌保护带来了更大的挑战。

（1）商标注册申请被驳回的主要原因。

第一，商标本身的设计不符合《商标法》第九条、第十条的规定。规定包括但不限于商标使用了如国家名称、国旗、国徽、军旗等禁止性的标志；商标缺乏显著性特征，例如仅有商品的通用名称；商标可能造成不良影响等。

第二，标志中含有不规范汉字或系对成语的不规范使用。例如《商标审查审理指南》指出，商标中含有自造字、缺笔画、多笔画或笔画错误的汉字，易使公众特别是未成年人对其书写产生错误认知的，一般应视为不规范汉字，以该类设计进行商标注册申请的可能会被驳回。

第三，不以使用为目的商标注册申请。商标的生命在于使用，根据《商标法》的规定，申请人不以使用为目的恶意申请商标注册的，应当予以驳回。在判断是否构成恶意申请时，应根据《商标审查审理指南》的指引，在审查时会综合考虑申请人所在的行业特点、经营范围、经营资质等基本情况；申请人提交的商标注册申请的数量、类别跨度和时间跨度等整体情况；提交的商标注册申请标志的具体构成、商标实际使用情况，申请人在先是否存在商标恶意注册及侵犯多个主体注册商标专用权的行为等多方面因素，判断申请人的申请是否明显不符合商业惯例、明显超出正当经营需要和实际经营能力以及明显具有牟取不正当利益和扰乱正常商标注册和管理秩序的意图。

第四，商标与在先商标相同或近似。如他人在先注册了相同或近似的商标，两个商标在文字字形、读音、含义、图形的构图及颜色、整体结构、立体形状、颜色组合等方面相同或近似，且容易令普通公众产生误认或混淆的，一般会被认定为近似商标而被驳回。在商标审查过程中，审查员的主观理解也可能影响对相同或近似商标的判定。

第五，申请人缺乏注册资格。如果申请人没有资格注册商标，包括但不限于法人已注销、破产或其他原因，那么商标注册申请可能会被驳回。

（2）商标被驳回的救济途径。

第一，提出复审申请。根据《商标法》第三十四条的规定，申请人对驳回决定不服的，可以自收到通知之日起十五日内向商标评审委员会申请复审。在提出复审申请时，申请人需要提供相关证据和理由，以支持其商标注册申请。如果商标申请人对商标局驳回部分不服，可以在提出驳回复审申请的同时提出商标分割。对于商标初步审定的部分分割成另一件商标申请，并生成新的申请号进入后续程序。该部分可以提前通过注册取得商标注册证书，以便更快地使用该部分商标。

第二，寻求司法救济。如果复审未能成功，申请人对复审结果不服的，还可以通过司法途径进行救济。申请人可以在收到复审裁定书之日起30日内向北京知识产权法院提起诉讼，请求法院撤销商标驳回复审决定书，并责令知识产权局重新作出决定，对一审判决不服的，申请人还可以上诉至北京市高级人民法院。

第三，通过协商解决。如果存在在先注册商标导致申请被驳回，申请人可以与该商标的在先权利人进行协商，可以由在先权利人出具单方的商标共存声明或者由申请人与在先权利人签订共存协议，以达成和解并在商标评审委员会或者法院认可后实现商标共存，前提是两个商标共存不会对相关公众造成混淆。另外，申请人还可以通过谈判购买、转让商标的方式获取心仪的在先商标。

第四，排除在先权利。通过对在先注册商标提起"撤三"程序、无效宣告、异议申请等多种途径尝试排除在先注册商标造成的障碍。如商标因相同、近似被驳回，申请人可以考虑启动"撤三"程序，申请撤销连续三年不使用的商标，申请时提交《撤销连续三年不使用注册商标申请书》、被申请商标连续三年不使用的初步调查证据以及申请人身份证明；如商标违反《商标法》第四条、第十条、第十一条、第十二条、第十九条第四款规定的，或者是以欺骗手段或者其他不正当手段取得注册的，申请人可以向商标评审委员会提起商标无效宣告申请；对初步审定公告的商标，自公告之日起三个月内，在先权利人、利害关系人认为违反《商标法》相关规定的，还可以向商标局提出异议。通过上述三种方式，尝试排除在先权利的限制，以提高自身商标注册的成功率。

第五，继续使用商标。如果商标因缺乏显著性而被驳回注册申请，且驳回通知书上未载明"不得作为商标使用"的，申请人可以通过大量的宣传和继续使用商标以尝试获得显著性。继续使用时，申请人应注重维护该商标的权益。当商标具备一定知名度后，申请人可以再次向商标局提交申请并提供商标宣传、使用的证据证明该商标已经通过使用获得一定的显著性，此时，该商标被核准注册的可能性将显著提高。"饿了么"是拉扎斯网络科技（上海）有限公司于2008年创立的知名本地生活平台，拉扎斯公司于2013年申请"饿了么"商标的注册时因缺乏显著性而被驳回。在"饿了么"这一品牌出现之前，"饿了么"仅仅只是一句简单日常的问句，普通消费者确实不会将其与特定服务联系起来。面对商标注册申请被驳回的困境，拉扎斯公司通过大量使用让消费者识别服务的来源从而实现复审成功。截至"饿了么"商标驳回复审时，拉扎斯公司业务已覆盖全国近200个城市，日均订单超过100万单。在这种潜移默化中，普通消费者提起"饿了么"联想到的只会是外卖软件，而非普通问句，"饿了么"因此获得了商标的基本属性，这也是"饿了么"商标复审成功的关键要素。

2. 复审申请书示例

驳回商标注册申请复审申请书

（首页）

申请商标：

类别：

申请号/国际注册号：

国家知识产权局发文号：

申请人名称：

统一社会信用代码：

联系地址：

邮政编码：

联系人：

联系电话（含区号）：

电子邮箱：

商标代理机构名称：

联系人：

联系电话（含区号）：

是否需要提交补充证据材料：是 □ ；否 □

【承诺】申请人和代理人、代理机构知晓在办理商标评审事宜时，提交虚假材料或隐瞒重要事实等行为属于失信行为；承诺遵循诚实信用原则，所申报的事项和所提供的材料真实、准确、完整；知晓承诺不实或未履行承诺，将承担信用管理失信惩戒等不利后果。

申请人（盖章）：　　　　　商标代理机构（盖章）：

　　　　　　　　　　　　　代理人签字：

年　月　日　　　　　　　　年　月　日

驳回商标注册申请复审申请书（正文示例）

申请人名称：A 公司

联系地址：

法定代表人或负责人姓名：

职务：

商标代理机构名称：

地址：

评审请求与法律依据：

恳请国家商标评审委员会撤销商标局的第＿＿号"＿＿＿＿"驳回决定，并核准该商标的注册申请。

（同时，应写明具体请求所依据的《商标法》及其《实施条例》的具体条款。）

事实与理由：

示例一：商标缺乏显著性特征

反驳理由：申请商标"_____"具有独特的创意和设计，包含具有显著性的突出可识别部分，与同类商品的其他商标相比具有明显的区别，足以使消费者将其与其他商标相区分。同时，申请商标已经实际多年使用并具有一定的知名度，我单位已提供大量使用证据，包括但不限于在抖音、小红书、微博等线上平台进行使用、宣传的相关证明以及线下使用的合同及照片等，证明该商标经过使用已经取得了显著特征，相关不特定公众已经将申请商标与申请人的产品产生了特定的紧密联系，起到了识别商品来源的功能。

示例二：商标使用了外国地名

反驳理由：首先，虽然商标的文字部分是某国的城市名称，但该文字与商标的另一文字部分"_____"相互独立，而"_____"的部分才是复审商标中最具显著特征的文字部分。其次，带有城市文字部分的字号较小，在商标中位于底部位置，本身的显著识别性较低，且该文字起到表示申请人公司的发源地和创始地的作用。最后，相关公众基于其知识水平和认知能力，不会将诉争商标与不得作为商标使用的某国家地名联系在一起，不影响商标整体所具备的指示服务来源的功能。

示例三：申请商标与在先商标近似

反驳理由：申请商标和引证商标具有显著不同，不会构成消费者的混淆误认。根据商标实际情况，可以分别从整体外观、显著部分、字音、构成要素等方面进行对比分析，证明申请商标与被引证商标之间具有明显差异性，商标具有独创性和可识别性，不会造成消费者的混淆误认。同时可以提供商标的设计思路及其所代表的企业文化背景内涵，证明申请商标设计并非简单地效仿他人或傍名牌，商标设计旨在独特地体现企业的核心价值观、发展历程以及品牌特色，从而在市场中形成独特而鲜明的品牌形象。

根据《商标法》的相关规定，商标应当根据其指定的商品或服务进行分类和保护。由于我单位申请的商标与引证商标所涉及的服务类型不同，普通消费者一般不会认为两种商品生产者有关

联，因此不存在混淆消费者或侵犯他人权益的可能性，应依法给予核准注册

（在阐述"事实与理由"时，应写明有关事实所依据的证据，并应另外提供证据目录清单，写明证据的名称、来源和待证明的具体事实，与申请书一并提交。）

我单位认为商标"＿＿＿＿＿"的注册申请完全符合《中华人民共和国商标法》的规定，且未侵犯他人的合法权益。因此，请求依法予以公正审查，并核准该商标的注册申请。

申请人（盖章）：　　　　　　商标代理机构（盖章）：
申请日期：　　　　　　　　　代理人（签字）：
　　　　　　　　　　　　　　日期：

第二节　商业服务类企业宣传与服务环节的知识产权规范管理要点

一、企业提供服务环节知识产权合规风险

（一）日常经营时的知识产权合规风险

企业在日常运营过程中，无论是员工办公还是自媒体宣传，都可能面临多样的知识产权风险。员工在处理办公事务时，可能因需求而下载并使用一些字体、图片或办公软件等资源。然而，这些资源的权利人往往只允许个人在特定情境下免费使用，严格禁止任何商业性质的利用，或者员工未经授权获取了上述资源。尽管有些企业可能会以侵权行为是员工个人行为为由进行抗辩，但由于企业对员工的工作行为负有监督责任，且员工是为工作所需使用的相关盗版资源，企业仍可能需要承担相应的法律责任。若企业在这方面缺乏足够的合规意识，很容易陷入侵权法律风险的旋涡。

（二）对外提供服务时的知识产权合规风险

以金融机构为例，它们在提供商业服务时面临的最大知识产权风险，莫过于商业秘密的泄露。我国《民法典》第一百二十三条第二款第（五）项明确规定"商业秘密"为知识产权的一种，据此，商业秘密被正式纳入知识产权保护框架，为权利人提供了除《反不正当竞争法》之外的又一有力法律保障途径。不仅如此，《民法典》第五百零一条还进一步拓展了合同当事人在保密义务上的适用范围。除了商业秘密外，还存在"其他应当保密的信息"这一概括性描述，从而将金融机构在服务过程中获悉的个人金融信息及其他衍生个人信息等同样需要保护的信息也全面置于法律的庇护之下。

在金融机构提供的个人贷款业务场景中，贷款主体的信用审批是不可或缺的环节，这通常涉及征信业务，进而需要收集大量的个人信息。然而，在实际操作中，部分商业银行存在内部超范围共享个人金融信息以进行营销活动的现象，这无疑增加了企业的知识产权合规风险。

鉴于此，我们强烈建议包括金融机构在内的商业服务类企业充分重视知识产权合规建设，提升对商业秘密的保护意识，建立健全企业内部的商业秘密保护合规体系，以确保商业秘密这一"知识产权客体"的价值得到稳固而可靠的保障。同时，在员工招聘和日常经营管理中，金融机构也应采取相应措施，防止因疏忽或员工不当行为侵犯他人的商业秘密，从而避免法律纠纷。

二、广告宣传中的知识产权合规问题

广告是企业扩大影响力和推广产品的主要途径，品牌方希望通过广告将企业形象和产品理念传达给广大消费者。然而，一旦广告内容被认定侵权，企业不仅无法实现前述目的，还会导致品牌形象的受损并影响产品的销量。

（一）避免侵犯他人知识产权

为确保广告宣传活动的合法性与正当性，企业必须执行严格的审核程序，检查广告内容是否触碰《中华人民共和国广告法》（以下简称《广告法》）、《反不正当竞争法》等法律法规的红线，并确保所使用的商标、图片或文字素材已经获得商标权人和著作权人的正式授权。这要求企业进行深入的调查与核实，确保所采纳的素材不侵犯任何第三方的知识产权或其他合法权益。若企业所宣传的产品包含专利技术，则需额外关注专利标注的风险问题。具体而言，广告中涉及专利产品或者专利方法的，应当标明专利号和专利种类；若相关专利尚未获得授权、已失效或被注销，则必须避免在广告宣传中涉及或使用这些专利信息，以防止潜在的法律风险。

（二）警惕虚假宣传的不利后果

在2021年某实用新型专利权纠纷案中，最高人民法院指出，专利权利人主张以侵权人对外宣传的经营规模作为损害赔偿计算依据，侵权人抗辩该经营规模属于夸大宣传、并非经营实绩，但未提交证据证明其实际侵权经营规模的，人民法院可以依据该对外宣传的经营规模作为损害赔偿计算依据。

这一案例给企业敲响了警钟，侵权人因进行虚假业绩宣传，而不得不承担额外的赔偿责任。此外，虚假宣传还可能招致刑事风险，《刑法》第二百二十二条规定了虚假广告罪，是指广告主、广告经营者、广告发布者违反国家规定，利用广告对商品或服务作虚假宣传，情节严重的行为。因此，在进行产品相关的宣传活动时，企业必须审慎行事，不仅要严格防范因虚假宣传而引发的行政处罚风险，还要确保宣传内容的准确性和适度性，确保所展示的经营业绩与实际情况相符，如此才能有效规避因虚假宣传而可能导致的后续高额赔偿风险或刑事风险，确保企业人员的安全、企业的长远发展和品牌声誉。

（三）防止提前公开风险

为了实现更佳的产品推广效果，企业常常会选择通过不同方式公开展示自身的研发成果。然而，这一过程中存在着不容忽视的技术泄漏风险，例如，国家知识产权局发出某无效宣告请求审查决定书宣告某公司享有的外观设计专利权全部无效。涉案专利所包含的两款汽车设计对应的是某品牌汽车旗下的两款车型。涉案专利被宣告无效的核心原因在于，腾讯汽车网和汽车之家网在涉案专利优先权日前的八个月内，分别发布了两篇报道文章，其中公开了两款车型的多张照片。这一问题的出现，很可能是由于戴姆勒公司未能充分注意到不同国家《专利法》对于宽限期制度规定的差异性。

因此，企业在公开信息时必须进行谨慎的审核，以避免商业秘密不当泄露的风险。对于拟以专利形式保护的技术成果，企业还需认真核实这些技术是否已经提交了专利申请，以防止因不当的提前公开而影响专利的有效性和申请流程。此外，若企业有志于拓展海外市场，还需深入了解目标国家的知识产权制度，以确保自身的技术成果能够在海外市场得到充分保护。

（四）广告用语的规范使用

广告用语的撰写与发布必须严格遵循《广告法》《反不正当竞争法》《消费者权益保护法》等国家法律法规的规范。在此过程中，应确保所用语言真实、准确，避免任何虚假、夸大或误导性的表述，以免误导消费者或侵犯他人的合法权益。

（1）广告用语若涉及商标、专利、著作权等知识产权内容，必须严格遵守知识产权法律法规，尊重知识产权人的合法权益，确保在使用前已获得充分且必要的授权或许可，以避免因侵犯知识产权而引发不必要的法律纠纷和经济损失。

（2）广告必须遵守《反不正当竞争法》的规定，广告内容中不得存在捏造、虚假信息，不得损害竞争对手的商业信誉、商品声誉。广告用语应当真实、准确、客观，不得误导消费者或进行虚假宣传。否则，企业可能面临不正当竞争行为的指控，受到行政处罚或被要求承担民事赔偿责任。

（3）2023年，国家市场监督管理总局发布《广告绝对化用语执法指南》，为市场监管部门开展广告绝对化用语监管执法提供指引，该指南还将商品经营者应避免使用的"国家级""最高级""最佳"等广告用语扩大至包括"其他与其含义相同或者近似"的用语。因此，企业经营者在进行广告宣传时，应当尽量不使用这类绝对化的用语，避免遭受行政处罚。

（4）广告委托制作和发布流程中的风险合规。许多企业选择委托广告公司负责广告的设计、制作与发布，然而，一旦出现因侵权行为而引发的行政处罚或诉讼索赔，企业是首当其冲的。尽管企业有权在事后向广告公司追究责任并要求其承担相应损失，但这必须建立在双方事先有清晰明确的合同约定基础之上。因此，企业在与广告公司合作时，务必确保合同条款详尽、责任划分明确，以便在必要时能够依法维护自身权益。

企业在委托广告制作时应重点关注以下不同方面的内容：

（1）要求广告公司随合同附上"原创声明""不侵权承诺"，并保证广告内容不存在与他人创意雷同的情形；

（2）合同中明确约定广告公司应保证企业方免受与合同项下广告内容相关的来自任何第三方的权利主张，如出现相关指控，将由广告公司承担全部赔偿责任，并且广告公司应在企业方的指示下出面妥善处理纠纷；

（3）根据广告公司的每一项具体义务，在合同中明确设置合理但略高的违约金数额或计算方式，在保证企业能获得较高赔偿的同时，避免遭受对方"违约金数额过高"的指控；

（4）明确企业方仅履行合理的注意义务，避免广告公司以广告内容已经企业审核批准为由推卸侵权责任。同时，企业应对广告公司提交的创意成果进行知识产权检索与审核并进行工作留痕，保留已尽到"合理的注意义务"的证据。

三、展会宣传中的知识产权合规风险

展览会是企业宣传的重要途径，展会中涉及的知识产权风险主要是参展商品侵权、展会抄袭（展位方案设计侵权，展会名称、标志或主题侵权等）以及展会虚假宣传风险。

（一）参展商品侵权问题

展会主办方要与行业协会、管理机构通力合作，共同打击侵权行为，维护行业秩序。根据《展会知识产权保护办法》，展会主办方可通过与参展方签订参展期间知识产权保护条款或合同的形式，加强展会知识产权保护工作。对于参展方连续两次以上侵权行为成立的，展会主办方应采取禁止有关参展方参加下一届展会的措施。

对于参展的供应商，在保证参展商品不侵犯他人知识产权的前提下，在展会期间应留意携带知识产权权属证明及其他证明材料，遇到知识产权纠纷的，积极配合相关知识产权行政、司法部门开展相关调查处理工作。在参展中如发现自己的产品被侵权，可以通过拍照、索取产品宣传册或购买产品等方式先行固定侵权线索，及时通过公证保全等方式固定证据，并采取沟通协商、发函、向主办方或行政主管部门投诉以及向法院申请诉前行为禁令等方式制止侵权行为。

（二）展会抄袭问题

作为展会主办方，可以采取以下措施避免自身展会的创意被他人抄袭：对展会主题、标志、广告语等进行商标注册；对展会设计图纸、策划文件等进行著作权登记；与参展商及其他相关方签订合作合同，明确约定不得抄袭或模仿展会主题、设计；通过广泛宣传，提升原创展会的知名度和影响力，使公众更容易识别和区分原创与侵权展会。

（三）展会虚假宣传风险

1. 问题的提出

在广东省深圳市某区人民法院审理的广东甲展览公司与上海乙展览公司虚假宣传纠纷案中，原告调查发现被告在深圳会展中心内举办的"2012中国（深圳）国际绕线圈设备展览会"存在多处虚假宣传。被告系在上海注册的展览服务公司，并未获批举办冠以"中国国际"名称的展会。进一步查询发现，被告所宣称的"英国丙展览公司"和"丁亚洲展览集团"亦是虚构的。由于被告宣称其展会是"亚洲最大""中国国际"等，许多客户误以为被告实力强大、展会规模大，因此选择了参加被告的展会，而放弃了原告举办的展会。这导致原告失去了大量的商业机会和预期利益。在原告专函要求被告停止不正当竞争行为后，被告不仅不予理睬，还计划在2013年继续举办同名展会。这进一步证明了被告的恶意和侵权行为的持续性。

法院在审理此案时认为，原、被告经营范围均包括举办展会，且均在深圳会展中心举办过涉及绕线设备的国际展会，两者具有直接竞争关系。被告的虚假宣传行为违反了诚实信用原则和公认的商业道德，损害了包括原告在内的展会经营者正当竞争的合法权益。因此，被告的行为构成了《反不正当竞争法》所禁止的虚假宣传行为。

2. 案件启示

虽然本案法院最终并未全部支持原告的诉讼请求，判罚金额也不高，但这个案件具有典型意义。本案中，被告因虚假宣传行为需要承担法律责任，耗费了大量的时间和资源来处理纠纷。更重要的是，虚假宣传可能严重损害企业的声誉和信誉，对其业务拓展产生长期的负面影响。此外，虚假宣传还可能误导参展商和观众，使他们做出错误的决策，给参展商、观众、同业者带来商业损失，扰乱市场秩序。因此，企业必须高度警惕虚假宣传所带来的合规风险，确保宣传内容真实可信、准确无误，并对宣传内容严格进行审查，遵守法律法规和道德规范，以诚信为基础，树立良好的企业形象和品牌形象。

（四）正确应对争议的解决之道

第一，一旦企业收到权利人的律师函或其他形式的维权通知，必须审慎判断对方是否真正拥有相关资源的合法知识产权，还是在无权情况下进行虚张声势或敲诈勒索。企业在面对他人的权利主张时，必须进行全面细致的审核，包括核实权利人的身份以及其所声称拥有的权利。

第二，企业应迅速响应并启动内部核查程序，包括使用人数、使用时长及使用范围等使用事实，准确判断是否确实存在侵权行为及其影响范围，并在必要时寻求专业人员的意见和咨询。以办公软件为例，企业应重点检查员工是否私自安装了盗版软件。此外，企业还应确保所使用的资源具有合法来源。如果企业已经为相关资源支付了合理的费用，那么应收集相关证据（如邮件、合同、授权文件、发票等），以证明该资源的合法来源。

第三，企业应尽快对接产业链上下游的各环节主体，一方面停止生产涉诉产品，避免产生产品积压，进一步给企业带来损失；另一方面充分与经销商、客户、行政机关进行沟通，告知经销商、客户产品、服务不能及时交付的情况，尽量与其协商避免构成严重违约、遭受行政处罚。

第四，企业应积极与权利人展开对话，力争通过友好沟通减轻可能面临的损失。以海关扣留涉嫌侵权货物为例，根据《中华人民共和国知识产权海关保护条例》（2018年修订）第二十四条的规定，在海关认定被扣留的侵权嫌疑货物为侵权货物之前，知识产权权利人撤回扣留侵权嫌疑货物的申请的，海关应当放行被扣留的侵权嫌疑货物。这样的机制实际上为争议双方提供了自行协商、达成和解、降低损失的宝贵机会。同时，企业在处理侵权纠纷事件时，务必保持高度警觉，妥善保存并通过公证保全相关证据，以备不时之需。

第三节 《反不正当竞争法》对其他商业标识的保护

一、反不正当竞争中的混淆行为认定

我国《反不正当竞争法》第六条对混淆行为的情形作出了列举性规定，并明确商业标识获得保护的前提是其"有一定影响"，如何认定"有一定影响"成为认定特定行为是否构成混淆行为的关键。《最高人民法院关于适用〈中华人民共和国反不正当竞争法〉若干问题的解释》（法释〔2022〕9号）第四条规定对此作出了进一步解释，是否具有一定的市场知名度，应当综合考虑中国境内相关公众的知悉程度，商品销售的时间、区域、数额和对象，宣传的持续时间、程度和地域范围，标识受保护的情况等因素。总而言之，构成混淆行为首先要求特定的商业标识本身具备显著的特征，同时其代表的品牌通过经营者的努力经营拥有了良好商誉，从而具备市场知名度和影响力，并因此使相关商业标识拥有可识别性，如果对该类标识不予保护确实会导致公众混淆。然而，"有一定影响"的具体裁判在现实中也存在差异，各地法院对于应当考察的各种不同要素的具体认识存在差异。

此外，《最高人民法院关于审理商标授权确权行政案件若干问题的规定》（法释〔2017〕2号）第十二条中规定的判断方法也可作为参考，"人民法院应当综合考量如下因素以及因素之间的相互影响，认定是否容易导致混淆：（一）商标标志的近似程度；（二）商品的类似程度；（三）请求保护商标的显著性和知名程度；（四）相关公众的注意程度；（五）其他相关因素。商标申请人的主观意图以及实际混淆的证据可以作为判断混淆可能性的参考因素。"

从混淆的范围而言，《反不正当竞争法》第六条采取了广义的市场混淆概念，除商品本身混淆外，还包括主体关联关系、认可关系等外延广泛的混淆，增加了混淆的类型，扩大了认定混淆的范围。

二、假冒、仿冒混淆型纠纷

（一）模仿企业的商业外观

仿冒他人商品的包装、装潢、整体布局设计等商业外观是目前市场中较为常见的一种不正当竞争行为，经营者通过生产经营与他人相似的包装、装潢来混淆消费者的判别能力，误导消费者对品牌的选择，一定程度上侵占了被仿品牌的市场份额，对市场竞争秩序造成了严重损害。

模仿特定产品宣传图及其设计元素。品牌旗下知名系列产品涉及的宣传材料可能成为侵权的对象。A系列产品是原告香水化妆品公司旗下甲品牌的主打产品之一。该产品在宣传材料上使用与蜜蜂、蜂蜜相关的金色、蜜糖色、六边形、蜂巢等元素，使产品成分、产品名称及产品的宣传材料围绕"蜂蜜"形成一个整体。之后，被告乙品牌推出以"花蜜"为宣传核心的B系列产品，并在宣传中部分使用了与原告相似的构图、色彩搭配等。法院认为，原告的涉案产品销售额逐年攀升，在市场上形成了较高知名度，被告作为同业竞争者不可能没有关注到原告的产品及其宣传情况。因此，乙品牌模仿甲品牌A系列商品的广告宣传涉案商品的行为具有攀附甲品牌产品知名度和商誉的故意，构成不正当竞争行为。

模仿整体空间装潢设计。甲餐饮是全国连锁经营的餐厅，目前在全国各大城市已有超过200家门店，其在各门店中统一采用明厨亮灶的装修风格、红白格相间的桌布、棕色牛角椅、镂空餐椅、牛仔工衣、折页菜单、经典特色菜品等，这些元素统一起来已经成为甲品牌餐厅的特有装潢。甲公司诉称位于某百货商城的乙餐厅，不仅在宣传材料、厨师帽、员工工服、菜单等处使用与甲公司已注册商标相同的桃心图案商标标识，其门店装潢也与甲品牌门店采用了相似的明亮装修、红白格相间的桌布等元素，有搭便车的嫌疑。法院认为，甲品牌公司通过选择、排列和组合将这些元素组合形成了统一又特有的装修风格和装潢效果。甲公司旗下甲品牌餐厅在中国境内具有一定的市场知名度，并为相关公众所知悉，其特色的门店装潢已和甲公司、甲品牌形成了具体的关联，可在确定服务来源方面发挥作用，应当受到《反不正当竞争法》的保护。

（二）通过混淆主体名称，误导公众

擅自使用他人商标中的核心文字来登记企业名称或用作企业字号可能构成侵权。该类行为构成不正当竞争需要满足几个要件：主观上行为人属于擅自使用；客观上行为人对相关文字进行了标识性的使用，且该使用行为是商业性的；被侵犯的客体属于"有一定影响"的商标；上述使用行为会导致相关公众对该商标产生混淆误认。同时还应满足双方存在竞争行为这一前提。北京市××律师事务所于2001年经批准设立，××律所经授权使用"××"注册商标，并有权对侵权行为主张权利。××（广州）法律咨询服务有限公司于2019年成立，其经营范围包括"社会法律咨询"等，与××律所的业务有一定的重合与相似性。××公司在其经营的抖音平台、微博平台、微信平台、网站中使用了"××法务"等作为服务名称。法院认为，在本案中，××律所系"××"注册商标的被授权人，且××律所成立以后，经过持续广泛的使用，"××"字样已与××律所建立了稳定的对应关系，为相关公众所熟知，具有较高的市场知名度。被告应当知道"××"品牌在市场领域内的相应商业美誉度和知名度，在登记企业字号和进行经营活动时应当依法给予充分有效的合理回避。××公司的企业名称中包含有"××"字样，足以引人误认为与××律所具有特定联系，××公司通过搭便车，在生产经营活动中存在争夺交易机会的可能性，客观上损害了××律所在所处领域中具有的竞争优势，构成恶意攀附的不正当竞争行为，构成不正当竞争，依法应当承担侵权责任。

（三）特定情况下广告语属于受保护的商业标识

一个瞬间抓人眼球的、有记忆性的广告语可以给企业带来无限的商业机会和商业价值。在甲饮料食品公司与乙大健康产业公司商业贿赂不正当竞争纠纷一案中，最高人民法院在裁定中指出，"有关商业标识能否作为反不正当竞争法意义上的知名商品特有名称进行保护，应由人民法院基于案件事实依法作出判断。"同时，《反不正当竞争法》第六条规定了经营者不得实施引人误认为是他人商品或者与他人存在特定联系的混淆行为，根据上述最高人民法院的意见以及《反不正当竞争法》第六条的兜底条款，虽然广告语并非该条明确列举的商业标识之一，但当广告语具备了与特定商品来源的可识别性时，也应当作为商业标识受到保护。

在该案件中，法院认为甲公司于双方商标许可使用关系终止后，使用

"怕上火喝×××"广告语的行为，不致引发市场混淆，也未对乙公司的合法权益造成损害，当事人请求保护的广告语及"怕上火喝"广告句式，均属于通常意义上的描述性短语，识别性仍主要来源于其中包含的"×××"注册商标。因此，广告语本身须具备显著性与可识别性，方可作为商业标识受到该条款的保护。在显著性的判断上，法院通常会考虑当事人使用广告语的时间与宣传情况、广告语的独创性，以及此前市场上是否存在其他相关经营者使用相同或近似的广告语等因素。

（四）将商业标识作为关键词隐性使用

该类行为是指行为人为了获得优势商业地位，向平台购买关键词服务，将他人商标或其他商业标识作为搜索关键词，在网站链接或网页中不显示该标识对应产品，却显示行为人自身产品的行为。当用户使用搜索引擎查找他人商品或服务时，已购买关键词广告的行为人的产品会出现在搜索结果中，甚至在搜索结果页面的前排展示，此时客观上会使搜索用户认为两个品牌之间存在一定联系，尤其在行为人与权利人从事相同或近似商品或服务的前提下，用户更加容易产生误解。这种将他人商业标识作为关键词以吸引消费者的营销方式，并未发挥商标的识别商品来源的功能，与《商标法》第四十八条规定的商标使用要求不符，故不能认定为商标性使用[1]，但借助他人品牌的知名度提高了自己的产品的曝光量，进而获取交易机会，实际上夺取了权利人的潜在交易机会，损害了商标权利人的商业利益，同时也损害了消费者的知情权，变相增加了消费者选购的时间，提升了消费者的交易成本，构成不正当竞争。

（五）对服务内容或服务模式的抄袭模仿

在产品制造业中，创造出新产品可以通过申请专利权或将生产方法保密从而取得一定条件下的垄断权，但创造出新的服务模式却无法得到任何一种形式的独占保护。由于服务直接面向公众，具备极高的公开性，所以创新的服务模式可以毫无限制地以极低成本被竞争对手模仿。后续模仿者无须投入成本即可参与竞争，往往在价格上占有优势，从而导致首创企业的市场竞争力下降。首创企业的服务创新无法得到保护，亦熄灭了企业对

---

① 参见刘燕：《论互联网环境下商标侵权认定的标准及原则》，载《兰州大学学报（社会科学版）》2015年第1期，第157-162页。

创新的热情，降低了市场活力。例如对保险险种的复制、银行理财产品的模仿、旅游模式的抄袭等。对于这种情形，如果符合条件，企业可以对服务流程、算法模型等特定服务产品申请专利保护。其余的只能通过在市场上长时间用心经营，形成良好的商誉，在服务范围内提高产品知名度，从而塑造出有影响力的品牌，这些努力可以使企业在激烈的市场竞争中占据更大的市场份额。

三、企业"走出去"的商业秘密侵权风险

以中国企业在美国的发展情况为例，近年，我国出现许多"走出去"的国内龙头企业，因产品创新等优势抢占了美国企业的市场，打破了美国企业垄断市场的局面，也因此在美国频繁遭遇商业秘密侵权的指控。根据商业数据库 Lex Machina 的统计，2007 年至 2020 年 6 月，仅涉及深圳这一地区的企业在美商业秘密诉讼案件共有 100 件，其中 80 件同时涉及合同纠纷，同时涉及专利、商标和版权的案件分别为 23 件、24 件和 11 件。[①]

美国《侵权法重述》认为"商业秘密是指商业活动中使用的各种配方、图案、设计和资料索引。商业秘密所有人与不知道或不使用它的竞争对手相比，处于更有利的地位，它可以是某一化学配方，一道制造、处理、贮存材料的程序，一部机器或其他设计的图形，或客户名单。它不同于商业领域里其他的秘密情报……它不是商业活动中单一的与别的事情没有联系的简单的情报"。[②] 由此可知，与企业品牌相关的图案、设计等也属于受保护的商业秘密的范畴。与专利纠纷相比较，美国针对中国企业提起的商业秘密诉讼更加致命，专利纠纷更多是企业间的民事纠纷，而商业秘密涉及内容宽泛、制裁手段更为严厉，企业可能遭受被刑事追诉的风险，对企业而言是更为重大的打击。另外，与商标权不同，商业秘密的保护没有地域性的限制，只要符合当地法律对于商业秘密的定义，即可自动地受

---

① 参见中国（深圳）知识产权保护中心：《美国商业秘密诉讼报告》，2020 年 9 月。

② See American Law Institute, *Restatement of Torts First*, 1939, p. 757-758.

到当地法律的保护。因此中国企业应该重视在域外商业秘密诉讼风险的防范。

　　现阶段的商业秘密诉讼案件中，中国部分企业由于缺乏独立的创新能力，确实存在窃取外国企业商业秘密的行为，因此在海外卷入诉争中也难以有效抗辩。然而，更多企业在海外受挫是因为我国对外开放的时间不长，中国企业融入国际市场的年限较短，对国外法律环境熟悉程度有限，缺少相关方面的专业人才，且在进入海外市场之前多数没有进行风险评估及缺乏相应的应对方案。同时，美国商业秘密诉讼标的复杂，商业秘密案件一般还夹带专利侵权、版权侵权等，会增加我国企业的应诉成本，对我国企业造成重大不利影响。

　　品牌塑造与保护是企业发展的核心环节，在品牌塑造与保护过程中，知识产权风险合规至关重要。企业可以通过将《商标法》与《反不正当竞争法》《著作权法》《专利法》的有机结合，对企业商标及其他有价值的商业标识形成多层次、全方位的保护系统。根据企业的战略布局，同步关注国内、国外两个市场。面对知识产权纠纷，应结合企业实际积极采取多类型纠纷解决方式，保护企业合法权益。企业内部的知识产权合规管理同样重要，企业要建立完善的管理制度，培养员工的知识产权风险意识，从而全方位、多角度地保护品牌形象和企业利益。

第五章
科技创新类企业知识产权规范管理

第一节　企业专利规范管理

一、专利制度基础知识

专利是受法律规范保护的发明创造，它是指一项发明创造向国家审批机关提出专利申请，经依法审查合格后向专利申请人授予的在规定的时间内对该项发明创造享有的专有权。

（一）专利基础制度简介

1.专利的属性

专利具有专有性、时间性和地域性。专有性，亦称独占性或垄断性，是指它专属权利人所有，专利权人对其权利的客体（即发明创造）享有占有、使用、收益和处分的权利，除权利人同意或法律规定外，其他任何人不得享有该项权利。时间性，即指专利权具有一定的时间限制，也就是法律规定的保护期限，不是永久的。我国《专利法》规定："发明专利权的期限为二十年，实用新型专利权的期限为十年，外观设计专利权的期限为十五年，均自申请日起计算。"实践中，很多专利权并不是在最长专利保护期届满之后才终止，因为专利授权后每年还需要缴年费，并且年费金额往往是随着时间呈阶梯式增加，未缴年费，专利权将终止。专利年费实际上是一个经济杠杆，迫使专利权人自动放弃那些对自己价值不大的专利。

当然，专利权人除了通过不缴年费来放弃专利权外，还可以主动声明放弃某项专利，在这种情况之下，该专利也会在最长期限届满前终止。地域性是指对专利权的空间限制，它是指一个国家或一个地区所授予和保护的专利权仅在该国家或地区的范围内有效，对其他国家和地区不发生法律效力，其专利权是不被确认与保护的。如果专利权人希望在其他国家享有专利权，那么，必须依照其他国家的法律另行提出专利申请。除加入国际条约及双边协定另有规定之外，任何国家都不承认其他国家或者国际性知识产权机构所授予的专利权。

2. 专利的类型

我国专利分为发明、实用新型和外观设计三种类型。发明，是指对产品、方法或者其改进所提出的新的技术方案。实用新型，是指对产品的形状、构造或者其结合所提出的适于实用的新的技术方案。外观设计，是指对产品的整体或者局部的形状、图案或者其结合，以及色彩与形状、图案的结合所做出的富有美感并适于工业应用的新设计。

3. 授予专利权的条件

授予专利权的发明和实用新型，应当具备新颖性、创造性和实用性。

（1）新颖性，是指该发明或者实用新型不属于现有技术，也没有任何单位或者个人就同样的发明或者实用新型在申请日以前向国务院专利行政部门提出过申请，并记载在申请日以后公布的专利申请文件或者公告的专利文件中。

（2）创造性，是指与现有技术相比，该发明具有突出的实质性特点和显著的进步，该实用新型具有实质性特点和进步。

（3）实用性，是指该发明或者实用新型能够被制造或者使用，并且能够产生积极效果。

授予专利权的外观设计，应当不属于现有设计，也没有任何单位或者个人就同样的外观设计在申请日以前向国务院专利行政部门提出过申请，并记载在申请日以后公告的专利文件中。授予专利权的外观设计与现有设计或者现有设计特征的组合相比，应当具有明显区别。授予专利权的外观设计不得与他人在申请日以前已经取得的合法权利相冲突。现有设计，是指申请日以前在国内外为公众所知的设计。

对违反法律、社会公德或者妨害公共利益的发明创造，不授予专利权。对违反法律、行政法规的规定获取或者利用遗传资源，并依赖该遗传资源完成的发明创造，不授予专利权。

对下列各项，不授予专利权：科学发现；智力活动的规则和方法；疾病的诊断和治疗方法；动物和植物品种；原子核变换方法以及用原子核变换方法获得的物质；对平面印刷品的图案、色彩或者二者的结合作出的主要起标识作用的设计。

另外，被授予专利权并不意味着该专利产品可以在市场上自由流通。如新型的战斗机、坦克和大炮，都可以被授予专利权，但这些武器显然不能在市场上自由流通。药品即便获得了专利，也仍然需要经过上市审批后才能用于临床治疗。

4. 专利申请的审查和批准

发明专利申请经实质审查没有发现驳回理由的，由国务院专利行政部门作出授予发明专利权的决定，发给发明专利证书，同时予以登记和公告。发明专利权自公告之日起生效。实用新型和外观设计专利申请经初步审查没有发现驳回理由的，由国务院专利行政部门作出授予实用新型专利权或者外观设计专利权的决定，发给相应的专利证书，同时予以登记和公告。实用新型专利权和外观设计专利权自公告之日起生效。专利申请人对国务院专利行政部门驳回申请的决定不服的，可以自收到通知之日起三个月内向国务院专利行政部门请求复审。国务院专利行政部门复审后，作出决定，并通知专利申请人。专利申请人对国务院专利行政部门的复审决定不服的，可以自收到通知之日起三个月内向人民法院起诉。

5. 专利授权后的权利

专利授权后，权利人就拥有了禁止他人实施其专利的权利。发明和实用新型专利权被授予后，除法律另有规定的以外，任何单位或者个人未经专利权人许可，都不得实施其专利，即不得为生产经营目的制造、使用、许诺销售、销售、进口其专利产品，或者使用其专利方法以及使用、许诺销售、销售、进口依照该专利方法直接获得的产品。外观设计专利权被授予后，任何单位或者个人未经专利权人许可，都不得实施其专利，即不得为生产经营目的制造、许诺销售、销售、进口其外观设计专利产品。

6. 专利权无效

自国务院专利行政部门公告授予专利权之日起，任何单位或者个人认为该专利权的授予不符合《专利法》有关规定的，可以请求国务院专利行政部门宣告该专利权无效。对国务院专利行政部门宣告专利权无效或者维持专利权的决定不服的，可以自收到通知之日起三个月内向人民法院起诉。人民法院应当通知无效宣告请求程序的对方当事人作为第三人参加诉讼。

宣告无效的专利权视为自始即不存在。宣告专利权无效的决定，对在宣告专利权无效前人民法院作出并已执行的专利侵权的判决、调解书，已经履行或者强制执行的专利侵权纠纷处理决定，以及已经履行的专利实施许可合同和专利权转让合同，不具有追溯力。但是因专利权人的恶意给他人造成的损失，应当给予赔偿。若不返还专利侵权赔偿金、专利使用费、专利权转让费，明显违反公平原则的，应当全部或者部分返还。

（二）专利文献检索

对于研发人员来说，专利说明书、专利公报及与专利申请或批准有关的文件等专利文献是重要的研发参考资料。

1. 专利文献的组成

专利文献扉页是揭示每件专利的基本信息的文件部分。扉页揭示的基本专利信息包括：专利申请的时间、申请的号码、申请人或专利权人、发明人、发明创造名称、发明创造简要介绍及主图（机械图、电路图、化学结构式等——如果有的话）、发明所属技术领域分类号、公布或授权的时间、文献号、出版专利文件的国家机构等。

权利要求书是专利文件中限定专利保护范围的文件部分。权利要求书中至少有一项独立权利要求，还可以有从属权利要求。

说明书是清楚完整地描述发明创造的技术内容的文件部分，附图则用于对说明书文字部分进行补充。各国对说明书中发明描述的规定大体相同，说明书部分一般包括技术领域、背景技术、发明内容、附图说明、具体实施方式等。

2. 专利优先权与专利族

专利申请人就其发明创造第一次在某国提出专利申请后，在法定期限内（如发明和实用新型 12 个月，外观设计 6 个月），又就相同主题的发明创造提出专利申请的，根据有关法律规定，其在后申请以第一次专利申请的日期作为其申请日，专利申请人依法享有的这种权利称为优先权。

专利族：由至少一个共同优先权联系的一组专利文献，称为一个专利族（Patent Family）。

同族专利：在同一专利族中每件专利文献被称作专利族成员（Patent Family Members），同一专利族中每件专利互为同族专利。

基本专利：在同一专利族中最早优先权的专利文献称为基本专利。

3. 专利文献的特点和作用

专利文献数量庞大。曾有统计显示，85％以上的发明创造集中于专利文献，如果将各国正式出版的专利说明书作为统计主体，其将占全球各种图书期刊文件的近四分之一。

专利文献结构一致，分类规范，检索性高。专利的说明书通常由技术领域、背景技术、发明内容、附图说明、具体实施方式这五部分组成，结构相对固定，按照 IPC 等体系进行分类，便于阅读、分析和整理。

专利文献信息公开，包括技术信息、法律信息和经济信息。通过梳理技术发展脉络，分析技术研发热点，可以预测技术发展趋势，指引研发，避免重复研究。专利权利要求书确定独占性权利和自由公知技术之间的边界，可以提前进行权利分析，规避侵权。专利文献的数据统计分析可以给出经济信息，帮助市场分析，辅助投资立项，进行专利预警和风险排查。

4. 常用专利检索资源

（1）国家知识产权局专利检索及分析系统。

国家知识产权局智能化专利检索及分析系统可向社会公众用户提供优质的专利检索、专利分析、文献浏览和数据下载等服务，系统界面分为检索、分析、热门工具三类功能导航。

用户可通过国家知识产权局官网政务服务板块的专利检索模块链接进

入系统界面。在系统中进行专利检索、分析或使用其他功能需要先进行用户注册和登录。用户按照系统提示填写真实有效信息并通过邮箱验证进行注册，完成注册、登录后就可以正常使用系统的全部功能。

系统收录了一百多个国家、地区和组织的专利数据。中国专利数据每周二和周五更新，滞后于公开日三天，国外专利数据每周三更新，引文数据每月更新，同族数据每周二更新，法律状态数据每周二更新。

（2）欧洲专利局专利信息资源。

欧洲专利局（European Patent Office，简称 EPO）是根据《欧洲专利公约》（EPC）成立的一个政府间组织，其主要职能是负责欧洲地区的专利申请的审查、批准及欧洲专利授权公告后异议的审理以及文献出版工作。目前，EPO 共有 38 个成员国，其授权专利在 44 个欧洲国家生效（除成员国外，还包括 2 个延伸国和 4 个批准国）。

EPO 开发了多种专利信息平台和工具，根据所侧重的专利信息类型不同，可划分为技术类专利信息资源、法律类专利信息资源和商业类专利信息资源。Espacenet（网址：https：//worldwide. espacenet. com）是EPO 开发的免费专利信息检索数据库，收录了全球一百多个国家的超一亿件专利文献，是最大的单一技术信息来源之一。研发人员可利用 Espacenet 开展专利文献检索、翻译，跟踪新兴技术进展，寻求技术问题的解决方案，了解竞争对手动向。European Patent Register（欧洲专利登记簿，网址：https：//register. epo. org/regviewer）可检索 1978 年以来EPO 公布的欧洲专利申请以及指定欧洲的 PCT 申请的信息。通过该系统，用户可检索一件专利从申请、审查到授权、异议、上诉或权利终止等全过程中的著录项目信息、同族信息和法律状态信息。Patent Insight Reports（专利洞察报告，网址：https：//www. epo. org/searching-for-patents/business/patent-insight-reports. html）是 EPO 针对未来和新兴技术领域发布的专利分析报告，旨在为社会公众，特别是非专业的专利信息使用人士提供这些领域有价值的见解，并帮助他们利用专利信息了解一个特定技术领域。研究报告的选题来自未来新兴技术、社交媒体、公共资助研究、EPO 内部建议和学术界。

（3）美国专利商标局专利信息资源。

美国专利商标局（简称 USPTO）通过其官方网站（https：//www. uspto. gov）向公众发布美国专利申请及专利信息，以及提供专利及商标相关服务。USPTO 官网提供的与专利相关信息与服务资源主要包括：Patent Public Search（专利检索系统）、Patent Center（专利电子申请管理和查询系统）、PTAB Decisions（专利审判与上诉委员会审查决定）、Patent Assignment Search（专利权转移查询数据库）、Global Dossier（全球主要国家专利申请案卷信息查询数据库）、Patent Official Gazette（专利公布电子版），以及 Search Published Sequence（专利序列数据库）等。

（4）日本特许厅专利检索及分析系统。

日本特许厅（以下简称 JPO）现为隶属于经济产业省的政府机构。日本特许厅网站是 JPO 建立的政府性官方网站，JPO 通过该网站发布公告和政策动向，并提供专利信息检索和查询相关的服务。J-PlatPat 平台（网址：https：//www.j-platpat.inpit.go.jp）支持特许（即发明）、实用新案（即实用新型）、意匠（即外观设计）、商标和专利审判文献的检索，检索方式上主要分为关键词检索、文献编号检索以及检索式检索。作为辅助功能，平台还支持对发明、实用新型和外观设计的分类号进行查询检索。

（5）世界知识产权组织专利信息检索资源。

世界知识产权组织（World Intellectual Property Organization，WIPO）是依据 1967 年 7 月在瑞典斯德哥尔摩签订的《建立世界知识产权组织公约》设立的联合国机构，目前共有 193 个成员。WIPO 为跨境知识产权保护和国际知识产权争议解决提供全球化服务。

在《专利合作条约（PCT）》下，提交一件国际专利申请，申请人可以在全世界大多数国家寻求对其发明的专利保护。《商标国际注册马德里协议》提供了全球商标注册和管理的解决方案。在工业品外观设计国际注册海牙体系下，提交一件国际申请，可在 77 个缔约方注册外观设计。地理标志里斯本体系，提供了在多国为原产地名称寻求保护的渠道。

世界知识产权组织的官方网站（https：//www.wipo.int）用于向公众提供知识产权服务、知识产权政策、知识产权领域合作与知识产权信息。WIPO IP Portal 是由 WIPO 提供的在线知识产权服务的统一平台，提供了 3 个检索数据库的入口，分别是用于专利（发明和实用新型）检索的 PATENTSCOPE、用于商标检索的全球品牌数据库（Global Brand Database），以及用于外观设计检索的全球外观设计数据库（Global Design Database）。

146

二、专利申请的简要流程

根据国家知识产权局公布的《知识产权政务服务事项办事指南》（2023 年 2 月），专利申请简要流程如下：

（一）准备申请材料

（1）申请发明专利应当提交以下文件：发明专利请求书、说明书摘要、权利要求书、说明书，必要时还应当提交说明书附图。

（2）申请实用新型专利应当提交以下文件：实用新型专利请求书、说明书摘要、权利要求书、说明书、说明书附图。

（3）申请外观设计专利应当提交以下文件：外观设计专利请求书、外观设计图片或照片、外观设计简要说明。

（二）选择提交方式

1. 网上提交

采用电子形式办理的，专利申请人可通过专利业务办理系统，提交电子申请文件。可以通过专利业务办理系统（https：//cponline.cnipa.gov.cn）注册为用户，在专利业务办理系统撰写电子申请文件。

2. 当面提交

采用纸件形式办理的，专利申请人可以通过国家知识产权局业务受理大厅的受理窗口、地方知识产权业务受理窗口（专利代办处）当面提交纸件申请文件。

3. 邮寄提交

采用纸件形式办理的，纸件申请文件也可通过邮局邮寄的方式提交。各地方知识产权业务受理窗口（专利代办处）邮寄地址，由国家知识产权局以公告形式公布。

（三）受理审查

国家知识产权局专利局收到专利申请文件后，进行受理审查。专利申请文件未出现《专利法实施细则》中规定的不受理情形的，国家知识产权局专利局予以受理。给予申请号，确定申请日，发出专利申请受理通知书和缴纳申请费通知书。对于申请人依据《专利收费减缴办法》请求减缴专利费用的，国家知识产权局专利局发出收费减缴审批通知书。

（四）缴纳费用

申请人应当自申请日起 2 个月内或者在收到受理通知书之日起 15 日内，按照缴纳申请费通知书或者收费减缴审批通知书中规定的金额缴纳专利费用。申请人可以注册并登录专利业务办理系统进行网上缴费，也可以在国家知识产权局业务受理大厅收费窗口、地方知识产权业务受理窗口（专利代办处）收费窗口当面缴费，或者通过银行和邮局转账（应备注申请号及费用种类和金额）。

（五）办理进度查询

（1）电话咨询：（010）62356655。
（2）当面咨询：国家知识产权局业务受理大厅、地方知识产权业务受理窗口（专利代办处）。

（六）办理结果

（1）专利申请予以受理的，国家知识产权局专利局发出专利申请受理通知书以及缴纳申请费通知书。
（2）专利申请不予受理的，国家知识产权局专利局发出不予受理通知书。

三、典型应用场景与专利申请示例

企业研发项目具有复杂性、系统性和不确定性三个主要特点。根据企业研发项目的特点，可进行技术分析，即按照研发项目需要达到的技术效果或技术架构进行逐级拆分，直至每个技术点，以技术创新点为基础单元提炼总结技术方案，进行专利申请。

（一）机械领域的专利申请

机械领域是发展悠久的技术领域之一，子领域众多，覆盖范围广泛，从轴、齿轮等传统机械到机器人、飞行器等现代机械，技术跨度大，交叉学科多。机械领域的改进目标通常明确，一般都会涉及提高效率、精度、可靠性、安全性，延长寿命，缩小体积，维护方便，降低成本、能耗、排放等。在明确改进目标的情况下，技术人员的创新通常会遵循一定的设计路线，在现有的基础上进行添补式、更替式改进。机械领域申请专利时，应关注以下方面。

1. 充分检索现有技术

机械领域的专利申请量大，种类多，专利公开数量多，此外行业期刊、展览展销会等也会涉及相关技术和产品的公布，这些都导致机械领域的相关现有技术较多，因此在专利申请前应对现有技术进行充分的检索，以保障专利申请的授权。

2. 充分覆盖保护客体

对机械产品而言，通常既可申请发明专利，也可进行实用新型专利申请，当产品或产品的局部外观独特时，也可以申请外观设计专利。有时，对同一件机械产品而言，可以同时申请发明、实用新型、外观设计三种专利类型，以充分覆盖保护客体。

3. 适宜上位保护技术特征

在机械领域内，为获得尽可能大的保护范围，权利要求或保护主题可适宜进行上位概括，如采用"功能词＋万用词"这样的表述方式，功能词是指该部件的作用是什么，如连接、遮挡、转动等，万用词是部、件、装置、设备等，从而将其表述为连接部、连接件、连接装置、连接设备或遮挡部、遮挡件，等等。但需要注意的是，此类上位表述是一把双刃剑，虽然扩大了保护范围，但也增加了无法授权或被宣告无效的风险，在专利申请时应仔细衡量，必要时可通过从属权利要求来进一步限定。

4. 充分扩展技术层次

产品结构的改进，一般对应工艺方法和控制方法的改进。一种系统或形成生产线，往往由多台设备组成，每台设备又包含多个零部件，对于每个设备以及设备中的部件和功能模块，只要有技术改进，都可以考虑从其自身进行专利申请，并向上一层次进行扩展，如扩展至设备、系统或生产线。

5. 布防产业链上下游

许多机械产品是由不同的零部件供应商提供配件，再由整装厂商完成装配，过程涉及许多上下游企业，涉及众多参与者。在申请专利时应将产品从设计、投产到销售、使用各个环节可能涉及的参与者都假定为侵权对象，针对性设置权利要求和多重专利组合，以应对上下游各环节可能发生的专利侵权。

（二）机械领域专利申请示例

A 汽车是甲公司自主研发的 DM 二代混合动力车。以下是关于该汽车的部分专利展示，仅供参考。

在概念设计阶段，就整车布置草图设计，对车内各子系统的布置进行专利申请，以双离合变速器为纽带，将发动机与电动机的动力有机结合，形成并申报"一种混合动力系统及包括该系统的车辆"实用新型专利。整车布置草图设计后，就可以进行车辆造型设计了，甲公司对车辆外形及内饰等申请外观设计专利，如"整车""前组合灯""后组合灯"。

在工程设计阶段，就动力工程设计，针对发动机改进，申报"节气门系统及其控制"发明专利；针对电动机改进，申报"电子转子及电机"发明专利，申报"电机绕组的绕线方法及电机"发明专利；针对电池改进，申报"电动汽车用动力电池"发明专利和"锂离子电池及电池组"实用新型专利。就底盘工程设计，针对驱动系统改进，申报"驱动系统及车辆"的发明专利和实用新型专利；针对驱动电机控制，申报"电机转速控制方法"发明专利；针对制动系统改进，申报"制动器及制动能量回收系统"发明专利。就车身结构及内外饰改进，申报"车用电池安装结构"实用新型专利，申报"安全带导向件"发明专利。

车辆投产后，还需申报"平衡电网负荷的电池储能电站"发明专利。

（三）信息技术领域的专利申请

信息技术行业主要涉及硬件、软件以及网络和通信技术，还包括各种传感器、控制芯片、移动终端、业务系统、云计算、大数据、人工智能等。信息技术一般涵盖三个层级，第一层是硬件，主要指数据存储、处理和传输的设备；第二层是软件，包括可用来获取、存储、处理数据和信息的各种软件；第三层是应用，包括分析、评估、使用各种数据和信息。

信息技术领域申请专利时，硬件产品改进可参考机械领域的介绍，除此之外，还应关注以下方面。

1. 专利申请应及早进行

信息技术领域技术更新换代速度快，迭代周期短，尤其是 APP 等软件产品的生命周期更短，然而无论何种类型的专利申请都需要一定的时间才能获得授权，因此专利申请应及早进行。但是，专利的公开性与产品创意的保密需求又存在矛盾，作为一种应对策略，可以巧用专利制度进行化解。我国实用新型专利和外观设计专利，一般在专利授权公告后才公开，未授权的实用新型专利和外观设计专利不公开。我国发明专利，经过初步审查符合要求的，自申请日起满十八个月即行公布，国家知识产权局也可以根据申请人的请求早日公布其申请。因此发明专利可以至少有十八个月的不公开期限，实践中因大多数发明专利在申报时就选择了提前公开和申请实质审查，所以很可能会忽略该自主选择项。

2. 提炼模式创新的技术性

信息技术领域的创新涵盖了大量的"模式创新"，根据专利法的规定，单纯的商业模式不属于专利法保护的客体，不能获得专利授权。对于基于物联网、大数据、移动互联网、人工智能等管理和应用，既有模式创新，也涉及技术创新，应提炼相关创新的技术性，面对待解决的技术问题，介绍采用的技术手段，评价获得的技术效果，形成专利法意义上的技术方案。

3. 软件的保护

在现行的专利审查政策下，计算机程序本身、单纯的算法、数据结构等一般被认为属于"智力活动的规则和方法"，不能获得专利授权。然而，并非涉及计算机程序的发明创造就没有获得专利授权的可能，软件产品可分为数据处理层、业务逻辑层和显示交互层三个实现层级，根据软件功能进行分解，按参与主体、数据流向、处理步骤进行方法类型的发明专利发掘。同时，向下可着眼具体算法的实现，向上可着眼界面交互设计，横向可扩展到其他应用场景和替代实施方案，扩展可专利的技术层次和范围。对于软件产品，除申报专利外，还可申请软件著作权保护。

4. GUI 外观设计专利申请

GUI，即图形用户界面，可申报外观设计专利。除参照普通外观设计专利申请流程外，GUI 外观设计专利申请还应关注以下方面：注意专利申请是否为 GUI 专利的保护客体，注意 GUI 专利图片或照片一定要有产品轮廓（例如手机、电脑等），注意各图片之间的比例是否一致，注意隐藏账号、人名、联系方式等敏感信息，注意输入法、光标箭头对图片或照片的遮挡，注意须清晰地明确各界面之间的切换方式及手段（比如点击某位置、某手势等）。

（四）信息技术领域专利申请示例

以下是关于某互联网公司的"××"即时通信 APP 的部分专利展示，仅供参考。

××"摇一摇"功能最初的应用需求在于提高用户输入的便捷性和趣味性，其采用加速度传感器检测用户摇手机的动作，从而触发后续操作，基于原始技术构思申报发明专利"指令触发方法和系统以及用户推荐方法和系统"。类似"摇一摇"的业务逻辑和流程，可用于不同的场景，如进行浏览器刷新，申报发明专利"移动终端浏览器页面刷新方法及移动终端"；更换桌面背景，申报发明专利"资源更换方法、装置及终端"。

××"摇一摇"还申报了外观设计专利，如"带图形用户界面的手机""带图形用户界面的通信装置"。

第二节　企业商业秘密风险规范管理

商业秘密作为企业重要的无形资产，关系着企业的核心竞争力和市场优势的维护，甚至可以决定企业的生死存亡。科技创新类企业以技术为核心竞争力，更需要树立商业秘密保护法律意识，建立涵盖企业技术研发、产品生产、销售使用、售后维护等全流程的商业秘密保护制度体系，以有效保护企业的商业秘密。

技术研发项目的立项和研发是两个不同的管理环节，是企业创新技术诞生的基础。前者决定着企业技术发展的方向，部分尖端企业甚至可以通过将正确技术路线商业秘密保护与错误技术路线专利布局相结合，引导竞争企业推进错误技术路线开发，从而获取竞争优势；后者是企业迈向技术进步的阶梯，成功或失败的研发数据对于企业发展均有重要意义。因此，在企业技术研发项目管理中，立项、研发环节形成的诸如技术决策、技术方向、实验数据等信息，都应当被纳入商业秘密的管理和保护范围。

一、商业秘密规范管理的法律制度与司法现状

（一）商业秘密保护的法律渊源

商业秘密归属于知识产权大类，但我国对于商业秘密的保护并未形成诸如《著作权法》《商标法》等单行法，而是散见于《民法典》《反不正当竞争法》《刑法》《中华人民共和国劳动合同法》（以下简称《劳动合同法》）等诸多法律法规及司法解释中。

1.《民法典》

我国《民法典》第一百二十三条、第五百零一条和第一千一百八十五条规定了商业秘密是知识产权保护的客体，并对侵犯商业秘密应承担的民事赔偿责任及惩罚性赔偿适用条件等作出了明确的规定。

2. 《反不正当竞争法》和最高人民法院关于商业秘密的司法解释

1993 年 9 月 2 日第八届全国人大常委会第三次会议通过的《反不正当竞争法》第九条对商业秘密保护作出专门规定。《反不正当竞争法》分别于 2017 年和 2019 年进行两次修改，均保留了商业秘密保护条款。2020 年 9 月 12 日《最高人民法院关于审理侵犯商业秘密民事案件适用法律若干问题的规定》（法释〔2020〕7 号）正式施行，2022 年 3 月 20 日《最高人民法院关于适用〈中华人民共和国反不正当竞争法〉若干问题的解释》（法释〔2022〕9 号）正式施行。《反不正当竞争法》商业秘密专条和两部最高人民法院关于商业秘密的司法解释，构成了我国商业秘密保护的主体法律制度框架。

3. 《刑法》

我国《刑法》第二百一十九条规定了侵犯商业秘密罪。2020 年《刑法修正案（十一）》在原条款基础上增加"贿赂""欺诈""电子侵入"等侵犯商业秘密罪犯罪行为，并新设为境外窃取、刺探、收买、非法提供商业秘密罪。

4. 《劳动合同法》

我国《劳动合同法》第二十三条规定了用人单位与劳动者可就用人单位商业秘密签署保密协议，从而维护用人单位合法权益。

（二）企业商业秘密保护司法实践概况

2019 年到 2024 年间，统计侵害商业秘密民事案件裁判文书共计 2060 件，其中撤回/驳回率为 53.49%；判决书（含一审、二审）430 件，其中，一审全部或部分支持率仅有 25%。近 5 年的侵犯商业秘密刑事案件仅有 151 件，同期，著作权刑事案件共有 752 件，商标权刑事案件共有 15129 件。

总体来看，商业秘密民事案件撤回/驳回率较高，维权较难，而刑事案件数量相比其他知识产权刑事案件明显较少，商业秘密司法维权途径较为艰难，但仍可通过现有案件梳理涉商业秘密案件关键点。

此前，笔者曾对截至 2024 年的近三年间近 200 份公开的民事判决文书进行统计和梳理，其中绝大多数的侵犯商业秘密的案件都是离职或在职员工泄露或使用商业秘密，泄密重灾区为技术人员，他们天然地持有公司商业秘密；其次是公司领导层，他们基于自己的职能可轻松接触商业秘密，或要求下属提供相关资料。从实践中可以总结出，立项、研发环节因其固有的公司领导层的密切接触便利和技术人员密集性，更易被恶意第三方突破，成为商业秘密泄露的源头。

二、企业商业秘密风险规范管理指引

（一）商业秘密风险识别

风险识别是企业进行合规建设的基础。企业应当根据自身行业特点、立项研发环节流程、员工管理等准确识别自身存在的商业秘密风险，进而制定完善、有效、可执行的商业秘密合规管理体系。

1. 商业秘密识别要素——商业秘密的"三性"

根据我国《反不正当竞争法》第九条规定："本法所称的商业秘密，是指不为公众所知悉、具有商业价值并经权利人采取相应保密措施的技术信息、经营信息等商业信息。"商业秘密应当具有非公知性、保密性和价值性。只有某项信息在同时满足商业秘密三要件的前提下，该信息才能受我国商业秘密法律的保护。

2. 常见商业秘密风险类型

类型一：以盗窃、贿赂、欺诈、胁迫、电子侵入或者其他不正当手段获取权利人的商业秘密。

司法实践中，本类型最典型的情形是员工利用职务之便违法获取公司商业秘密，即使员工仅是将商业秘密违法获取（如拷贝至优盘、发送至邮箱），仍然构成本类侵犯他人商业秘密。

案例

孙某某、甲工业公司侵害技术秘密纠纷案

2001 年至 2018 年期间，孙某某任职甲工业公司，在其签署的劳动合同及员工手册中，均明确其承担保密义务：不得向任何其他主体披露、泄露公司的任何保密信息；办理离职手续时应当将商业秘密载体归还。2018 年 1 月起孙某某从公司系统大批量下载了近七十万张产品图纸并转移至外接存储设备。法院认为孙某某的行为使得涉案技术秘密面临被披露和使用的风险，且孙某某对该转存行为也未能作出合理解释，其行为构成以其他不正当手段侵犯商业秘密行为。

类型二：披露、使用或者允许他人使用以前项手段获取的权利人的商业秘密。

本类型一般与类型一相关联，如员工将非法获取的商业秘密提供给第三方，第三方使用商业秘密，则员工和第三方的行为均在类型二所规定范围内。

案例

"××"技术秘密惩罚性赔偿案

2012 至 2013 年期间，华某在甲公司工作期间，利用其××产品研发负责人的身份，以撰写论文为由向任职单位的子公司乙公司的生产车间主任李某索取了××生产工艺技术的反应釜和干燥机设备图纸，还违反公司管理制度，多次从其办公电脑里将公司的××生产项目工艺设备的资料拷贝到外部存储介质中。华某非法获取公司××生产技术中的生产工艺资料后，先后通过 U 盘拷贝或电子邮件发送的方式将公司的××生产工艺原版图纸、文件发送给刘某、朱某、胡某等人，并且对××生产工艺技术进行

了使用探讨，后由胡某对设计图进行修改，并负责相关设备的采购。以刘某为法定代表人的丙公司利用华某非法获取的××生产工艺及设备技术生产××产品，并向国内外销售。法院二审改判丙公司赔偿甲公司、乙公司经济损失 3000 万元及合理开支 40 万元，华某、刘某、胡某、朱某对前述赔偿数额分别在 500 万元、3000 万元、100 万元、100 万元范围内承担连带责任。

类型三：违反保密义务或者违反权利人有关保守商业秘密的要求，披露、使用或者允许他人使用其所掌握的商业秘密。

在企业已开始重视商业秘密，与核心人员签署保密协议的保护背景下，该类型案例最为多发，承担保密义务的员工违反保密协议，侵犯企业权益，企业可以劳动者违反保密协议为由通过劳动争议进行处理，也可以根据《反不正当竞争法》的规定进行处理。

案例

"×××"技术秘密高额判赔案

嘉兴甲化工公司、上海乙新技术公司拥有制备×××工艺的技术秘密。甲化工公司基于该工艺一跃成为全球最大的×××制造商，占全球市场约 60% 的份额。丙集团公司及其法定代表人等通过甲化工公司×××车间副主任非法获取了该技术秘密，并使用该技术秘密工艺大规模生产×××产品，导致×××产品价格下滑，甲化工公司的市场份额缩减。法院二审改判丙集团公司及其法定代表人等连带赔偿 1.59 亿元。该案是人民法院历史上生效判决确定赔偿数额最高的侵害商业秘密案件。

为了适应全球化趋势，企业之间的分工与合作愈加紧密，而在这个过程中，商业秘密可能会面临被泄露或不当使用的风险。

"×××"小程序案

甲公司为"×××"小程序源代码技术秘密的权利人。该公司主张乙公司与其签订了×××源代码使用许可合同，乙公司依约获取涉案软件源代码后，违反合同约定保密义务，在公共网站披露该源代码，故甲公司向法院提起诉讼，请求判令乙公司及其唯一股东丙公司连带赔偿经济损失5000余万元并消除影响。一审法院判决乙公司、丙公司连带赔偿500万元。二审维持原判。

类型四：教唆、引诱、帮助他人违反保密义务或者违反权利人有关保守商业秘密的要求，获取、披露、使用或者允许他人使用权利人的商业秘密。

该类型主要针对负有保密义务之外的第三人，如其明知权利人有关保守商业秘密的要求，仍教唆、引诱、帮助他人违反保密义务，构成该情形。在司法实践中类型四与类型三往往也是相联系的。

> 案例

甲公司与乙公司侵害商业秘密纠纷案

谭某系甲公司员工，任商务部商务顾问，签署有保密条款。在任职期间，谭某违反合同保密义务和原告有关保守商业秘密的要求，将自己掌握的甲公司商业秘密以买卖方式披露给乙公司的股东和监事罗某某，从中牟利。乙公司明知谭某的身份，引诱谭某违反合同保密义务和甲公司有关保守商业秘密的要求，实施上述违法行为，用于乙公司生产经营活动。法院判决谭某、乙公司连带赔偿甲公司经济损失。

（二）商业秘密风险检测

检测企业内部潜在的商业秘密风险，是构建企业技术研发项目商业秘密合规管理体系的前提和基础。这有助于企业更好地认知和审视自身，结合企业/行业自身特点，参考相同/相似行业的商业秘密管理经验，通过企业商业秘密体检的形式开展技术研发项目的商业秘密风险检测工作。

根据多年实践经验，目前最为有效的商业秘密风险检测方法为流程梳理法，将企业技术在技术研发项目的立项、研发以及产品生产、上市环节的所有流程进行拆分，分析每个细节流程背后可能存在的商业秘密合规风险，进而形成商业秘密风险检测统计表。

表 5-1 为商业秘密风险检测统计表模板，可参照使用。

表 5-1　商业秘密风险检测统计表

阶段	商业秘密构成要件	风险	建议
立项研发	/	1. 商业秘密不具有载体	1. 梳理提炼商业秘密的秘密点信息； 2. 梳理过程中需注意不要将秘密点内容过于限缩，以至于侵权人容易绕过
	非公开性	2. 预计形成的技术此前已被他人以合法的手段公开	1. 建议在该项目成果出具前进行公开性检索，确保可检索渠道无相同/相似技术信息； 2. 如该技术为必要技术，且已被他人合法公开（如申报专利），可通过授权形式使用该技术
		3. 通过学术论文、展会等方式公开商业秘密	通过培训、增加保密条款等方式约定工作范围内的技术和方法不得以讲座、技术交流、发表论文等任何形式泄露
	保密性	4. 关键员工入职未做背景调查	对于入职员工进行背景调查，除对入职员工工作能力进行考察外，需确定该员工是否与前公司签署保密协议及竞业限制协议
		5. 未与关键员工签署保密及竞业限制协议	签署完善的保密及竞业限制协议
		6. 部分员工可掌握全部保密信息	根据研发步骤及范围，使得可获知保密信息的员工所掌握的保密信息为分段式的

续表

阶段	商业秘密构成要件	风险	建议
立项研发	保密性	7. 公司内没有保密规章制度	1. 建立完善的保密规章制度，规章制度内容包括但不限于保密内容、保密文件传递方式、解密流程、来访人员接待、电脑及互联网使用规范、废弃电子设备处理等； 2. 对员工进行保密培训与宣讲； 3. 各项文件的流转、员工培训应当保存证据
		8. 公司内未采取物理保密措施	可通过设置保密会议室、电脑加密、文件传输加密、禁入区域等完善物理保密措施
		9. 黑客泄密	1. 对于留存保密信息的电脑须确认未安装盗版软件，防止他人通过盗版软件后台侵入； 2. 定期对网络进行扫描、监测，及时发现侵权情况或泄密隐患，降低损失
		10. 与合作科研院所之间未在协议中约定权利归属，未签署保密协议	1. 与合作科研院所签署协议，明确技术权利归属； 2. 与合作科研院所签署保密协议，科研院所及员工均应当承担相应保密义务
		11. 员工离职审查	1. 需要对员工任职期间（尤其是离职前）接触、查阅过的商业秘密做证据保留处理，避免员工离职后侵犯商业秘密无保存证据； 2. 员工离职后应当及时注销员工 OA 账号（但仍需保留员工操作记录），将员工从涉密群聊中移出

阶段	商业秘密构成要件	风险	建议
产品生产	保密性	1. 没有与生产线基建厂家、原材料供应商等合作方签署保密协议	1. 签署完善的保密协议； 2. 合作方考察期间需要遵循公司内来访人员接待等规章制度
		2. 与没有生产线员工签署保密协议	1. 签署完善的保密及竞业限制协议并定期培训宣讲； 2. 保留证据
		3. 商业授权许可协议约束不规范	1. 严格审查目标技术秘密； 2. 订立相应的合同； 3. 确保相应技术的落地实施
产品上市	保密性	在维权中提交文件不够审慎	1. 维权过程中提交与技术信息有关的技术材料应限制在最小范围内； 2. 如可以实现，需要与文件接收方签署保密协议，要求进行保密处理

（三）企业商业秘密合规管理体系建设

正如前文所述，绝大多数的侵犯商业秘密案件都是因离职/在职员工泄露或使用企业商业秘密而起，因此，要做好企业商业秘密管理工作，核心就是需要管理好与商业秘密存在接触关系的企业工作人员。在此基础上，可以采用三步法来建设企业商业秘密合规管理制度体系。

1. 全面体检

建设企业商业秘密管理制度的第一步是对企业进行体检，进行秘密点的归纳与总结，锁定涉密人员。企业可通过访谈摸底调查，对本企业的潜在商业秘密信息进行梳理、分析、分级，发现企业存在的商业秘密保护具体问题，拟定符合企业自身战略及适应发展阶段的商业秘密保护方案。在技术研发项目的立项阶段，技术战略规划者是其商业秘密保护的核心人物，在确定技术发展方向时尽量缩小知情人范畴并要求知情人签署保密协议，重要会议须在保密会议室进行，避免商业秘密泄露。在技术研发项目的研究阶段，实验室是其商业秘密保护的核心场所，重点理清实验数据、技术方案等保密信息（当然同样涵盖失败的数据），以及以实验室核心技术人员为主的接触人员、商业秘密形成后的流转途径，以接触人员为中心、以流转途径为轴线设计商业秘密保护方案。

2. 建立规范

建设企业商业秘密管理制度的第二步是通过明确涉密员工职责，根据企业持有的商业秘密特点，量身打造适合企业管理需要的制度体系，制定配套保密制度和文件体系。企业设计商业秘密保护方案时，可以按内部和外部进行划分，以不同的商业秘密流转途径为导向进行设计。企业内部的保密管理制度体系的核心在于员工。在本阶段，必要时可对核心技术人员进行背调，确认涉密员工曾入职企业的主要技术领域、是否签署过保密协议或者竞业限制协议，防止侵犯他人商业秘密。如甲公司前工程师被指控在跳槽乙公司前窃取了甲公司的商业机密，但因该工程师在入职乙公司当日便签署知识产权合规文件，无证据证明工程师行为与乙公司相关，员工入职隔离的手段大大降低了乙公司自身的风险。明确员工职权职责，根据员工职责确定会接触到或者应当接触到哪些保密信息，将商业秘密流转情况嵌入公司商业秘密合规中。对于离职员工，应当梳理签署的保密协议或竞业限制协议，并进行一段时间的员工流向追踪。而企业外部的保密合规则与合作方密不可分。考虑到科技创新类企业多与各大高校、科研院所等保持密切联系，常有共同开发/委托开发技术的情形，在实际经营中也常有与其他企业合作进行技术开发或产业生产、销售合作等情况，故在商业秘密合规管理中也应当注意各合作主体之间的保密管理，在签署各类合作协议时应当尤为谨慎，应对相关商业秘密保护提出明确的要求。

3. 落地执行

建设企业商业秘密管理制度的第三步，也是最为重要的一步，是商业秘密管理制度本身的落地执行，并须采取定期绩效考核制度审视管理实效。企业制定了具体商业秘密保密措施，需要与相关工作人员签订保密协议，分层次培训与宣导，明确内部职权职责，增强普通员工保密意识，保留员工接触商业秘密信息的证据，从员工和企业两个层面分别实现员工保密制度的建立、保密文件的签署和留痕、保密意识和保密能力的提升。在企业商业秘密管理制度日常执行过程中，避免员工因长期的保密行为产生抵触或懈怠情绪进而给不法分子可乘之机，可在公司内部设立保密委员会，由保密委员会定期或不定期对各部门员工进行考核，有效检视管理状态，不断提升员工的保密意识，实现保密常态化；同时对保密委员会的工作通过定期绩效考核制度进行评价，在公司内部形成良好的制度执行循环。

三、企业商业秘密规范管理评估

企业商业秘密规范管理建设不是一成不变的，需要根据企业发展情况、科技发展情况不断迭代升级，也应当通过科学、合理的合规评估方法，检阅审视企业商业秘密规范管理体系中是否存在疏漏，以求形成完备、科学的合规管理体系，符合企业的发展要求。

在评估企业商业秘密合规管理制度时，可以采取以下几种评估方式：

（一）文件审阅

文件审阅是最直接的合规体系有效性评估方法，可根据企业内部系统中的文件流转、文件上的处理踪迹（如批注）进行追踪，对于商业秘密合规管理制度的实际运行情况进行核验。

（二）个别访谈

可通过随机抽取的方式选择企业员工、管理人员，外部合作机构人员进行秘密访谈，以了解在各个环节是否做到了遵守商业秘密管理制度。

（三）现场调查

随机抽查在立项、研发环节最可能发生商业秘密风险的岗位，检测现有商业秘密管理体系是否可有效阻止风险事件的发生。

（四）知识测试

知识测试旨在检验对合规知识的理解和掌握程度，企业可定期或不定期地开展商业秘密管理制度专项测试。

（五）综合分析

通过上述一种或多种方式对商业秘密管理制度进行评估，对所获取的数据进行综合分析，得出评估结论，最终提出改进意见和建议。

第三节　技术交易（科技成果转化）中的知识产权规范管理

科技成果转化是指为提高生产力水平而对科技成果所进行的后续试验、开发、应用、推广直至形成新技术、新工艺、新材料、新产品，发展新产业的活动。科技成果转化过程中最重要的环节是技术交易，也称技术转让。改革开放四十多年来，我国科技成果转化呈现加速发展的态势，成为推动经济建设和社会进步的强大引擎。

一、技术交易（科技成果转化）的法律规范

在技术交易（科技成果转化）领域，围绕科技体制改革、企业和高校院所、科技人员、财政税收、金融等方面，先后制定/修订了《民法典》《专利法》《中华人民共和国科学技术进步法》（以下简称《科学技术进步法》）、《促进科技成果转化法》等法律、司法解释及规范性文件，建立并发展了技术市场、科技企业孵化器、高新技术产业开发区和生产力促进中心等平台，推进新兴产业发展，实施创新驱动发展战略等。随着规范技术交易（科技成果转化）的法律制度不断完善，各级各地政府陆续推出了多种促进技术交易（科技成果转化）的政策措施，有力推进了国民经济发展。

（一）《民法典》

我国《民法典》第八百八十三条至第八百八十七条对技术合同的定义、主要条款，以及技术开发、转让、许可、咨询四类合同作出了规定，明确了技术交易的类型以及技术交易双方的主要权利义务。

（二）《科学技术进步法》

《科学技术进步法》对科技基础研究、国家战略科技力量、国家创新体系、关键核心技术攻关、区域创新布局、科技开放合作等方面进行了详细的规定，体现了我国充分发挥科技创新作用，持续推动以科技创新为核心，建设科技强国的国家战略。

（三）《促进科技成果转化法》

《促进科技成果转化法》以促进科技成果转化为现实生产力为立法目的，规范科技成果转化活动，涉及组织实施、保障措施、技术权益、法律责任等内容。

（四）《最高人民法院关于审理技术合同纠纷案件适用法律若干问题的解释》（法释〔2004〕20号，2020年修正）

该司法解释对技术合同纠纷的管辖问题、技术成果归属问题、双方权利义务问题等作出了具体规定。

（五）其他规范性文件

（1）2014年10月28日，国务院发布了《关于加快科技服务业发展的若干意见》（国发〔2014〕49号），将研究开发、技术转移、创业孵化等纳入科技服务业范畴。同年，国务院发布了《关于深化中央财政科技计划（专项、基金等）管理改革的方案》（国发〔2014〕64号），提出统筹衔接基础研究、应用开发、成果转化、产业发展等各环节工作。

（2）2015年3月13日，国务院发布了《关于深化体制机制改革加快实施创新驱动发展战略的若干意见》（中发〔2015〕8号），提出完善成果转化激励政策，包括下放科技成果使用、处置和收益权，提高科研人员成果转化收益比例，加大科研人员股权激励力度，同时，建立高等学校和科研院所技术转移机制。

（3）国务院办公厅于2016年4月21日印发了《促进科技成果转移转化行动方案》（国办发〔2016〕28号）。2016年5月发布了《国家创新驱动发展战略纲要》（中发〔2016〕4号）、《关于强化实施创新驱动发展战略进一步推进大众创业万众创新深入发展的意见》（国发〔2017〕37号）等文件。2017年9月26日，印发了《国家技术转移体系建设方案》（国发〔2017〕44号）。

二、技术交易（科技成果转化）中的知识产权风险问题

通过在中国裁判文书网对 2018 年到 2023 年的生效裁判文书进行检索，涉及技术合同纠纷、专利合同纠纷、商业秘密合同纠纷案件裁判文书共计 14709 份（2024 年检索数据），从年份分布数量来看，有下降趋势，尤其是 2020 年开始下降明显。

厘清技术交易（科技成果转化）中的知识产权风险，首先需要明确技术交易的类型。技术合同主要包括以下几个类别：技术开发合同（委托开发合同、合作开发合同）、技术许可合同（专利实施许可合同、技术秘密使用许可合同）、技术转让合同（专利权转让合同、专利申请权转让合同、技术秘密转让合同）、技术服务合同和技术咨询合同。通过梳理上述司法裁判文书，以技术开发、许可、转让三大类别合同纠纷最多，所暴露出来的主要知识产权风险表现为：

（一）技术开发合同

1. 研发失败的风险

《民法典》第八百五十八条规定了出现无法克服的技术困难，致使研究开发失败或者部分失败的，该风险可以由当事人约定，以及规定了发现存在研究开发失败的情形时的通知及采取措施减少损失的责任。

2. 验收标准条款约定不明的风险

验收标准是研究开发后验收工作的操作标准和具体要求，用来确认开发完成的技术成果是否达到约定的技术指标，达到验收标准，则视为负责研究开发的一方完成了研发任务，达到了验收条件。如果没有达到验收标准，则无法达成交付，产生违约责任。

3. 成果归属及收益分配条款约定不明的风险

《民法典》第八百五十九条、第八百六十条规定了委托开发、合作开发完成的发明创造申请专利、实施专利以及专利转让的权利。《专利法》

第八条规定了两个以上单位或者个人合作完成的发明创造归属。从上述法律规定内容可知，《民法典》及《专利法》对于合作/委托开发所涉技术成果归属，仍是以当事人约定优先为原则，注重平衡双方当事人的权益，在双方没有约定的情况下，才根据法律规定进行确定。实践中，各方当事人在合作中常因技术成果归属及使用问题约定不明而出现各类争议。

（二）技术许可合同

1. 技术许可的核心要素约定不明的风险

核心要素包括许可对象、时间、范围、方式、地域等，因核心要素约定不明确，导致双方理解存在差异，进而在技术实施过程中产生分歧引发诉讼。

2. 保密信息泄露的风险

在技术交易磋商环节，极易引发技术秘密泄露事件，甚至存在竞争对手以技术交易为手段不当获得他人核心技术的现象发生。相关案情可参考本章第二节关于商业秘密的内容。

（三）技术转让合同

技术转让合同风险主要包括验收标准条款约定不明的风险、未经资产评估擅自转让风险、未按时进行专利权转让登记解除合同风险、专利权权属不清晰的风险，专利权存在被无效或侵权的风险等，此类合同风险涉及技术交易的每个环节。

三、技术交易（科技成果转化）中的知识产权规范管理指引

（一）技术交易（科技成果转化）风险识别与防范

如上所述的技术交易（科技成果转化）中的知识产权风险识别，是技术交易（科技成果转化）合规建设的基石，用于科技成果转化，应当根据不同行业的技术特点和交易方式，准确识别风险并制定出完善、有效、可

执行的技术交易（科技成果转化）方案。技术交易（科技成果转化）风险防范主要涉及以下两个方面。

1. 技术交易（科技成果转化）权利归属风险防范

明确的技术成果权利归属是进行技术交易的前提。如果技术供应商在拟议交易中对科技成果没有完全的处置权，或存在权利问题和所有权纠纷，将直接影响后续转化行为的有效性。

技术转让方应当确保转让的科技成果具有合法使用权，以避免科研人员和单位就科技成果的所有权发生纠纷。单位可以与科研人员协商确定工作职责，根据具体项目需求签订合同，在符合政策规定的前提下，明确职务发明的权益归属。在进行科技成果转化之前，可以通过签署协议来约定拟转化科技成果的所有权、转化方式以及未来的收益分配方式。

在进行科技成果转化之前，对科技成果的所有权做好调查工作是必要的。可以要求提供专利证书、权利要求书和年费缴纳凭证等文件，以确保科技成果的专利权合法有效。可以查阅专利登记簿的副本，以了解专利权的抵押、保全、许可实施、宣告无效以及强制许可等法律情况。如果技术成果属于共同所有，必须得到所有持有人的书面同意。如果选择将职务科技成果转化为转让方式，可以要求提供科技成果完成人放弃同等条件优先受让权利的声明。

2. 合同法律风险防范

在技术交易（科技成果转化）过程中，合同风险的处理对于促进技术交易的实施至关重要。

（1）合同主体必须符合法律规定。技术供应商必须是符合法律规定，有权进行技术转让，并具备民事行为能力的主体。科研小组不具备作为合同主体签订合同的资格，科研小组负责人也不得擅自代表高校或科研院所签署合同。

（2）合同权利义务及风险责任应明确具体。《最高人民法院关于审理技术合同纠纷案件适用法律若干问题的解释》（法释〔2004〕20号，2020年修正）第四十二条规定，如果技术合同的名称与约定的权利义务关系不相符，则应根据约定的权利义务内容来确定合同的类型和案由。权利和义务没有明确约定会直接影响到合同的性质，进而影响到合同的履行和违约责任承担等方面。特别是在技术开发合同中，可能存在研发失败、验收标准不明、成果归属和收益分配不清等风险；在技术许可、转让合同中，可能存在技术许可核心要素不明、未经评估擅自转让、延迟进行专利权转让登记导致解除合同、专利权无效或侵权等风险。

（3）在依法管理国家财产的情况下，在技术转让中，无论是知识产权流转所得还是从技术转让中获得奖励，都可能导致国有资产流失的风险。须严格遵循法律法规，加强监督管理，以防止国有资产损失。

（4）签署保密协议和实施保密措施。在进行技术交易时，与接触技术秘密的人员必须签署保密协议。建立商业机密保护制度，采取保密措施，如涉密文件纸质封面标识、电子文件水印标识、加密保存涉密信息载体、隔离信息保存场所、控制涉密信息访问权限等。

（5）研发人员的奖励和报酬事先商定。建议研发人员在奖励与报酬方面采取事先约定的方式，可以通过规章制度规定、劳动合同约定、专项约定等方式来明确奖励与报酬的计算标准、发放条件等，以避免约定不明导致技术成果在后期产生技术效益后发生巨额经济纠纷。

技术转移是一个综合性的过程，需要技术、商业、法律等各个领域的专业人才齐心协力，以确保各方能够全面控制风险。

（二）技术交易（科技成果转化）规范管理

从实践的角度来看，在研发试验、小规模试生产和技术商业化三个不同的技术研发阶段中的任何一个阶段，都可能发生技术交易（科技成果转化）。在进行技术交易时，不同阶段需要关注的合规管理要点各有不同。

在科技研发试验阶段进行技术交易时，需要着重考虑技术研究路线是否可行，如何分担技术失败风险，以及技术成果的知识产权归属问题，尤其是职务成果的产权归属。在实践中，需要特别重视处理职务成果中发明人的署名权和奖励报酬权，与研发人员达成适当的协议，尤其是在不同主体合作研发时，应该明确知识产权的归属。

在进行小规模试生产阶段的技术交易时，需要特别注意技术成果的知识产权保护策略，包括根据技术成果的特点来确定是通过专利保护还是技术秘密保护，并合理评估申请专利的时机、国家和地区等因素。在这个阶段，仍然有可能发生研发失败的情况，因此需要建立合理的损失分担原则。在小规模试验阶段，不仅可能需要设计、制造和购买专用生产设备和工具，建设生产线等，还可能会出现需要再投入开发经费的情况，因此在技术交易合同中需要明确约定这一点。

在技术成果转化阶段，通常表示技术创新已经成功落地，形成了可靠的商业化解决方案，具备了投放市场的潜力。技术交易在这一阶段可能会创造巨大的经济效益。在当前阶段，技术交易的方式主要有技术转让、实施许可和作价入股等。双方在进行交易时应充分考虑技术成果的商业价值，平衡各自的投入和预期收益，制定公平合理的交易价格、后续收益分配机制等条款。技术交易（科技成果转化）过程中，后续改进和改进成果的权利归属是至关重要的。

四、几种典型的技术交易（科技成果转化）方式实例

（一）授权许可模式

1. 背景信息

2019 年 6 月 28 日，某大学医学院官网成果转化项目公示，在某项目上，许可内容为某中国专利、某 PCT 专利及相关技术（公示中含专利申请号），其中的许可靶点为除保留靶点以外的其他靶点，授权苏州某医药公司实施，合同支付方式包括入门费、研发里程碑、销售里程碑、年净销售额提成、分许可费等付费节点。

2020 年 12 月 28 日，该大学医学院官网成果转化项目公示，在该项目上，许可内容为某中国专利、某 PCT 专利及相关技术（申请号与 2019 年公示内容一致），其中的许可靶点为保留靶点范围内的专利权以及相关技术秘密的使用权，授权上海某医药公司实施，合同支付方式包括入门费、研发里程碑、销售里程碑、年净销售额提成、分许可费等付费节点。

2021 年 1 月 18 日上海《解放日报》头版报道了上述成果转化项目，交易总额 11.28 亿元。

2. 案例分析

该案例的独特之处在于一项发明专利得到两次独家授权。由于苏州某医药公司在开发能力上存在限制，仅能对该专利的部分靶点实施，其他靶

点的实施权被授权给了上海某医药公司，这样一来，可以最大化实现目标专利技术的商业价值和社会意义。国内很少见到采用"专利拆分许可"技术转移的模式，但它具有一定的示范引领作用。国内高校和科研机构提高专利许可的比例，不仅有助于最大化专利价值，同时也对科技成果的后续研发和完善具有积极意义。

在上述案例中，作为技术成果最终转化实施的被许可方在考虑技术落地实施的风险时，在付款节点上设立了多个付款时间节点。除了专利技术以外，在转化技术领域还涵盖了相关的商业机密。通过精确选择合同技术范围，设计细致的履行节点，可以避免项目难以实施的风险。

根据国家知识产权局《2021 年中国专利调查报告》，专利转让转化技术团队能力不足是导致科技成果转化率低的主要原因之一。因此，技术成果要实现真正的成功落地和量产仍然面临许多不确定性。从实验室到生产车间，需要进行技术的放大复制，包括原材料、设备、运行参数和环节衔接等方面，这些都会影响产品的质量。因此，在整个转移转化过程中，需要将技术与法律结合，共同促成技术成果的转化。

（二）技术合作联合攻关模式

1. 背景信息

根据新华网、某大学新闻网报道，荣获第十九届中国专利金奖的"某装置及方法"，项目技术专利是某大学科研团队与某甲制药公司长期合作、联合攻关的成果，技术合同交易额 2600 万元。某甲制药公司、某乙制药公司应用该技术分别建成年产 5000 吨、3000 吨的某药品生产装置，建成后 3 年累计新增销售额超 4 亿元，累计节省运行费用 1.23 亿元，累计新增利润超 3 亿元。该项技术提出了新的反应方法与装置，使某药品产量增幅超 100%，同时实现了清洁化生产，提高了我国该药品产品的市场竞争力。

2. 案例分析

这个案例的要点是技术合作，通过高校的技术研发优势和企业的生产试验优势来相互补充，共同攻克难题。这种合作是以市场为导向，由多个主体共同进行合作来进行技术创新，其中包括委托开发和合作开发两种模式。企业常常与科研机构及大学合作，以技术合作的方式实现。这种方式适用于技术成熟度不高、市场成熟度高的成果，在这一过程中，技术研发失败是影响该技术成果转化的主要原因之一，也是这类技术合作开发合同中常见的风险。

对于合作中随时存在的研发失败风险，在合作前期，应对技术成熟度进行合理的评估。对于以市场为导向的技术合作联合攻关模式，在合作初期便应对研发失败的风险有合理的预判。

（三）作价入股转化模式

1. 背景信息

2018 年 3 月 30 日，国务院国有资产监督管理委员会官网发布央企联播，某院某所设备科技成果转化参股投资设立公司的总体方案在党组会、董事长办公会上通过，授权该院合规进行投资决策设立公司。该所将设备科技成果独占许可给某创客，某创客以独占许可使用权作为无形资产作价入股"双创"公司，由该所、创客、某基金三方共同出资设立南京某公司。该"双创"项目构建了创客、企业、外部投资者三环生态圈，开启了国有企业科技成果以独占许可给创客方式并作价入股"双创"公司的首例。

2. 案例分析

根据《中国科技成果转化 2021 年度报告》高等院校与科研院所篇所述，科技成果转化的常见方式包括科技成果转让、许可和作价出资这三种形式。以市场为导向，多个主体合作进行技术创新，并以该科技成果作为合作条件投资，促进市场主体基于技术与经济利益共享、风险共担的制度性联系。在技术转化过程中，除了技术许可模式中的技术落地风险外，待作价入股的技术评估是影响转化的主要原因。不同专家团队和评估方法导致评估结果不同，如在某科技公司与北京某大学技术合同纠纷案中，政府部门、行业协会、行业专家对于"某技术工业化项目"给出了 3 种不同的分析意见，也最终导致了项目失败产生纠纷。因此，在作价入股转化中，需要选取合适的评估专家和方法，提前评估项目可行性，合理预判研发失败风险，并在合同中设置合理的风险承担方式。

（四）交易具体实施例合同样本

1. 技术开发合同示例

技术开发（合作）合同

甲方：＿＿＿＿＿＿＿＿＿＿＿＿＿＿＿＿＿＿

法定代表人或负责人：＿＿＿＿＿＿＿＿＿＿＿

乙方：＿＿＿＿＿＿＿＿＿＿＿＿＿＿＿＿＿＿

法定代表人或负责人：＿＿＿＿＿＿＿＿＿＿＿

甲乙双方就共同参与研究开发＿＿＿＿＿＿＿项目（以下简称"研发项目"）事项，根据《中华人民共和国民法典》的规定，经双方当事人协商一致签订本合同。

第一条 本合同研发项目的要求详见附件1《项目内容说明书》。

第二条 本合同双方在研发项目中，分工承担如下工作：

＿＿＿承担研发项目的需求分析和功能分析。

＿＿＿承担研发项目的概要设计和功能设计。

＿＿＿承担研发项目的详细设计。

＿＿＿承担研发项目的基本功能研发、测试和试运行。

第三条 研究开发计划

3.1 ＿＿＿年＿＿＿月＿＿＿日前完成委托项目的需求分析和功能分析。

3.2 ＿＿＿年＿＿＿月＿＿＿日前完成委托项目的概要设计和功能设计。

3.3 ＿＿＿年＿＿＿月＿＿＿日前完成委托项目的详细设计。

3.4 ＿＿＿年＿＿＿月＿＿＿日前完成委托项目基本功能的研发。

3.5 ＿＿＿年＿＿＿月＿＿＿日前完成委托项目的测试、调试并试运行。

第四条　技术资料和条件的提供

4.1　甲方提供本研发项目下_____技术的技术资料和条件。

4.2　乙方提供本研发项目下_____技术的技术资料和条件。

4.3　本合同履行完毕后，上述技术资料和条件由提供方收回。

第五条　研发经费及其他投资

5.1　甲方：

提供或支付方式：_____

支付或折算为技术投资的金额：_____

5.2　乙方：

提供或支付方式：_____

支付或折算为技术投资的金额：_____

5.3　双方确定研究开发经费的存放账户为：

开户银行：_____

开户名称：_____

账号：_____

5.4　双方利用共同投资的研究开发经费所购置与研究开发工作有关的设备、器材、资料等财产，归__方所有。

第六条　研发风险责任承担

6.1　在本合同履行中，因出现在现有技术水平和条件下难以克服的技术困难，导致研究开发失败或部分失败的，由双方协商确定风险责任分担原则及比例，风险责任承担方式。

6.2　一方发现技术风险存在并有可能致使研究开发失败或部分失败的情形时，应当在____日内通知另一方并采取适当措施减少损失。逾期未通知并未采取适当措施而致使损失扩大的，应当就扩大的损失承担赔偿责任。

第七条　保密条款

7.1　在本合同研究开发过程中，双方所知悉的、与项目有关的任何技术信息、经营信息及其他有关资料，包括但不限于本合同第一条至第四条，均不得以任何方式对外披露、泄露，并采取与之相应的保密措施；否则应承担因此给其他合作方造成的损失，并支付违约金。本条款持续有效，不因合同结束而终止。

7.2　双方确定其与本项目有关的工作人员同样对上述保密信息负有保密义务，并承诺对其工作人员的泄密行为承担责任。

7.3　双方不得在交付研究开发成果之前，自行将研究开发成果转让或透露给第三人。

7.4　未经对方同意，任何一方不得将本合同项目部分或全部研究开发工作转让给第三人承担。

第八条　研发项目的交付

8.1　本研发项目交付的研究开发成果由乙方汇总，包括但不限于：使用说明书一套，功能设计文档一套，开发设计文档一套，测试报告一套等。

8.2　甲乙双方按本合同第二条承担的工作分别交付。

8.3　本研发项目交付的时间及地点：

交付时间：＿＿＿年＿＿＿月＿＿＿日

交付地点：＿＿＿＿＿＿＿＿＿

第九条　知识产权条款

9.1　本合同生效日前已存在的知识产权，其所有权权属不发生任何变更。在未取得另一方同意的前提下，任何一方均不得凭借本合同取得另一方拥有的版权、专利、商业秘密、商标或任何其他知识产权的所有权。

9.2　本合同生效日前已存在的属于双方的与本研发项目有关联的知识产权，双方均分别授权对方免费使用，双方应履行严格保密的义务，且不得在实现本合同目的之外使用或向任何第三方进行披露。

9.3　双方确定，本研发项目形成的新的技术成果，双方是该成果的著作权、专利申请权、专利权、技术秘密及其他相关知识产权的所有人。

9.4　双方确定，在本委托项目研究开发的基础上，形成的后续改进，属于原有基础上较小的改进，双方免费互相提供使用。在原有基础上的重大改进，专利申请权归各方单独所有。

9.5　在本合同履行中，作为研发项目标的的技术已经由他人公开（包括以专利权方式公开），一方应在＿＿＿日内通知另一方解除合同。逾期未通知并致使另一方产生损失的，另一方有权要求予以赔偿。

9.6 各方应保证其交付的研究开发成果不侵犯任何第三人的合法权益。如发生第三人指控甲方因实施该项技术而侵权的，提供技术的一方应当负责赔付因此产生的所有损失（包括但不限于另一方因此支付的诉讼费、律师费等）。本条款持续有效，不因合同结束而终止。

第十条 研发项目的验收

10.1 研发项目试运行成功后，对乙方交付的成果按照合同附件一规定的技术性能指标进行验收。

10.2 验收委托项目由双方委托国家认可的检测部门进行，或者由双方组织进行鉴定。如检测合格，所需一切费用由双方承担。

10.3 本委托项目验收合格后，双方应当签署委托项目验收合格协议书。

第十一条 科技立项条款

11.1 本合同项下研发项目如通过政府科技部门立项获得政府财政补贴，或获得国家、省级科研奖励时，奖励归各方共同所有，分配比例由各方协商，协商不成的，各方均分。

11.2 合作各方分别独立完成并与履行本合同有关的阶段性技术成果的研究开发人员，享有在有关此阶段性技术成果文件上写明技术成果完成者的权利和取得有关荣誉证书、奖励的权利。

11.3 合作各方应以协商方式确定最终研究成果的完成人员名单。此完成人员享有在有关最终技术成果文件上写明技术成果完成者的权利和取得有关荣誉证书、奖励的权利。

第十二条 违约责任

12.1 因甲方原因导致项目延期的，项目实施时间顺延，造成损失的，损失由甲方承担，导致项目终止或失败的，本合同自动解除，给乙方造成损失的，由甲方负责赔偿，已拨付未使用科研经费甲方有权收回。

12.2 因乙方原因导致项目延期、终止或失败的，除本合同第五条约定以外的，项目相应延期或根据甲方书面确认终止，给甲方造成损失的，由乙方负责赔偿。

第十三条 合同的变更和解除

13.1　本合同的变更必须由双方协商一致，并以书面形式确定。

13.2　任何一方遭受不可抗力事故而影响合同履行时，应在＿＿＿日内通知对方，并在＿＿＿日内将有关部门出具的证明提供给对方，双方对合同的有关条款进行变更或解除合同。

13.3　本委托项目经过＿＿＿次验收不合格后，甲方有权提出解除合同。

第十四条　争议解决办法

双方因履行本合同而发生的争议，应协商、调解解决。协商、调解不成的，由合同签订地人民法院诉讼解决。

第十五条　其他事项

15.1　双方确定，在本合同有效期内，甲方指定＿＿＿＿＿＿＿为甲方项目联系人，乙方指定＿＿＿＿＿＿＿为乙方项目联系人。一方变更项目联系人的，应当及时通知另一方。

15.2　本合同自双方当事人签字盖章之日起生效。

15.3　本合同中提到的有关附件为本合同不可分割的组成部分，与本合同文本有同等法律效力，本合同一式＿＿份，甲乙双方各执＿＿份。

附件一：项目内容说明书。

甲方：＿＿＿＿＿＿＿＿＿＿＿＿＿＿＿＿＿＿＿＿＿＿（盖章）

法定代表人/委托代理人：＿＿＿＿＿＿＿＿＿＿＿（签名）

乙方：＿＿＿＿＿＿＿＿＿＿＿＿＿＿＿＿＿＿＿＿＿＿（盖章）

法定代表人/委托代理人：＿＿＿＿＿＿＿＿＿＿＿（签名）

2. 技术转让合同

技术转让（专利实施许可）合同

被许可方（甲方）：＿＿＿＿＿＿＿＿＿＿＿＿＿＿＿＿

法定代表人或负责人：＿＿＿＿＿＿＿＿＿＿＿＿＿

许可方（乙方）：＿＿＿＿＿＿＿＿＿＿＿＿＿

法定代表人或负责人：＿＿＿＿＿＿＿＿＿＿＿

根据《中华人民共和国民法典》和《中华人民共和国专利法》的规定，经双方当事人协商一致签订本合同。

第一条　专利权基本信息

1.1　专利权名称：＿＿＿＿＿＿＿＿＿＿＿＿＿

1.2　专利号：＿＿＿＿＿＿＿＿＿＿＿＿＿＿＿

1.3　发明人/设计人：＿＿＿＿＿＿＿＿＿＿＿

1.4　专利权人：＿＿＿＿＿＿＿＿＿＿＿＿＿

1.5　专利类型：（发明/实用新型/外观设计）

1.6　专利申请日为：＿＿年＿＿月＿日

专利授权日为：＿＿年＿＿月＿日

1.7　专利权有效期至：＿＿年＿＿月＿日

1.8　专利年费已交至：＿＿年＿＿月＿日

第二条　本合同专利许可性质

（注：许可合同的性质，即在合同中明确授权性质是独占实施许可、排他实施许可或普通实施许可；对于产品发明或者实用新型专利，可以采取生产许可、使用许可或销售许可等形式。）

第三条　本合同专利许可范围、期限

3.1　实施范围

3.1.1　本实施许可合同的被许可人主体范围包括：被许可人，即本合同的甲方。

3.1.2　实施许可合同的被许可人地区范围：甲方在合同规定的期限内，在＿＿＿＿＿＿地区实施本合同专利技术。

3.1.3　实施许可合同的被许可人技术范围：乙方许可甲方使用乙方的本专利技术和与实施这种技术有关的技术秘密。

3.1.3.1　乙方许可甲方使用合同技术的全部资料（详见附件一）进行设计、施工、生产。

3.1.3.2　乙方许可甲方使用合同产品的质量技术检验标准及产品的检验方法（详见附件二）。

3.2　实施期限

乙方许可实施该专利的期限为＿＿个月，从＿＿年＿＿月＿＿日起至＿＿年＿＿月＿＿日止。期限届满后，如需继续实施，则由双方另行协商实施及报酬事宜，另行签订合同。

第四条　乙方应向甲方提交的技术资料

4.1　提交时间：合同生效后＿＿日内乙方向甲方交付合同附件一所规定的技术资料。

4.2　乙方向甲方交付的技术资料，应当是完整、清楚的。图纸资料的内容、规格应当符合国家的有关标准和规定。

4.3　甲方收到乙方提交的技术资料后，如发现有不符合上述要求的，可以向乙方提出，乙方应在＿＿日内予以补充或更换；技术资料符合要求的，甲方向乙方签署技术资料验收合格确认书。

第五条　乙方向甲方提供以下技术服务和技术指导

5.1　乙方在合同生效后＿＿日内负责向甲方传授合同专利技术有关的内容，并向甲方解答有关实施合同专利技术所提出的问题。

5.2　乙方在甲方初次设计、实施、生产合同产品期间，应派出合格的技术人员到甲方现场进行技术指导，并负责培训甲方技术人员和其他工作人员，甲方接受乙方培训的人员所具备的条件和文化水平应符合乙方提出的合理要求。

5.3　乙方派出到甲方技术服务的人员，甲方不另行支付技术服务费，但甲方对乙方人员必要的工作、生活条件给予保证。

5.4　乙方完成上述技术服务后，经双方验收合格，共同签署验收证明文件。

5.5　技术服务验收后，如甲方需要，乙方人员到甲方现场指导，有关技术服务费及差旅费、伙食费标准等事宜由双方另行商定。

第六条　合同技术的验收标准

6.1　合同产品生产成功后，对通过使用乙方合同技术制造的合同产品，按照合同附件二规定的技术性能指标进行验收。

6.2　验收合同产品由甲方委托国家认可的产品质量检测部门进行，或者由甲方组织进行鉴定，乙方参加。如检测合格，所需一切费用由甲方承担；如检测不合格，所需一切费用由乙方承担，甲方将给予乙方补救修改的合理期间再次组织验收。

6.3 合同产品经验收合格后，双方应当签署合同技术验收合格协议书。

第七条 许可使用费及支付方式

7.1 许可实施使用费总额为：_____

7.2 许可实施使用费由甲方_____（一次、分期）支付乙方，具体支付方式和时间，双方同意选择第____种方式：

（1）本合同涉及的许可使用费采用一次性支付方式，合同生效之日起____日内，甲方将使用费全部汇至乙方账号，或以现金方式支付给乙方。

（2）本合同涉及的许可使用费采用分期付款方式，合同生效日支付____元；自合同生效日起____个月内支付____元；最后合同生效日起____个月内全部付清。

乙方开户银行名称、地址和账号为：

开户银行：_____

地址：_____

账号：_____

第八条 专利权完整保证条款

8.1 乙方向甲方保证：在本合同订立时，本专利权不存在如下缺陷：

8.1.1 该专利权受物权或质押权的约束；

8.1.2 本专利权的实施受到另一个现有的专利权限制；

8.1.3 有专利先用权的存在；

8.1.4 有强制许可证的存在；

8.1.5 有被政府采取"计划推广许可"的情况；

8.1.6 本专利权项下的发明属非法所得。

8.2 在本合同订立时，乙方如果不如实向甲方告知上述权利缺陷，甲方有权拒绝支付使用费，并要求乙方补偿由此而支付的额外开支。

第九条 专利无效与侵权的处理

9.1 乙方应当保证其专利权实施许可不侵犯任何第三人的合法权益，如发生第三方提出侵权的控诉，造成甲方损失，乙方应当负责赔付因此产生的所有损失（包括但不限于甲方因此支付的诉讼费、律师费等）。本条款持续有效，不因合同结束而终止。

9.2　乙方应当按时缴纳专利年费，在本合同有效期内维持本项专利权的有效性。如由于乙方过错致使本项专利权终止，乙方应当按本合同第十一条的约定，支付甲方违约金或赔偿损失。

9.3　在合同有效期内，乙方的专利权被宣告无效时，因乙方有意给甲方造成损失，或明显违反公平原则，乙方应返还全部专利使用费并赔偿甲方损失，合同终止。

9.4　甲、乙双方发现第三方侵犯甲方专利权时，应及时互相通告，由乙方与侵权方进行交涉或负责诉讼。

第十条　后续改进的分享办法

10.1　在合同有效期内，任何一方对合同技术所做的改进应及时通知对方。

10.2　双方当事人各自在本专利技术基础上做出的新的发明创造的专利申请权，归做出发明创造的一方所有，但另一方有权优先有偿受让和使用该技术成果。

10.3　属于原有基础上较小的改进，双方免费互相提供使用。

10.4　对合同技术的改进，改进方未申请专利的，另一方应对改进技术承担保密责任，并无权擅自向他人转让该技术，也无权申请专利。

10.5　双方共同对合同技术作出的重大改进，专利申请权归双方共有。一方向另一方转让其共有的专利申请权的，另一方可单独申请专利，放弃专利申请权的一方可以免费实施该项专利，双方应就专利申请权的转让签订协议，如果一方不同意申请专利的，另一方不得擅自申请专利。

10.6　关于双方共同改进的未申请专利的一般技术成果，需由双方另定协议来处理使用权和收益分享的问题。

第十一条　违约责任

11.1　甲方的违约责任

11.1.1　甲方不支付技术使用费的，甲方除应当补交使用费以外，还应当以使用费总额为基数按日＿＿＿向乙方支付违约金。

11.1.2 甲方实施专利超越合同约定的许可范围，或者未经乙方许可擅自与他人订立再转让许可合同，乙方有权要求甲方停止侵害行为，返还非法所得，支付使用费总额____的违约金并赔偿甲方损失。

11.2 乙方的违约责任

11.2.1 乙方未交专利年费而导致专利权失效的，应向甲方支付数额为____的违约金。

11.2.2 乙方逾期向甲方交付合同技术资料的，每逾期____日应向甲方支付违约金人民币____元，逾期超过____日甲方有权解除合同。如甲方解除合同，乙方应当返还使用费。

11.2.3 本专利许可合同甲方经过2次验收不合格后，有权提出解除合同

第十二条 合同的变更和终止

12.1 合同产品滞销致使甲方无经济效益，甲方有权提出终止合同。

12.2 任何一方遭受不可抗力事故而影响合同履行时，应在____日内通知对方，并在____日内将有关部门出具的证明提供给对方，双方对合同的有关条款进行变更或终止合同。

第十三条 争议解决办法

双方因履行本合同而发生的争议，应协商、调解解决。协商、调解不成的，由合同签订地人民法院诉讼解决。

第十四条 有关名词术语的解释

14.1 技术秘密：指实施乙方专利所必需的、可行的、能够达到预期效果的未公开的技术。

14.2 合同技术：是指乙方许可甲方使用的专利（或专利申请）、一般技术和技术秘密，以及有关专利和一般技术的全部资料。

14.3 一般技术：指乙方拥有的与实施该项专利有关的未申请专利或已宣布专利无效的技术。

14.4 全部技术资料：包括专利申请文件及实施与该专利有关的（产品设计图纸、工艺图纸、工艺配方、工艺流程以及制造合同产品所需的工装、设备清单等）技术资料。

14.5　合同产品：指甲方使用合同技术制造的产品，其产品名称：

14.6　技术服务：指乙方为甲方实施合同技术所进行的服务，包括乙方向甲方传授合同技术和培训甲方有关人员。

第十五条　其他事项

15.1　本合同所涉及的使用费应缴纳税费，由甲方依法缴纳。

15.2　本合同自双方当事人签字盖章之日起生效。合同有效期同本合同第三条专利许可实施期限，合同到期自行终止。双方要求延长合同期限的，在合同到期前三个月内另行商定。

15.3　本合同中提到的有关附件为本合同不可分割的组成部分，与本合同文本有同等效力，本合同一式__份，甲乙双方各执__份。

附件一：技术资料清单及全部的资料图纸

附件二：合同产品的质量技术检验标准

甲方：_____（盖章）

法定代表人/委托代理人：_____（签名）

乙方：_____（盖章）

法定代表人/委托代理人：_____（签名）

第四节　规避设计与反向工程

一、一款北斗卫星定位接收机产品技术研发项目的专利风险识别与规避设计

科技创新类企业大多身处专利密集型产业，创新能力突出、市场竞争力强是其最大特点。在国家大力支持和鼓励自主创新的大背景下，本土科技创新企业在各个行业不断涌现，专利和知识产权争议可能成为科技创新企业的常态化业务事件。上证报资讯数据显示，2019 年至 2021 年，科创

板涉及知识产权和专利相关涉诉的公司共有 30 家。其中，2022 年披露再次涉诉的有 8 家，另有 2 家披露最新诉讼进展；2021 年同期仅有 2 家披露涉诉，1 家披露诉讼最新进展。在 2022 年披露涉诉的 10 家公司中，6 家为原告方。因此，加强专利风险的防控，是科创企业保持技术创新活力和正常经营的重要保障。

（一）技术研发项目立项阶段专利风险识别

专利风险的防控应该以预防为主，在已有清晰研发方案的项目上马前，有必要对有关技术方案是不是落入了已有专利的保护范围进行识别，评估可能的侵权风险。已有清晰研发方案的项目，指的是研发者已经具有大概的技术方案雏形，有待更进一步研发从而将技术定型。

具体而言，需要根据技术研发项目的整体规划和技术要求，对其涉及的技术要点进行全面和深入的现有技术检索。根据现有技术检索结果，指导实际的研发方向，实施规避设计、规避专利侵权。对高风险产品或产品中的高风险技术点，开展技术攻关，进行规避设计与风险专利差异化，形成新技术、新成果；或者针对风险专利，提前收集其无效的证据，在发生侵权纠纷时提起无效宣告程序，从根本上消除风险专利的威胁。

（二）专利风险识别与规避设计实例

以一款北斗卫星定位接收机产品技术研发项目为例，要对其进行准确的风险识别，首先需要对项目整体技术方案进行拆解，类似于研发过程中的子任务划分，根据功能、结构等将整体技术方案拆分为多个模块乃至子模块。经拆分，其整体技术方案由北斗有源天线、射频通道、数字接收通道、定位解算模块组成。北斗接收天线又可以再拆分为无源天线、将信号进行放大和滤波的低噪声信号模块（包括 LNA、线缆、接头等子模块）。射频通道再细分为混频器、滤波器、放大器等子模块。数字接收通道则再被拆分为捕获、跟踪、伪随机序列产生等子模块。

其次，根据拆分得到的模块或子模块进行专利检索，将模块或子模块的技术方案与检索到的专利技术方案进行比对，确认是否侵犯已有的专利权。

1. 风险识别

一般的超高频和高频天线制造方法主要有蚀刻法、电镀法和印刷法。

（1）蚀刻法：首先在覆有金属箔的PET薄膜上印刷抗蚀油墨来保护天线线路图形在蚀刻中不被溶蚀掉，接着烘烤、蚀刻、清洗得到我们需要的天线图案。（2）印刷法：通过导电银浆把天线图案印刷在PET基材上，然后烘烤固化。（3）电镀法：首先用导电银浆（厚度薄于印刷法）或其他电镀种子层把天线图案直接印刷在PET基材上烘烤，接着电镀加厚，从而得到天线成品。无论采用上述何种方法制作的天线，天线图案都会直观地呈现出来。专业的天线工程师通过分析天线图案就可以反推得到天线的技术方案，将其与专利保护的天线技术方案相比对，得出是否侵犯专利权的结论。因此，专利权人很容易发现无源天线子模块的侵权事实并完成侵权举证。

对于无源天线部分，如果在专利检索后发现涉嫌侵犯已有专利权，必须引起高度重视。专利权人很容易发现无源天线子模块的侵权事实并完成侵权举证意味着发生专利侵权诉讼并且败诉的可能性很大，专利侵权纠纷的风险很高。假如专利权人是企业的主要竞争对手，则大概率会引起专利侵权纠纷。此种情况下，存在两种应对的途径。第一个途径是开展技术攻关，进行规避设计与风险专利差异化，形成新技术、新成果、新专利。第二个途径是针对风险专利，预先收集其无效的证据，在发生侵权纠纷时提起无效宣告程序。

2. 规避设计应遵循的基本规则

规避设计是一种差异化设计，其核心在于规避专利侵权的风险，本质上仍然属于一种研发行为。专利侵权的判断遵循全面覆盖原则、等同原则、禁止反悔原则和捐献原则。这些原则为规避设计提供了思路。

全面覆盖原则的含义是，如果被控侵权产品包含了专利权利要求中记载的全部技术特征，则落入专利权的保护范围。根据《最高人民法院关于审理侵犯专利权纠纷案件应用法律若干问题的解释》（法释〔2009〕21号）第七条规定："人民法院判定被诉侵权技术方案是否落入专利权的保护范围，应当审查权利人主张的权利要求所记载的全部技术特征。被诉侵权技术方案包含与权利要求记载的全部技术特征相同或者等同的技术特征的，人民法院应当认定其落入专利权的保护范围；被诉侵权技术方案的技术特征与权利要求记载的全部技术特征相比，缺少权利要求记载的一个以上的技术特征，或者有一个以上技术特征不相同也不等同的，人民法院应当认定其没有落入专利权的保护范围。"

等同原则是指与权利要求的技术特征以基本相同的手段，实现基本相同的功能，达到基本相同的效果，并且属于本领域普通技术人员在被诉侵权行为发生时无须经过创造性劳动就能够联想到的特征。

禁止反悔原则又称审批过程禁反言，是为了限制等同原则而出现的，即指专利权人如果在专利审批过程中，为了满足法定授权要求而对权利要求范围进行了限制性的修改或解释，则在主张专利权时，不得将通过该限缩而放弃的内容纳入专利权的保护范围。

捐献原则对应《最高人民法院关于审理侵犯专利权纠纷案件应用法律若干问题的解释》（法释〔2009〕21号）第五条："对于仅在说明书或者附图中描述而在权利要求中未记载的技术方案，权利人在侵犯专利权纠纷案件中将其纳入专利权保护范围的，人民法院不予支持。"

根据全面覆盖原则和等同原则的定义，只要产品与专利技术方案相比，有一个技术特征既不相同也不等同，则该产品不侵犯专利权。因此，可以使用特征替换的方式进行规避设计。特征替换属于一种研发行为，原因在于简单的特征替换容易落入等同特征的陷阱。不构成专利侵权的替换特征必须是本领域普通技术人员经过创造性劳动才能够联想到的特征。

根据全面覆盖原则，只要产品与专利技术方案相比，缺少一个技术特征，则该产品也不侵犯专利权。因此，可以通过减少技术特征的方法进行规避设计。企业的技术人员必须鉴别专利技术方案中的哪一个技术特征属于非必要技术特征，去掉该技术特征不会影响技术方案实现预期的功能，达到预期的技术效果。

根据禁止反悔原则，企业的研发人员可以通过研究专利权人在专利审批过程中，为了满足法定授权要求而对权利要求范围进行的限制性修改或解释，在专利权人通过该限缩而放弃的内容基础上设计产品的技术方案。

基于相同的理由，根据捐献原则，企业的研发人员可以通过研究专利的说明和附图，以仅在说明书或者附图中描述而在权利要求中未记载的技术方案为基础，进行相关产品研发。

3. 专利无效宣告的准备

预先收集专利无效的证据，准备提起无效宣告程序需要重点做好如下工作：查阅专利文本，收集能够证明该专利客体不属于发明、实用新型保护范围的相关证据；收集能够证明专利权利要求不被说明书支持的证据。检索专利数据库和科技论文库，收集能够证明授予专利权的发明和实用新型，不具备新颖性、创造性和实用性的相关证据。

在北斗卫星定位接收机产品技术研发项目中，有源天线内部的信号进行放大和滤波用低噪声信号模块、射频通道都属于射频或微波电路。射频或微波电路一般由滤波器、放大器、振荡器、混频器等器件组成。通过辨认上述器件以及各器件之间的电连接关系，基本能够反推出电路原理图。将电路原理图与检索到的专利技术方案进行比对，就可以知道该射频或微波电路是否侵犯专利权。

4. 一款北斗卫星定位接收机产品技术研发项目的规避设计思路

经过专利检索，发现本研发项目的某部分技术方案落入一件专利的保护范围，需要进行规避设计。首先，应当仔细查阅该专利文件，明确说明书或者附图中是否描述了权利要求中未记载的技术特征，确认以该技术特征替换权利要求中与之对应技术特征的可行性。如果具有可行性，则根据前述捐献原则直接以该技术特征替换权利要求中与之对应技术特征构成本项目的技术方案。如果上述替换方案对于项目产品的某方面性能造成负面影响，则可以通过有针对性的研发设计改善和提升该性能。其次，应当查阅该专利申请和无效宣告过程中，申请人或权利人的答辩意见。寻找被申请人或权利人在答辩意见中放弃的技术特征，确认以该技术特征替换权利要求中与之对应技术特征的可行性。如果具有可行性，则根据禁止反悔原则直接以该技术特征替换权利要求中与之对应技术特征构成本项目的技术方案。如果上述替换方案对于项目产品的某方面技术性能造成负面影响，则可以通过有针对性的研发设计改善和提升该性能。如果上述办法都无法解决潜在的专利侵权问题，则需要通过研发进行特征替换。具体而言，一一列举权利要求中的所有必要技术特征，根据替换的难易程度从中筛选出可以替换的技术特征，再进行研发活动得到替换方案。

笔者在某科技公司参与北斗定位接收机的数字处理芯片研发项目中，与研发团队查阅了几百件美国专利，最终通过规避设计和研发活动完成了具有自主知识产权的北斗定位芯片技术方案设计。

二、用于专利侵权判断的反向工程

数字接收通道是整个北斗卫星定位接收机最复杂的部分，其主体数字电路部分一般在芯片（包括 FPGA）中实现。定位解算模块的定位算法通常以 C/C++语言编写的程序编译后烧制在 ROM（即固件）中，在定位解算计算机（CPU）中运行。数字接收通道和定位解算模块即便涉嫌侵犯已有专利权，由于发现侵权事实和进行侵权取证的难度较高，引起专利侵权纠纷的风险也低于有源天线和射频通道模块。数字接收通道实现多种信号处理方法，定位解算模块涉及定位解算的方法。笔者的某客户企业的高管就曾提出过方法类发明专利侵权案件取证的问题，并表示如果不能解决该问题，则申请专利对企业而言就不是保护自身知识产权的最佳方式。在一次知识产权专题交流活动中，回答技术方案究竟应当以专利还是技术秘密的方式加以保护的问题时，某科技公司高管和专利专家也明确指出侵权取证的难易程度是重要的决定因素。侵权取证的难度大小，会影响企业以潜在侵权者身份卷入专利侵权纠纷并败诉的风险高低。

（一）一般思路与方法

芯片集成电路、软件、FPGA、固件等产品具有特殊性，难以通过其外观或外在可见的结构组成知晓并完全掌握其内部实施的技术方案。只有得到该产品开发过程中以高级语言编写的程序设计文件（对于软件和固件是由高级计算机软件语言编写的程序，对于芯片集成电路和 FPGA 是高级硬件描述语言编写的程序），才能够判定该产品是否侵犯某一件发明的专利权。举证的困难是芯片集成电路、软件、FPGA、固件（嵌入式软件）等技术领域的专利权人对专利侵权行为实施维权行动的主要障碍。潜在侵权方不太可能配合权利人的证据收集活动，提供侵权产品源代码等设计文档，尤其是对其不利的信息。因此，在法律实务中，法院降低了权利人的举证责任。但是，怀疑专利被侵权的权利人，在法律维权程序中必须为专利侵权的主张建立一个合理的基础，其主要方法是对该产品进行黑箱外特性测试和逆向工程。

软硬件产品的正向开发过程是从需求出发，首先拟定一个整体的技术方案，该方案由多个分任务模块组成；然后对各模块进行细化，得到下一级子模块及其具体实现方法；再使用计算机语言或者硬件高级描述语言编写程序代码实现所有的模块/子模块；最后对程序代码进行编译，得到可执行程序并调试和仿真验证。逆向工程（即反向工程）的定义是从已知的产品出发，反向预测出该产品开发或制造的过程、方法或工艺。按照百度百科的解释，逆向工程（又称逆向技术），是一种产品设计技术再现过程，即对一项目标产品进行逆向分析及研究，从而演绎并得出该产品的处理流程、组织结构、功能特性及技术规格等设计要素。而且，百度百科特别指出，逆向工程可能会被误认为是对知识产权的严重侵害，但是在实际应用上，反而可能会保护知识产权所有者。例如在集成电路领域，如果怀疑某公司侵犯知识产权，可以用逆向工程技术来寻找证据。逆向工程的方法分为两大类，静态逆向工程和动态逆向工程。《最高人民法院关于审理不正当竞争民事案件应用法律若干问题的解释》（法释〔2007〕2号，已废止）第十二条规定："通过自行开发研制或者反向工程等方式获得的商业秘密，不认定为反不正当竞争法第十条第（一）、（二）项规定的侵犯商业秘密行为。前款所称'反向工程'，是指通过技术手段对从公开渠道取得的产品进行拆卸、测绘、分析等而获得该产品的有关技术信息。当事人以不正当手段知悉了他人的商业秘密之后，又以反向工程为由主张获取行为合法的，不予支持。"

对软件和固件而言，逆向工程归结起来就是针对一个既没有源代码又没有准确文献资料的现成程序，尝试恢复出它的设计和实现细节。逆向工程技术的目标是从没有源代码的程序中提取有价值的信息。在有些情况下可以从程序的二进制代码中恢复出准确的源代码（或者接近源代码的高级表示的代码），这会大大简化逆向工作，因为阅读用高级语言编写的代码要比阅读低级汇编语言代码容易得多。在其他情况下，我们最终得到的只是晦涩难懂的汇编语言程序清单。

如果软件或固件产品采用汇编语言编写的小程序，可以通过反汇编方式逆向工程得到汇编语言程序。有经验的程序员阅读该汇编语言程序能够判断其中是否包含或使用了受专利保护的技术方案。对于大中型程序，即便通过反汇编得到其对应的汇编语言代码，由于代码量太大、复杂度高，程序员也难以根据该汇编语言代码分析出程序整体的技术方案或程序中隐藏的技术方案。

对芯片集成电路的逆向工程是通过对芯片内部电路的提取与分析、整理，实现对芯片技术原理、设计思路、工艺制造、结构机制等方面的深入洞悉。第一个步骤是拆解拍片：用浓硫酸腐蚀芯片的保护胶塑料层；剥去碳化的外层后露出内部的电路，在显微图像自动采集平台上逐层对芯片样品进行显微图像采集；一层电路可能需要在拍摄多幅图像后进行拼凑，多层电路需要在拼凑后对准（拼凑和对准可由专用软件自动完成）。第二个步骤是版图提取：辨认电路图像中的基础器件（二极管、三极管、MOS 管等）及其相互之间的电路连接关系，得到芯片版图。比较样本芯片的版图和受保护的集成电路布图设计，可以知道该样本芯片是否侵犯了集成电路布图设计的知识产权。

但是，对于芯片集成电路的专利侵权取证和证明而言，还需要执行第三个步骤（同时也是难度最高的步骤），电路整理和分析。数字电路中基本的组成单元是逻辑门和触发器，由前述基础器件（二极管、三极管、MOS 管等）搭建而成。整理的目的就是根据器件及其连接关系反推出器件之上的数字电路基本单元（逻辑门和触发器）。使用逻辑门和触发器以及其他外围器件可以搭建出形形色色的数字电路功能模块。依据逻辑门和触发器的电路连接关系，可以分析出一些标准的或简单的数字电路功能模块。但是，通过电路分析不一定能够辨认出复杂的数字电路功能模块。随着技术的发展，芯片的集成度越来越高。海思麒麟芯片内集成的晶体管数量，由"980"的 69 亿跃升为"990"的 103 亿。由此可知，由晶体管（包括二极管、三极管、MOS 管）组成的逻辑门和触发器的数量也是一个天文数字。在这样多的逻辑门和触发器中，分析出专利保护的复杂数字电路功能模块的难度之大，相当于前面讨论过的从大中型程序对应的海量汇编语言代码中分析出程序里隐藏的专利技术方案。

（二）"一种获取新词的方法"专利侵权案中的证明方法

逆向工程的难度很大，下面以甲科技发展公司、甲信息服务公司诉乙网讯科技公司侵害"一种获取新词的方法"一案为例加以说明。在法庭质证过程中，甲科技公司、甲信息公司通过演示列举的例子、演示结果使得法官相信，原告至少在现象上证明被诉侵权产品具备了涉案专利的全部技术特征，并通过操作演示说明被诉侵权产品具有实施了涉案专利保护的技术方案的高度可能性，可以认为原告尽到了初步的证明义务。在此基础上，举证责任被转移到被告一方，即乙公司主张涉案输入法是通过对词频进行排序来确定候选词中的首推项，乙公司应当就此承担举证责任，否则承担举证不能的法律后果。

　　乙公司对涉案输入法软件进行反汇编演示，在庭审中，通过反汇编得到 AW25 子模块，双方当事人（技术人员）也认可该段汇编语言所编写的代码实现对 r4、r5、r6、r7 进行堆排序。但是，因确定 r4、r5、r6、r7 所指代的内容是否与词频相关联，需要进一步通读整个反汇编后生成的代码，过程非常复杂，这一点亦得到乙公司的认可。因而，在庭审中只是明确了涉案产品反汇编得到的代码中存在一个实现堆排序处理的子模块，但是并不能直接得到该子模块堆排序处理的内容是词频，无法推定涉案产品是采用词频排序来确定候选词首推项的技术方案。乙公司提供的证据不足以证明其前述主张，法院对其该项主张不予支持。

　　乙公司使用反汇编的方法对其自有产品进行逆向工程，目的是获取产品不侵犯专利权的证据。乙公司的工程师对于公司自有产品应该是非常熟悉的，但是运用逆向工程反汇编的方法却没能证明该软件使用堆排序算法进行词频排序这一事实，由此可见逆向工程专利侵权取证的难度之高。

（三）黑箱外特性测试方法

　　在涉及数字电路和计算机软件技术领域的专利侵权案件中，原告方有时会采用黑箱外特性测试方法而非逆向工程为自己的专利侵权主张建立合理的基础。所谓黑箱外特性测试是将涉嫌侵权产品看成一个黑箱，通过精心设计的测试方案和输入，从输出信息中提取出被侵权专利技术方案的某种特征。

　　笔者曾经对一款卫星定位模块实施黑箱外特性测试，确定该模块是否使用载波平滑伪距算法对原始载波观测量进行处理。载波平滑伪距算法这一技术方案有一个显著的缺陷，即电离层发散现象。具体而言，由于电离层在原始伪距和载波相位观测量上产生相反的作用，对前者造成延时，对后者造成相位的超前，载波平滑伪距算法将二者合成的伪距观测量上的电离层误差会随着时间（即算法的持续运行）逐渐积累，引入越来越大的测距误差。经数学推导和计算机仿真实验可知，如果原始伪距观测量中电离层误差是一条随时间变化的二次曲线，合成的伪距观测量上的电离层误差稳态值呈现一次曲线（即直线）的变化趋势。

　　由以上理论分析和计算机仿真结果，确定了黑箱外特性测试的基本思路，在 GPS 信号模拟器上设定电离层误差随时间的变化趋势为一个二次曲线，观察卫星定位模块输出的伪距观测量与信号模拟器提供的原始伪距之差（即电离层发散）的稳态值随时间的变化趋势是否为一段直线。实验结果显示，卫星定位模块给出的伪距极可能含有电离层发散，因为伪距之差与其一次曲线拟合基本重合，伪距之差去掉噪声影响后随时间呈线性（直线型）变化的规律，符合规划测试方案时，预期载波平滑伪距算法输出合成伪距电离层发散的特征。

以上试验本身并不能完全排除系统误差来自其他不明因素的可能性（很多其他因素也可以带来米级的伪距误差），因此重新设置 GPS 信号模拟器的参数，参数的设置值是前一组测试时的 100 倍，即将电离层误差增大100 倍重复前述测试。卫星定位模块输出伪距与模拟器输出伪距之差仍然呈直线型（一次曲线），但是在原始伪距中的电离层误差提高了两个数量级的情况下，卫星定位模块输出伪距与模拟器提供伪距之差也增加了两个数量级，达到数百米。对照两组测试结果，这个数百米的直线型误差应该来自电离层的影响，对应于电离层发散。

综合以上测试和分析基本可以断定，卫星定位模块输出的伪距观测量中确实存在电离层发散现象，该伪距观测量不是单纯由码跟踪环路提供的原始伪距观测量，故卫星定位模块应该采用载波平滑伪距算法对原始伪距进行处理。

假如企业的芯片集成电路、软件、FPGA、固件等产品涉嫌专利侵权的专利技术方案存在可通过黑箱外特性测试提取或显现的明显特征，专利权人发现侵权事实，发生专利侵权纠纷和在诉讼中企业被判决承担专利侵权责任的风险较高。在这种情况下，企业需要认真应对侵权风险，开展技术攻关，进行规避设计，或者针对风险专利，预先收集其无效的证据，为在发生侵权纠纷时提起无效宣告程序做好准备工作。

假如芯片集成电路、软件、FPGA、固件等产品涉嫌专利侵权的专利技术方案不存在可通过黑箱外特性测试提取或显现的明显特征，采用黑箱外特性测试通常无法证明上述产品侵犯了专利权。比如甲信息服务公司诉乙网讯科技公司侵犯名称为"在中文输入法中恢复候选词顺序的方法及系统"发明专利案。涉案授权专利的独立权利要求 1 为："在中文输入法中恢复候选词顺序的方法，其特征在于，包括以下步骤：101. 在词表的表头结点中设置标志位域，所述标志位的取值有两种取值，分别为词条的原始候选词顺序值和自学习候选词顺序值；102. 输入词条；103. 根据所述输入法的汉字编码规则对所输入词条进行划分，并在所述词表中查找词条的划分结果；104. 在词表的表头结点中将所述划分结果对应的标志位值设置为初始候选词顺序值，恢复对应词条的原始候选词顺序。"

独立权利要求 8："在中文输入法中恢复候选词顺序的系统，其特征在于，包括：在词表的表头结点中设置标志位域的内核词表模块；以及根据所述输入法的汉字编码规则对所输入词条进行划分，在所述内核词表模块中查找词条的划分结果，并将所述划分结果对应标志位值修改为原始候选词顺序值和自学习候选词顺序值的候选词顺序调整模块。"

两项独立权利要求分别对应方法和系统。二者所表达的一个中心思想就是为候选词设置标志位域，用于指定和记录每一个候选词在词条中的顺序值，以此为基础按顺序排列各词条中的候选词。技术效果是使得词条中的候选词可以有多种不同的排列顺序，技术手段是设置标志位域。

甲公司采用演示列举的例子和演示结果的方法（即黑箱外特性测试）来举证。甲公司员工在公证人员的陪同下，购买某品牌手机，安装乙公司出品的手机输入法软件，操作并演示恢复候选词初始顺序。乙公司对上述演示过程无异议，重复同样操作后，在此基础上继续新的演示。乙公司的演示表明其出品的输入法改变的是单个候选词在词条内的顺序，而其他候选词相互之间的先后顺序没有发生变化。乙公司试图以功能和技术效果的不同来否认其输入法使用了甲公司专利的指控。甲公司更换测试方案再次演示并证明乙公司出品输入法也包含恢复词条内所有候选词的初始顺序功能。双方都通过演示列举的例子和演示结果的方法进行举证和反证。当甲公司的演示使得乙公司必须再一次承担举证责任的时候，乙公司申请不公开审理。不公开审理程序中，乙公司将庭前保存在法院提供的电脑文件夹中的其出品的手机输入法安装文件解压缩得到一系列词库文件，然后将上述系列文件整合成一个完整的词库文件，最后通过该手机输入法编译环境运行上述词库文件，得到该手机输入法的系统词库结构。在词库结构中没有发现词条对应的词表结点存在涉案专利中包含的重要技术特征标志位域。据此，乙公司认为其手机输入法没有实施涉案专利权利要求 1 中的特征 101 和 104。甲公司对乙公司的操作过程没有异议，但认为乙公司在将多个分割的词库文件合并及输出可读的数据文件的操作过程中可能丢失部分重要数据。

经过二审程序后，法院终审判决甲公司败诉，乙公司出品的手机输入法软件产品没有落入涉案专利的保护范围。专利侵权的判断遵循全面覆盖原则，即全部技术特征覆盖原则。具体而言，如果被控侵权产品包含了专利权利要求中记载的全部技术特征，则落入专利权的保护范围。甲公司专利技术方案达成候选词顺序切换的技术手段就是设置标志位域。甲公司所有的演示都无法证明乙手机输入法软件中存在标志位域：无论是单个候选词的顺序调整，还是整个词条内所有候选词顺序的再初始化，都只能展示一种功能和技术效果，即候选词的顺序是可以改变的。本领域技术人员都知道，为了达成前述候选词顺序变更的效果，可以采用的技术手段并不限于设置标志位域。因此，法官最终判决甲公司败诉是合情合理的。

甲公司败诉的根本原因在于，不存在可通过黑箱外特性测试提取或显现的明显特征与该专利的技术特征"在词表的表头结点中设置标志位域"相对应的条件下，甲公司强行采用黑箱外特性测试方法是无法证明专利权侵权事实的。如果专利技术方案不存在可通过黑箱外特性测试提取或显现的明显特征，则无法通过黑箱外特性测试证明专利权侵权事实，通常情况下只有采用逆向工程的方法进行专利侵权取证。但是鉴于逆向工程专利侵权取证的难度太大，在这种情况下专利权人发现侵权事实、通过专利侵权诉讼维权的难度很高，对于涉嫌专利侵权的企业而言，发生专利侵权纠纷并败诉的风险较低。

（四）计算机软件的逆向工程

计算机软件或固件的逆向工程包括反汇编和反编译两种方法。对于 C/C++语言编写的软件或固件只能实施反汇编，而无法进行反编译。Java语言编写的软件或固件既可以实施反汇编，也可以进行反编译。一般而言，反编译得到的高级语言程序的可读性明显优于反汇编得到的低级汇编语言程序，即反编译逆向工程的难度小于反汇编。但是，越来越多的企业出于保护自身技术秘密的目的采用代码混淆技术对其源代码进行处理。代码混淆亦称花指令，是将计算机程序的代码，转换成一种功能上等价但是难以阅读和理解的形式。对经代码混淆处理的软件进行反编译后所得到的程序可读性明显降低，逆向工程的难度很高。企业以代码混淆处理其软件产品，可以防止代码反编译，一方面最大限度避免技术秘密的泄露，另一方面降低专利权人发现产品专利侵权引起纠纷甚至在诉讼中败诉的风险。

第六章
企业应对非正常申请专利行为
初步认定的实务

为了维护知识产权制度的稳定运行，鼓励发明创造，推动发明创造的应用，提高创新能力，促进科学技术进步和经济社会发展，并落实党中央、国务院对知识产权保护的决策部署，国家近年来坚决打击非正常申请专利行为。总体来看，专利环境得到了显著改善，有效保障了各创新主体的合法权益，推动了健康有序的知识产权保护氛围的形成。然而，在这个过程中，有部分企业因各种原因在国家知识产权局的非正常申请专利行为的排查工作中被"误伤"。本文旨在针对此类企业，介绍面对非正常申请专利行为的初步认定时应采取的救济措施，并提供实际成功申诉案例的原始陈述意见书，以供参考。

第一节　关于非正常申请专利行为的基础知识

一、非正常申请专利行为的概念

《关于规范申请专利行为的办法》（国家知识产权局公告第四一一号，已被 2024 年 1 月 20 日起施行的《规范申请专利行为的规定》废止）对非正常申请专利行为予以明确定义，即"是指任何单位或者个人，不以保护创新为目的，不以真实发明创造活动为基础，为牟取不正当利益或者虚构创新业绩、服务绩效,单独或者勾连提交各类专利申请、代理专利申请、转让专利申请权或者专利权等行为。"

《专利法实施细则》(2023 年 12 月 11 日发布,2024 年 1 月 20 日起实施)专门新增第十一条:"申请专利应当遵循诚实信用原则。提出各类专利申请应当以真实发明创造活动为基础,不得弄虚作假。"同时,2023 年 12 月 21 日发布的《规范申请专利行为的规定》(国家知识产权局令第 77 号,自 2024 年 1 月 20 日起施行)对《专利法实施细则》第十一条予以了解释说明,其第二条规定:"提出或者代理提出专利申请的,应当遵守法律、行政法规和部门规章的有关规定,遵循专利法立法宗旨,恪守诚实信用原则,以真实发明创造活动为基础,不得弄虚作假,不得违反《中华人民共和国专利法实施细则》第十一条的规定实施非正常申请专利行为。"此外,《规范申请专利行为的规定》第三条、第四条列举了非正常申请专利行为的认定情形,进一步加深对非正常申请专利行为这一概念的理解。

二、非正常申请专利行为的认定标准

根据《规范申请专利行为的规定》第三条、第四条的规定,并结合《非正常申请专利行为认定及认定后的办事指南》(下称《办事指南》)有关内容,非正常申请专利行为可从以下多个角度进行认定:

(一)从申请文件撰写的角度认定

(1)所提出的多件专利申请的发明创造内容明显相同,或者实质上由不同发明创造特征、要素简单组合形成的;

(2)所提出专利申请存在编造、伪造、变造发明创造内容、实验数据或者技术效果,或者抄袭、简单替换、拼凑现有技术或者现有设计等类似情况的;

(3)所提出专利申请的发明创造内容主要为利用计算机技术等随机生成的;

(4)所提出专利申请的发明创造为明显不符合技术改进、设计常理,或者变劣、堆砌、非必要缩限保护范围的。

（二）从申请人的申请行为角度认定

（1）申请人无实际研发活动提交多件专利申请，且不能作出合理解释的；

（2）将实质上与特定单位、个人或者地址关联的多件专利申请恶意分散、先后或者异地提出的；

（3）出于不正当目的转让、受让专利申请权，或者虚假变更发明人、设计人的。

（三）从代理行为角度认定

任何单位或者个人不得代理、诱导、教唆、帮助他人实施各类非正常申请专利行为。

（四）从其他角度认定

违反诚实信用原则、扰乱专利工作正常秩序的其他非正常申请专利行为。

三、非正常申请专利行为的排查和处理

根据《规范申请专利行为的规定》并结合国家知识产权局发布的《办事指南》来看，非正常申请专利行为的排查工作（以下简称"非正常排查工作"）贯穿于专利申请受理、初审、实审、复审程序全流程，甚至包括国际申请程序。国家知识产权局根据排查的结果，提出初步认定非正常申请专利行为的意见，并定期由地方知识产权管理部门核查并通知申请人或代理人，通知申请人在指定的期限内陈述意见并提交证明材料，或者主动撤回相关专利申请、法律手续办理请求。

第二节　被认定为非正常申请专利行为的后果

一、对本申请的后续的影响

在收到非正常的初步认定后，根据当事人所采取的不同应对方式，对

本申请将产生以下结果：

（一）逾期未答复

根据《规范申请专利行为的规定》第六条，申请人无正当理由逾期未答复的，相关专利申请视为撤回，相关法律手续办理请求视为未提出。

（二）国家知识产权局未采纳意见陈述

根据《规范申请专利行为的规定》第七条，经申请人陈述意见后，国务院专利行政部门仍然认为属于非正常申请专利行为的，应当依法驳回相关专利申请，或者不予批准相关法律手续办理请求。

（三）撤回申请

如果当事人根据实际情况主动撤回申请，国家知识产权局认为符合要求的，将发出"手续合格通知书"，该申请失效。

二、对非正常申请专利行为采取处理措施

（一）对该非正常专利申请不予减缴专利费用

对于五年内多次实施非正常申请专利行为等情节严重的申请人，其在该段时间内提出的专利申请均不予减缴专利费用；已经减缴的，要求其补缴相关减缴费用。

（二）信息公示

在国务院专利行政部门政府网站和有关媒体上予以公告，并将相关信息纳入全国信用信息共享平台。

（三）信用惩戒

实施非正常申请专利行为损害社会公共利益，并受到市场监督管理等部门较重行政处罚的，依照国家有关规定列入市场监督管理严重违法失信名单。

（四）扣除专利申请数量

在国务院专利行政部门的专利申请数量统计中扣除非正常申请专利行为相关的专利申请数量。

（五）取消或追回资助奖励

对申请人和相关代理机构不予资助或者奖励；已经资助或者奖励的，全部或者部分追还。

三、对实施非正常申请专利行为的单位或者个人的处理

（一）对申请人的行政处罚

依据《专利法》《专利法实施细则》实施行政处罚。

（二）对代理机构和代理人的处罚

对实施《规范申请专利行为的规范》第四条规定的非正常申请专利行为的专利代理机构，以及擅自开展专利代理业务的机构或者个人，依据《专利代理条例》及相关规定实施行政处罚。对于违反本规定涉嫌犯罪的，依法移送司法机关追究刑事责任。

综上所述，非正常申请专利行为一旦被初步认定，不仅会对当前专利申请产生直接影响，还可能触发一系列严厉的打击措施甚至行政处罚。因此，涉及的相关企业或个人必须对此予以高度重视，并采取相应措施来应对潜在的风险和后果。

第三节　企业被"误伤"为非正常申请专利行为的原因及救济途径

一、被误认为非正常专利申请的原因

2023 年《专利法实施细则》新增第十一条，第一次将对非正常申请专

利行为的打击写入行政法规，为规范专利申请行为、维护专利工作正常秩序提供了法律支撑。该细则在第五十条、第五十九条、第六十九条还明确了，可以在初审、实质审查和无效程序中依据该条款作出驳回或无效决定，进一步强化了对非正常申请专利行为的打击力度。此外，《"十四五"国家知识产权保护和运用规划》指出"严厉打击不以保护创新为目的的非正常专利申请和代理行为"，体现了国家对于推动知识产权事业高质量发展的坚定决心。这些措施共同构成了我国对于非正常申请专利行为的全方位、多层次打击体系，为优化专利生态环境、促进知识产权保护和运用提供了有力保障。

在非正常排查工作中，初步认定并非终局性决定，其流程和性质也不同于正常专利的审查程序。从国家知识产权局对此专项工作的流程安排和实践情况来看，确实存在被初步认定"误伤"的情况，结合非正常申请专利行为的认定标准和实践经验来看，存在几类常见的申请被"误伤"的情形：

（一）代理行为异常引发的"误伤"

根据国家知识产权局所公布的非正常申请专利行为的认定标准，专利代理师或代理机构的情况系重要的核查项目。在实际操作中，若企业未对代理机构进行审慎筛选，当该代理机构涉及多件申请最终被认定为非正常时，其所代理的同期、相同或相似技术领域，或相同、相关联申请人的其他申请，亦可能被视为非正常，从而遭受"误伤"。

（二）批量申请可能导致的"误伤"

非正常申请专利行为的认定涉及多方面标准，国家知识产权局在排查时不会仅凭单一指标作出判断，故我们虽然提出批量申请可能成为一项"异常"指标，但仍需结合其他特征综合考量。例如，具有长期研发实力的科技型企业批量申请专利是符合其研发能力和资源条件的，因此在申请数量上通常不会显得异常。然而，若初创的小微企业突然在短时间内大量提交专利申请，且这些企业并非研发或制造型企业，或与申请专利的技术领域无直接关联，则其行为容易被认定为非正常。

（三）撰写质量问题可能引发的"误伤"

在实践中，有些企业自行提交专利申请时，未能充分意识到专利文件与一般技术文件的区别，导致权利要求表述不规范，甚至存在重复、冗杂、辞不达意的情况。此外，由于对专利制度了解不足，可能在多个申请中重复保护同一技术方案。这些因素都可能导致专利申请被认定为在撰写角度存在明显异常。同时，有些企业在将技术交底书交给代理机构后，未能充分沟通保护策略和技术要点，缺乏对专利申请事务的后续管控，过度依赖代理机构。这可能导致虽然申请基础真实，但由于代理师对技术理解的偏差或不到位，专利文本在形式上质量偏低。另外，专利说明书中的实验数据也是非正常专利排查工作的关注重点之一。若企业在专利撰写过程中忽视对实验数据的校对和查验，出现不符合实验原理、数理逻辑的数据，亦可能被认定为存在编造、伪造或变造的情况，从而遭受"误伤"。

当然，以上也仅是本书根据实践经验所总结的一些企业可能被"误伤"的情形，被认定为非正常申请专利行为一般也是出现多个异常情形所综合导致的。企业在申请专利时，只要确保真实且符合专利保护与申请的目的，便无须过度担忧。为降低风险，企业在撰写专利文本时应尽量遵循规范和专业的标准。如需委托专业代理机构进行申请，应谨慎选择优质的代理机构，并妥善保存研发资料和原始实验数据。即使偶然遭遇被"误伤"的情况，企业也只需整理相关材料并提供全面的陈述意见即可。通过以上措施，企业可以更好地保护自身的权益，并促进知识产权的健康发展。

二、对于被误认为非正常申请专利行为的救济途径

《规范申请专利行为的规定》第五条规定："……通知申请人在指定的期限内陈述意见并提交证明材料，或者主动撤回相关专利申请、法律手续办理请求。"可见，当事人在收到非正常初步认定后，可以提交陈述意见及证明材料以证明其申请行为或代理行为不属于应予打击的范畴。《办事指南》将该提交意见陈述及证明材料的程序称为"申诉"程序。

《办事指南》明确了陈述意见书应针对非正常申请专利行为初步认定通报、"审查业务专用函（非正常）"或"审查意见通知书"中指出的非正常申请专利行为认定情形、根据相关认定角度（申请文件撰写、申请行为或代理行为等）陈述意见并提交证明材料。此外，《办事指南》指

出，证明材料可以包括：1. 申请基础真实性的证明材料，例如：证明真实的发明创造活动的材料，与申请人、发明人实际研发能力及资源条件有关的证明材料；2. 申请目的真实性的证明材料，例如：证明申请以保护创新为目的，而非为牟取不正当利益或者虚构创新业绩、服务绩效等的材料；3. 申请行为、代理行为和转让行为真实性的证明材料，例如：相关行为真实存在的证明材料、相关行为参与人身份及联系方式真实性的材料等。

如果陈述意见得到国家知识产权局认可，经审查后认定确实为"误伤"，将恢复申请案件的正常审批流程。但如果仍然被认为属于非正常申请专利行为的，将驳回专利申请，或者不予批准相关法律手续办理请求。届时，如当事人不服则可根据专利申请被驳回后的一般途径进一步救济，依法提出行政复议申请或提起行政诉讼。

第四节　企业应对非正常专利申请的典型应用场景

一、实际案例

下文中，本书将通过一个实际的非正常申诉成功案例，来详细展示企业在收到非正常申请专利行为的初步认定时，应当如何采取有效的应对和处理策略。

（一）案情简介

2022 年末，某化工企业 Z 公司所委托的专利代理机构收到地方管理专利工作的部门发出的非正常申请专利行为初步认定通知，共涉及三件发明专利，均属于化学化工领域。认定理由主要为两点：一是认为单位或个人提交与其研发能力明显不符的专利申请，二是提交的专利申请存在技术方案以复杂结构实现简单功能、采用常规或简单特征进行组合或堆叠等明显不符合技术改进常理的行为。在接到公司委托后，对公司背景及专利申请情况进行了较为深入全面的了解和梳理，大致情况如下：

1. 关于 Z 公司背景

Z 公司成立于 2018 年，注册资本达 1000 万元，公司拥有独立的厂区，配备标准生产车间和实验室，拥有相当规模数量的实验器材和化工设备，组建有一流的科研团队。同时，所涉专利相关技术领域为 Z 公司主营业务范围，且围绕相关技术一直开展生产经营活动。

2. 关于 Z 公司三件被初步认定为非正常申请专利的情况

三件专利均涉及化学化工领域，均具体针对垃圾处理流程副产物中有效资源的回收利用。

3. 与所涉三件申请相关的情况

Z 公司作为一家化工企业，其主营业务和研发重点集中在化学工业过程中的资源回收利用。尽管公司成立时间不长，但其背后的关联公司在此领域已有深厚的积累。虽然上述专利并非 Z 公司的核心研发方向，但它仍然是一项围绕核心技术所取得的重要技术突破。在细分技术领域中，该发明所采用的技术方法看似简单，但 Z 公司通过深入研究，采用了特定的工艺方法、工艺参数或组合物，取得了这一技术成果，成功解决了本领域长期存在的技术难题。正因如此，Z 公司才计划通过发明专利来保护这一技术方案。

在交流过程中，我们发现 Z 公司对技术研发非常重视，但在专利知识和申请策略方面存在不足。在撰写专利文件时，科研人员往往容易代入其惯性思维，以项目材料或科研论文的形式进行表达。此外，Z 公司在专利申请方面没有形成宏观长远的策略，而是零散地对研发过程中阶段性涌现的技术成果予以申请，导致同一技术方案不同程度地出现在 Z 公司不同的申请中，文本和语段均有一定重叠。在针对 Z 公司的非正常排查工作中，审查人员可能因此无法明确其真实的保护意图和重点，从而对其申请的真实性和动机产生怀疑。由于行业特点，所涉专利的技术方案相对简单。同时鉴于申请文件在撰写时缺乏层次性和精练的专业用语，容易让人误解为是常规技术手段和现有技术的简单堆砌。在数据展示方面，Z 公司普遍使用了收率、纯度等二次加工数据，而未提供原始的测量结果，实验数据多以单因素数据表格形式呈现，这一形式恰好又是多数编造发明普遍特征，因此可能进一步降低了数据的可信度。

（二）应对思路及方式

1. 企业自检

在企业收到非正常申请专利的初步认定通知后，应当立即结合认定理由进行内部自查。国家知识产权局在作出此类认定前，往往是有一定的依据，可能是因为收到举报、线索反映，或是在审查过程中发现申请存在质量指标异常。为了有效应对这一问题，我们建议 Z 公司首先对其涉及的三件专利申请材料进行细致梳理，并明确以下几个关键问题：第一，所涉专利的技术方案、技术效果及所提供的数据是否真实可信？企业是否具备进行该项发明创造的真实意愿和能力？第二，这些专利是否属于独创性发明，研发过程中是否存在过度依赖或参考现有技术的情况？或是否存在过度借鉴他人科研成果、实验数据的行为？第三，与企业合作的专利代理机构是否具备专业资质，其在提交上述专利申请过程中是否存在不当行为或疏忽？经过与 Z 公司的深入沟通，公司能够对上述问题给出积极的答案，确信此次初步认定存在误判或误解，故我们强烈建议 Z 公司正式提起申诉。当然，在企业的实际应对中，如果经自查上述任意一个问题存在消极的答案，不论是由于何种原因，只要最终提交的专利申请与我国现行《专利法》及其实施细则保护发明创造的初衷相悖，我们都将建议企业考虑撤回申请，以避免进一步的损失和负面影响。

2. 分析原因

国家知识产权局已经明确了非正常申请专利行为的认定标准，并在初步认定时提供了相关理由。Z 公司从技术人员的角度出发，认为自己是独立研发的，并取得了显著成果，因此对国家知识产权局的非正常初步认定感到不解。实际上，非正常申请专利行为的认定与发明专利的实质审查工作存在本质上的区别。非正常申请专利行为的认定主要是对专利进行形式上和申请相关信息上的筛查，而不是深入技术细节、把握发明实质并与现有技术进行对比，根据法律规定从新颖性、创造性和实用性等角度评价其可授权性。因此，Z 公司在应对时无须过度关注证明该发明专利与现有技术的区别，以及其突出的实质性特点和显著进步。相反，应重点证明其申请行为遵循了诚实信用原则，内容真实客观，不存在弄虚作假。针对

Z公司的专利，初步认定中提出的理由主要质疑了公司的实际研发能力和资源条件，以及所提交专利申请内容的真实性。因此，在申诉过程中，Z公司应从公司资质和资源、技术方案本身出发，提供充分的证据和说明，以消除国家知识产权局的疑虑。这包括但不限于展示公司的研发实力、实验数据和结果、技术方案的独特性和创新性等方面。通过全面、客观展示公司的研发过程和成果，Z公司才有望成功申诉并维护其合法权益。

3. 组织证据

经过深入分析被认定为非正常申请专利的原因后，我们又针对性地指导Z公司收集相关证据材料。在收集证据的过程中，跟随公司技术人员参观了Z公司的实验室和厂房，深入了解其研发实力和条件。我们发现，Z公司不仅规模庞大、设备齐全，而且还保存了完整的实验原始记录本和实验样本。此前，Z公司过于关注证明自身技术的独创性和优越性，却忽视了这些看似不起眼的原始记录对于申诉的重要性。在与Z公司的沟通中，我们还了解到该公司已取得了高新技术企业证书，并拥有一支具备高学历的技术团队。为了真实反映研发实力，Z公司还采购了相关产品设备，并在申请提交所涉专利前委托官方机构进行了检索分析。基于以上情况，我们最终建议Z公司提交以下关键证据材料：营业执照、高新技术企业证书、既往已授权专利证书、办公场所及厂房实景照片、研发设备设施清单及实景照片、研发项目概览及部分原始实验记录、具体涉及的实验设备清单、研发人员花名册、研发项目的发布合作情况（包括合作合同、发票等）、与专利代理机构的代理服务合同，以及委托官方机构进行新颖性、创造性检索分析的服务合同。这些证据材料将全面展示Z公司的研发实力、技术背景和专利申请的真实性、合理性。

4. 意见陈述

在进行意见陈述时，须逻辑条理分明，分清主次。针对Z公司提交的此次申诉，我们主要分为三个部分，第一部分系从宏观角度概述相关专利申请的背景与动机，表明申请行为符合专利保护的初衷，是企业为保护创新成果而提出的；第二部分回应关于研发能力和资源条件的质疑，分别从企业资质、科研实力、研发及专利申请过程、生产运营记录几个方面，围绕证据材料展开，充分论证申请人具备与提出本申请相匹配的研发能力和资源条件；第三部分系聚焦于所涉专利的技术细节，对技术领域的专业性和发明本身的科学性、合理性进行了剖析，进一步印证了Z公司申请专利的初衷正确、事实基础真实。

二、案件启示

在我们和Z公司的共同努力下，三件专利的申诉均取得成功并全部转入正常审查流程。借由此案，我们也总结了对于非正常专利申诉的经验，在此分享。

第一，仔细分析非正常申请专利行为初步认定的缘由，严格按照《办事指南》准备意见陈述书和证明材料。无论是企业自行应对还是委托专业的服务机构协助准备申诉材料，一定要根据国家知识产权局官方发布的《办事指南》准备，意见陈述和证据材料都应围绕国家知识产权局给出的初步认定理由，有针对性、有层次地展开论述。

第二，跳脱出技术人员思维，从我国专利制度和打击非正常工作的目的出发把握申诉重点。所提交专利申请面临被初步认定为非正常时，企业应避免陷入自证其专利技术先进性和创新高度的窠臼之中。非正常申请专利初步认定意见并不构成对专利可授权性的全面评价，其仅限于评估专利申请行为是否存在异常或不当之处。即便在申诉时需要解释说明专利技术，也应回归到验证发明行为诚信度及发明内容真实性的核心目的，避免纠缠于对发明创造高度的不必要冗长阐述。

第三，为了全面证实申请基础、目的及行为的真实性，必须深入挖掘所有可能的证明材料。尽管非正常申请的认定是针对特定的专利申请，但国家知识产权局在认定时所参考的表现形式却多种多样。因此，在准备证据时，必须力求全面且深入，不应局限于本次申请所涉及的具体资料，因此，即使在缺少某一关键证明材料的情况下，也能够通过其他证据之间的相互印证，从整体上证明初步认定可能存在的误差。例如，若缺少实验原始数据，可以通过充分展示企业的研发实力、资金条件、其他相关领域的技术研发情况，以及相关技术的市场化进程和现状，来在一定程度上弥补直接证据的缺失。此外，证据的呈现形式也需灵活多样，可包括实地照片、原始记录的复印件、相关领域的专家论证资料、官方机构的佐证说明，其至现场演示视频、产品样本、鉴定报告等，均可作为强有力的证据支持。

三、本申诉案件中所涉及的原始文书材料

在本文最后，本书将分享泰和泰律师事务所帮助 Z 公司成功申诉的原始文本材料（已匿名化处理），以作为企业在面临此类事务时最直观的参考资料，从而帮助更多的企业把握非正常申诉的重点。需说明的是，该意见陈述书系于 2023 年初提交，现因 2023 年 12 月修正的《专利法实施细则》以及《规范申请专利行为的规定》的实施，部分法律依据和事实理由应作适应性调整，请企业在实际应对和参考时注意。

1. 意见陈述书

意见陈述书

专利申请信息：

申请号：CN2022××××××××.×

发明创造名称：×××

申请人：Z 公司

陈述意见：

关于"×××"（申请号：CN2022××××××××.×，以下简称"本申请"）发明专利申请被初步认定为非正常专利申请，申请人认为该认定有误，不符合《关于规范申请专利行为的办法》（国家知识产权局公告第四一一号）、《国家知识产权局关于进一步严格规范专利申请行为的通知》中关于非正常专利申请行为的认定标准，为维护申请人合法权益，特提出如下申诉意见：

一、申请人的申请行为符合《中华人民共和国专利法》要求，本申请是企业为保护创新成果而提出的

申请人 Z 公司位于××市××区，是一家以技术研发为主的科技型公司。成立以来专注于×××领域的研究开发，多年来共

计投入设备购置及实验经费逾千万元。公司与有着30多年×××领域经验的德国D公司、中国××科学院结成战略合作，开发了多项具有创新性的专有技术，如：……技术；……技术；……功能材料等。这些技术属于国际先进、国内首创，得到业界专家广泛认可。围绕这些技术，公司近年获得众多发明及实用新型专利授权，被认定为高新技术企业，同时也被××市××区确定为重点孵化的科技创新型企业。

申请人主要生产和研发领域均为……，而申请人创新性地以A物质为主对××烟气进行……，以起到更环保、更高效的技术效果，并且A物质的循环利用为申请人工艺方法的核心创新点之一。

而在具体……过程中，A物质的物理性状对工艺有着较为关键的影响，而A物质的结块问题是该工艺的主要难题之一。因此申请人致力于研究一种能特异性地被用于××烟气净化的A物质的防结块方法。无论是从申请人基本情况和既往研发背景，还是从申请人前期已申请专利的类型和技术方案来看，本申请的内容都是与申请人长期以来的研发和经营方向高度一致的。申请人期望通过申请发明专利将耗费大量心血研发得到的重要科研成果予以保护，符合《中华人民共和国专利法》保护创新的宗旨和精神，公司的申请行为不存在异常，不应被认定为非正常专利申请行为。

二、申请人具备与所提交专利申请相符的研发能力和资源条件

申请人在企业规模、资金实力、技术储备、科研人员水平、科研条件等方面均具有完成本发明的能力和条件。具体陈述如下：

（一）企业资质

申请人Z公司成立于2018年××月××日，注册资本达1000万元，办公及厂房地址为：……，经营范围为……。申请人被认定为高新技术企业，在化工、环保领域已经申请并获得授权17件专利。申请人显然具备研发的资质、实力和资本。（参见证据1—6）

（二）科研实力

申请人厂区配备了标准的生产车间及实验室，除基础实验器材和化工设备外，还自研并搭建了调速搅拌机、冷却结晶器、换热器、溶解釜、蒸发结晶器等非标设备，能够全面开展包括 A 物质防结块研究在内的××技术全阶段实验研究。申请人为保障项目的顺利开展，组建了一流的科研团队，其 2021 年度就包括了本科及以上学位人员×名，其中包括博士后×名，博士×名，技术总监、总工程师、副总工程师均毕业自清华大学、北京大学等国内顶级院校，项目组人员专业包括化学工程、化工机械、电力系统策划等。因此，申请人的研究和技术人员完全具备完成本申请的研发能力。（参见证据 4—9）

（三）研发及专利申请过程

本项目研发自 2019 年开始，2019 年×月至 2019 年×月，项目针对抗结剂配方和抗结剂加入比例的问题，进行了多次实验，并测得了相应的可靠实验数据。部分实验结果可参见证据 7—8。

申请人在附件中提交 A 物质防结块实验的原始实验记录及留存的样品的实物照片，2019 年 11 月 7 日，留存编号 111 留样为加入抗结剂的 A 物质；2019 年 9 月 13 日，留存编号 222 为未加入抗结剂的留样，通过 2023 年 2 月 2 日的对比，加入抗结剂的留样时至今日仍然未结块，流动性相较于未加入抗结剂的对照组有明显的区别。具体照片对比，可参见证据 7—8。

同时，为保证申请流程的顺利，申请人专门委托专业代理机构负责相关事宜，需要特别说明的是，申请人与 B 公司签订委托代理协议，进行专利撰写和提交……。

此外，为确保技术方案的新颖性、创造性和规范性，申请人还委托国家知识产权局专利局专利审查协作××中心（以下简称"审协××中心"）预先进行了现有技术的检索和分析，并根据检索结果予以完善。（参见证据 11—12）

申请人除全力进行技术研发以外，还与中国××研究院、××省××研究院、××公司、××集团达成战略合作，开发了多项具有创新性的专有技术。（参见证据 10）

（四）生产运营记录

申请人在主营业务范围内，围绕××工艺中的关键技术、化工设备、原料和检测方法一直展开生产经营活动，但为了保护商业秘密，申请人仅能够提供部分产品采购合同、技术服务合同。（参见证据10）

由上述可见，申请人具备与提出本申请相符的研发能力和资源条件，不属于《国家知识产权局关于进一步严格规范专利申请行为的通知》第二条第（三）项"单位或个人提交与其研发能力明显不符的专利申请"以及《关于规范申请专利行为的办法》（国家知识产权局公告第四一一号）第二条认定非正常申请专利行为的情形。

三、申请人提交的专利申请不存在技术方案以复杂结构实现简单功能、采用常规或简单特征进行组合或堆叠等明显不符合技术改进常理的行为

首先，如上所述，本申请的技术方案已在申请前委托审协××中心进行了预先检索和分析，并根据其意见予以修改和完善。申请人对提交申请事宜始终保持审慎态度，在已经委托代理机构的情况下，正是本着保护创新的真实目标才不惜花费成本和精力委托其进行预先检索和咨询。从结果也可以看出，本申请的技术方案在一定程度上已经与现有技术构成区别，没有能够直接评述其新颖性和创造性的对比文件，可见"技术方案以复杂结构实现简单功能、采用常规或简单特征进行组合或堆叠等明显不符合技术改进常理的行为"的认定理由与事实明显不符。（参见证据12）

其次，本申请针对××技术中关键性化工原料A物质的结块问题，采用加入组合物抗结剂的方式来改善A物质易吸潮结块的特性，并优化了××化工过程中A物质使用量的问题。本申请权利要求书已经提出了明确的技术方案，并完全得到说明书的支持。本申请属于化工化学领域，鉴于领域特点，虽然抗结剂各组分是较为常用的化工原料，但通过特定的配比和组合解决了实际生产中的难题。需要强调的是，化工化学领域的发明不同于机械等领域，机械领域往往可通过技术特征和组件的功效来预测其组合的功效，但此类预期方法在化学化工领域具有一定的局限性，为了便于实现工业生产，所采用的原料本身就倾向于市面流通且成本低廉的产品，而申请人通过长期对其组合及配比的调整，得到了本领域技术人员预料不到的技术效果，其实验的方向是无法

通过本领域常规技术手段来确定的。抗结剂的配比是本申请的核心发明点所在，对此申请人进行了大量的实验和验证，在说明书中也提交了关键性实验数据加以佐证，仅仅因为权利要求撰写形式简单或加入抗结剂组合物成分常规而被认为是常规技术手段或简单特征的杂乱组合和堆砌，有悖事实和科学逻辑，也难以被经过大量实验和科学论证才取得该配比的申请人认同。

因此，申请人提交申请的技术方案符合《中华人民共和国专利法》要求，不属于《国家知识产权局关于进一步严格规范专利申请行为的通知》第二条第（五）项"单位或个人提交的专利申请存在技术方案以复杂结构实现简单功能、采用常规或简单特征进行组合或堆叠等明显不符合技术改进常理的行为"以及《关于规范申请专利行为的办法》（国家知识产权局公告第四一一号）第二条认定非正常申请专利行为的情形。

综上所述，本申请不存在非正常专利申请的行为，初步认定有误且可能对申请人的研发生产造成不良影响。为保证民营企业的创新热情及合法权益，恳请贵单位予以纠正，恢复本申请正常申请和审查流程。

附件　证据材料清单

序号	材料名称	证明目的
1	申请人营业执照	公司注册资金为 1000 万，经营范围与本申请高度相关，申请人具有完成本发明并加以保护的动机、合理需求及资源能力。
2	高新技术企业证书	公司为高新技术企业，具备完成本申请的科研能力和资质条件。
3	申请人既往 17 件已授权专利证书	申请人长期致力于××领域的化工、环保工程研究，且一直高度关注对其中工艺方法、设备设施的知识产权保护。本申请技术方案也为××技术中重要的环节，申请人提交本申请目的正当且合理。
4	公司办公场所及厂房实景展示	公司真实从事××领域相关化工、环保工程工作，具有完成本申请的资质和资源条件。

续表

序号	材料名称	证明目的
5	申请人实验室实景照片	申请人真实开展了研发工作并通过不懈努力而得到本申请技术方案，申请人具备完成本发明的物质条件、经济基础和科研实力。
6	申请人研发设备设施清单及实景图	
7	研发项目概览	
8	申请人部分实验记录、留存样品	
9	申请人研发人员花名册	
10	申请人部分相关产品及设备的销售合同和发票	申请人真实从事化工、环境工程，并致力于××技术的研发和市场化进程，其申请专利行为符合保护创新的初衷。
11	《知识产权服务协议》	申请人委托专业代理机构负责本申请的提交和相关事宜，申请人为提交本申请付出了合理的代理费用，其行为不存在异常。
12	申请人与国家知识产权局专利局专利审查协作××中心签订的《咨询服务合同》	申请人为保证申请质量并顺利获得授权，于提交申请前委托审协××中心对本申请技术方案进行现有技术的检索和分析，并由其结合检索情况和新颖性、创造性要求提出优化和完善的咨询意见。

第七章
企业知识产权争议解决

第一节　企业知识产权民事诉讼实务要点

一、知识产权民事诉讼概述

民事诉讼是知识产权保护的重要途径。2022 年，全国地方各级人民法院共新收知识产权民事一审案件 43.848 万件、二审案件 4.6524 万件[①]，持续保持高位。在新技术、新产业、新业态、新商业模式的发展背景下，知识产权民事诉讼呈现出纠纷形态与网络环境深度融合、诉争内容与产业模式密切关联、案件事实与专业技术相互交织、商业维权与批量诉讼现象突出等特点[②]，投射到知产类案件的民事诉讼程序中，相较于其他民事案件更加突出。

（一）民事诉讼证据保全制度

证据保全是指在证据可能灭失或以后难以取得的情况下，在起诉前或诉讼中，申请法院采取查封、扣押、拍照、录音、录像、复制、鉴定、勘

[①]　参见国家知识产权局：《二〇二二年中国知识产权保护状况》。

[②]　徐俊：《"四新经济"背景下知识产权诉讼的新特点和新形态》，载《人民法院报》2023 年 6 月 15 日。

验、制作笔录等方法来保全证据。在知识产权侵权诉讼中，原告对被告侵权行为的取证，采用证据保全方式取证是非常普遍的。

1. 申请证据保全的基本要求

原告向法院申请证据保全，需要在举证期限届满前书面申请；申请人就其主张已提供初步证据；申请保全的证据是申请人客观上无法自行收集的；存在证据灭失或再难取得的可能性且该证据对待证事实有重要影响；证据保全措施对证据持有人的不利影响不违背比例原则；申请人提供了相应的担保。

2. 证据保全的对象

证据保全的对象是证据内容而非证据载体，因此，如果可以通过复制、复印等方式提取证据信息，则无须扣押证据载体原件。换句话说，有多种证据信息提取方式的情况下，应选用对证据持有方影响最小的方式。

3. 不配合证据保全的法律后果

无正当理由拒不配合或者妨害证据保全、致使无法保全证据的，法院可以确定由其承担不利后果，比如：对拒绝配合的当事人作出待证事实的不利推定；将拒绝配合作为负面裁量因素加重不利裁判结果；罚款或拘留；构成犯罪的，依法追究刑事责任等。

（二）行为保全制度

在《民事案件案由规定》中的"知识产权与竞争纠纷"案件中，当事人可以在诉讼前或诉讼中（裁判生效前），申请法院裁定对方禁止作出侵害知识产权或不正当竞争的行为，又被称为"行为禁令"。

1. 申请行为保全的基本要求

行为保全的"杀伤力"颇大，一定程度上"预示"了法院对案件实体审理的倾向，因此对行为保全申请往往审查较为严格。审查条件包括：（1）是否属于法院管辖范围，被申请人住所地是否具有相应知识产权纠纷管辖权的法院或者对诉争案件具有管辖权的法院；（2）申请人是否属于下列主体之一：知识产权权利人、独占许可的被许可人、权利人不申请的情况下的排他许可合同被许可人或者经权利人明确授权以自己名义起诉的普通许可合同被许可人；（3）申请具有事实基础和法律依据、权利基础稳定；（4）不采取行为保全措施会使申请人的合法权益受到难以弥补的损害或者造成案件裁决难以执行等损害，比如侵害申请人享有的商誉或者发表权、隐私权等人身性质的权利且造成无法挽回的损害；（5）不采取行为保全措施对申请人造成的损害超过采取行为保全措施对被申请人造成的损害；（6）采取行为保全措施不至于损害社会公共利益；（7）通常会要求提供担保且担保数额可能大幅高于诉讼请求主张的金额，因为担保的是错误行为禁令给被申请人造成损害的风险。

2. 行为保全的效力

裁定停止侵害知识产权行为的效力，一般维持至案件裁判生效时止，申请人请求续行保全措施的，应当在期限届满前七日内提出。当事人不服行为保全裁定（包括支持或驳回保全申请）的，可申请复议，法院应当在收到复议申请后十日内审查并作出裁定。拒绝执行行为保全裁定的后果与前述拒绝配合证据保全的后果相似。

（三）技术调查官

因为知识产权类案件存在事实与专业技术相互交织的客观特点，所以在民事审判中常常会借助技术调查官等角色协助审理工作。其中，"技术调查官"是法院聘用的审判辅助人员，受法院指派提供技术咨询或参与专业技术性较强的知识产权审理工作，对技术事实的争议焦点以及调查范围、顺序、方法等提出建议；参与调查取证、勘验、保全；参与询问、听证、庭前会议、开庭审理；提出技术调查意见；协助法官组织鉴定人、相关技术领域的专业人员提出意见；列席合议庭评议等有关会议。

技术调查官具有中立性，适用于民事诉讼回避制度，并不代表任何一方当事人的立场；而"专家辅助人"可以是一方申请后作为己方"专家证人"出庭说明某些专业性的问题。

（四）知识产权民事诉讼案件的管辖

知识产权民事诉讼作为民事诉讼的一个类别，根据《最高人民法院关于修改〈民事案件案由规定〉的决定》涉及知识产权民事纠纷的案由有如下四大类别：知识产权合同纠纷，知识产权权属、侵权纠纷，不正当竞争纠纷和垄断纠纷。

作为民事诉讼的一种，知识产权的管辖亦受级别管辖和地域管辖的约束，但是和其他民商事案件的争议相比，知识产权的管辖亦有明显不同的特点。从级别管辖的角度看，一般的知识产权类的一审民事案件主要由基层人民法院审理，但是主要涉技术类知识产权（比如专利、植物新品种、集成电路布图设计、计算机软件著作权）权属、侵权以及合同纠纷、认定驰名商标以及垄断纠纷类案件一般是由当地的知识产权法院或者中级人民法院审理；自 2023 年 11 月 1 日起，其中发明专利、植物新品种、集成电路布图设计权属、侵权民事的二审还有"飞跃上诉"的制度，二审直接由最高人民法院审理。另外根据《最高人民法院关于调整高级人民法院和中级人民法院管辖第一审民商事案件标准的通知》（法发〔2015〕7 号），根据案件标的的不等来确定级别管辖的法院，且最高人民法院的该文件对各地基层法院审理的一审知识产权民事争议的标的额的设置在不同的地区有不同的规定，比如具体到江苏省内，500 万标的以内的一般案件由基层人民法院审理，500 万及以上至 50 亿以内的案件由中级人民法院或者知识产权法院审理，50 亿及以上由高级人民法院（简称"高院"）审理。但是各地高院在 2017 年前后先后出台了各省市知识产权民事案件级别管辖标准的通知，大多规定诉讼标的额在 2 亿元以上且当事人住所地均在所在省市内的第一审知识产权民事案件由高院审理，以及诉讼标的额在 1 亿元以上且当事人一方住所地不在省市内或者涉外、涉港澳台的第一审知识产权民事案件，这些规定目前没有任何一个高院发文废除，所以就带来高院管辖究竟是以 50 亿为限还是以之前 2 亿或 1 亿为限的疑问，目前还未有确切意见，实务中还有诸多法院还在适用 2017 年前后各地的高院的司法文件来作为级别管辖的依据。当事人遇到这样标的的争议案件时，还需要考虑其省内司法文件的调整问题。

从地域管辖的角度看，一般的原则是合同或者其他财产权益纠纷的当事人可以书面协议选择被告住所地、合同履行地、合同签订地、原告住所地、标的物所在地等与争议有实际联系的地点的人民法院管辖，但不得违反本法对级别管辖和专属管辖的规定；没有约定的由被告住所地或者合同履行地人民法院管辖。因侵权行为提起的诉讼，由侵权行为地或者被告住所地人民法院管辖。由其他行为引起的诉讼，由被告住所地人民法院管辖。被告住所地与经常居住地不一致的，由经常居住地人民法院管辖。对法人或者其他组织提起的民事诉讼，由被告住所地人民法院管辖。同一诉讼的几个被告住所地、经常居住地在两个以上人民法院辖区的，所涉人民法院都有管辖权。

在地域管辖中，特别需要注意的有两个问题：一是根据《最高人民法院关于印发基层人民法院管辖第一审知识产权民事、行政案件标准的通知》（法〔2022〕109号），民事案件的地域管辖还存在集中指定管辖的情形。比如北京市东城区人民法院管辖东城区、通州区、顺义区、怀柔区、平谷区和密云区的所有应由基层法院审理的知识产权民事争议案件。所以，按照一般的民事纠纷案件确定了管辖地以后还要再确认管辖地的实际有权审理知识产权案件的法院；因我国在北京、上海、广州设立了知识产权法院，广州知识产权法院对广东省内的技术类案件实行跨区域管辖，北京和上海知识产权法院实行集中管辖。二是在侵权案件中，根据《最高人民法院关于适用〈中华人民共和国民事诉讼法〉的解释》第二十四条和第二十五条的规定，信息网络侵权行为的结果发生地包括了被侵权人住所地，但是著作权中的侵害信息网络传播权的侵权纠纷的地域管辖中被侵权人住所地并非当然的结果发生地，最高人民法院通过（2022）最高法民辖42号原告张某龙与被告北京某文化传播有限公司、程某、马某侵害作品信息网络传播权纠纷一案作出了明确的裁判指引。

还有一类比较特殊的知识产权民事纠纷的管辖，那就是涉外知识产权案件的管辖。我国法律没有对涉外知识产权诉讼的管辖权问题特别作出规定，涉外知识产权侵权案件管辖权的确定应该适用《民事诉讼法》的相关规定。对于侵犯我国知识产权的案件，由于侵权行为发生在我国境内，我国法院当然是有管辖权的。

在有关涉外知识产权侵权纠纷管辖权异议的司法实践中，相关讨论主要集中在标准必要专利许可费纠纷管辖权的判断问题上，以该纠纷与中国是否存在"适当联系"作为判断标准。其中，"适当联系"的判断，根据个案的不同，"适当联系"的连接点为"专利权授予地、许可标的所在地、专利实施地、专利许可磋商地、合同签订地、合同履行地、可供扣押或可供执行财产所在地等是否在中国领域内"等，各个环节都可能成为此类争议管辖法院行使管辖权的理由。

因本书的篇幅限制，无法针对具体知识产权类别再逐一地介绍相关的管辖规定，读者可根据以上基本原则来做初步判断并查询相关司法文件确定最终的管辖。在明确了一审管辖法院之后，二审上诉在一审判决书当中都会释明上诉法院，故作为当事人，如何选择并确定一审管辖的法院才是最为关键的内容。

二、企业知识产权民事诉讼维权实务要点

（一）商标侵权民事诉讼的维权要点

广义的商标侵权民事纠纷主要包括"侵害商标权纠纷"和"确认不侵害商标权纠纷"，其核心问题主要为商标使用人的使用行为是否侵害他人注册商标专用权，但在两类案件中当事人的法律地位相反。

1. 程序要点

提起侵害商标权纠纷的程序要点主要包括确定案由、确定原被告、确定被诉行为、确定赔偿金额及合理开支、确定管辖、证据搜集等，下文对其中部分要点进行展开。

（1）确定原告。提起侵害商标权纠纷的主体为商标所有人及利害关系人，包括被许可使用人和商标财产权利的合法继承人等。就被许可使用人而言：独占许可的被许可人可以单独向人民法院提起诉讼；排他许可的被许可人可以和商标注册人共同起诉，也可以在商标注册人不起诉的情况下自行提起诉讼；普通许可的被许可人经商标注册人明确授权，可以提起诉讼。

（2）确定被告。根据《商标法》及相关规定，主要包括侵权产品的生产商及销售商、侵权标识的制造商、帮助侵权的主体等。

其中涉及共同侵权的，还需辨析并厘清不同主体之间是否存在共同侵权的连带责任问题：① 是否存在共同生产的连带责任。实践中存在被控侵权产品上载有其他商标的商标注册人与产品实际生产商之间是否可作为共同生产商从而作为共同被告的问题，大部分法院均可接受将此类情形视为共同生产并承担连带责任；② 是否存在共同销售的连带责任。实践中存在店铺出租方（如商场）代侵权产品销售店铺收取商品货款被认定构成共同销售承担连带责任；③ 是否存在生产商与销售商之间的连带责任。此类情形，实践中有部分法院认为应各自承担独立的侵权责任，另有部分法院认

为存在认定为连带责任的空间，如有先例认为理应知晓商品侵权仍作为其代理商销售的应共同承担赔偿责任。

（3）确定赔偿数额和合理开支费用。赔偿数额问题较为复杂，且需主要依据个案证据而定，在此仅作简要分析。

根据《商标法》及相关规定，赔偿数额的主张基础应按如下先后顺序，不满足前一标准才能适用后一标准：权利人实际损失、侵权人侵权获利、商标许可使用费的倍数。如上述金额均难以确定，法院将根据侵权情节，综合考虑侵权行为性质、期间、后果，侵权人的主观过错程度，商标的声誉及制止侵权行为的合理开支等因素给予五百万元以下的赔偿。

赔偿数额包括权利人合理开支，合理开支通常包括权利人或委托代理人对侵权行为进行调查取证的合理费用以及符合规定的律师费。

针对恶意侵犯商标权且情节严重的，法院根据当事人的请求可以上述方法确定数额的一至五倍确定赔偿数额（惩罚性赔偿）。上述方法确定数额指权利人实际损失、侵权人侵权获利、商标许可使用费的倍数。

权利人实际损失一般根据权利人商品销售减少量或侵权商品销售量与该注册商标商品的利润乘积计算。侵权人侵权获利，一般根据侵权商品销售量与该商品单位利润乘积计算；若无法确定商品单位利润，可以按照注册商标商品的单位利润计算。同时，商标作为企业商誉的载体，系公众选择商品或服务的重要影响因素，但商品或服务本身的质量等因素亦影响消费者选择。因此在实务中，部分法院在确定侵权人获利时，会同时考量"商标贡献率"，即商标对商品或服务销售的贡献率，以此进一步计算侵权获利。

侵犯注册商标专用权的诉讼时效为三年。若权利人在明知或应知侵权行为之日起超过三年起诉且侵权行为仍在持续的，权利人不丧失诉权，但侵权损害赔偿数额自权利人向法院起诉之日起向前推算三年计算，超出三年部分将不再计算在内。

（4）管辖法院。商标侵权民事诉讼由侵权行为实施地、侵权商品储藏地或者查封扣押地、被告住所地人民法院管辖。侵权商品储藏地是指大量或者经常性储存、隐匿侵权商品所在地；查封扣押地是指海关等行政机关依法查封、扣押侵权商品所在地。

实践中涉及原告在网络销售的发货地或收货地法院起诉的案件，此类案件的管辖问题存在一定争议。目前更多法院倾向于否认收货地法院的管辖权。针对发货地法官的管辖权问题，在 2019 年某终审裁判中，最高人民法院认为"在网络环境下，销售行为地原则上包括不以网络购买者的意志为转移的网络销售商主要经营地、被诉侵权产品储藏地、发货地或者查封扣押地等"，最高人民法院认可被诉侵权产品发货地属于销售行为地亦即侵权行为实施地，属于管辖连接点之一；而上海市徐汇区人民法院在某裁判中则持不同意见，其认为"网络交易中体现的发货地存在多种可能性，仅凭在案快递面单上的发货地址，而没有其他证据印证的情况下，不能直接认定该地址即为大量或者经常性储存、隐匿侵权商品的存储地。其次，×××公司并未举证证明陈某某在该居民小区开展生产、销售等经营性活动及具体经营地址，结合陈某某住福建省的事实，本院认为在案证据不足以认定发货地即为侵权行为实施地"。由此可见，实践中各地法院对于发货地法院是否具有管辖权仍存在不同见解。

此外，实践中大量存在权利人选择在销售商所在地或者销售行为地法院一并起诉销售商及生产商的情形，这类案件还需要注意案件审理范围的问题。有部分法院认为销售商所在地或销售行为地法院仅有权审理与该销售商被告相关的行为，对于与该销售商被告无关的其他销售行为不应予以处理。该问题可能直接影响禁止侵权行为的范围及判赔金额，需在拟定起诉策略时综合考虑。

管辖法院的选择在维权实务中的重要性非常之高，不同法院基于不同的审理水平、审理速度、判赔金额、对争议问题的不同观点，可能在较大程度上影响案件的处理结果。当事人及律师需要基于丰富的实践经验及敏锐的判断力综合评估各项因素，作出符合个案需求的正确选择。

（5）证据搜集。证据搜集工作是非常体现当事人及律师专业水平的工作，此处难以详述，在此仅列明基本证据类型。

① 原告的主体资格及适格证据：原告主体资格（营业执照、身份证明等）、商标注册证书、商标转让证明、商标授权许可协议、备案证明等；

② 被告的适格证据：主要为侵权产品生产商、销售商的相关说明、被告的工商报告（身份证明）等；

③ 权利商标的使用证据：权利商标使用于核定商品上的证据，包括但不限于商品包装、与商品交易有关的文书、广告宣传等材料；

④ 被告的侵权证据：主要为被告具体实施的商标侵权行为，如侵权产品实物、侵权产品销售网页等；实践中还需综合考虑取证方式的不同效

力、性价比，及取证速度等问题，选取合理的取证渠道，如公证、时间戳等；同时针对具有薄弱环节的证据组，需通过证据链的方式加强其证据效力；

⑤赔偿数额证据：原告经济损失、侵权产品的销售规模（通过网络进行销售的，可关注总销量、月销量、评价数量等数据；通过行政查处或者刑事侦查途径查明的销售数据可提供给法院综合认定）、侵权产品的所获利润（确认原告利润率、相同产品利润率、行业利润率、商标贡献率等）、商标的知名度和影响力证据等；

⑥合理费用证据：商标侵权诉讼代理合同、律师费发票、律师费支付凭证、公证费发票、差旅费发票、保全费发票等。

2. 侵权行为类型及其认定标准

针对不同的侵权类型，法律规定了不同的侵权判断标准，现分类简述如下：

（1）针对生产行为。一是假冒，即"未经商标注册人的许可，在同一种商品上使用与其注册商标相同的商标"。其中，"商标相同"是指被控侵权的商标与原告的注册商标相比较，二者在视觉上基本无差别；"同一种商品"是指涉嫌侵权人实际生产销售的商品名称与他人注册商标核定使用的商品名称相同的商品，或者二者商品名称不同但在功能、用途、主要原料、生产部门、消费对象、销售渠道等方面相同或者基本相同，相关公众一般认为是同种商品。二是近似混淆，即"未经商标注册人的许可，在同一种商品上使用与其注册商标近似的商标，或者在类似商品上使用与其注册商标相同或者近似的商标，容易导致混淆的"。其中，"商标近似"是指被控侵权的商标与原告的注册商标相比较，其文字的字形、读音、含义或者图形的构图及颜色，或者其各要素组合后的整体结构相似，或者其立体形状、颜色组合近似，易使相关公众对商品的来源产生误认或者认为其来源与原告注册商标的商品有特定的联系；"类似商品"是指在功能、用途、生产部门、销售渠道、消费对象等方面相同，或者相关公众一般认为其存在特定联系、容易造成混淆的商品。认定是否"容易导致混淆"应综合考量商标标志的近似程度、商品的类似程度、请求保护商标的显著性和知名程度、相关公众的注意程度、主观意图、实际混淆的证据以及其他相关因素。驰名商标的特殊认定标准，是"就相同或者类似商品申请注册的商标是复制、摹仿或者翻译他人未在中国注册的驰名商标，容易导致混淆的，不予注册并禁止使用"；"就不相同或者不相类似商品申请注册的商标是复制、摹仿或者翻译他人已经在中国注册的驰名商标，误导公众，致使该驰名商标注册人的利益可能受到损害的，不予注册并禁止使用"。此处需要注意的是，驰名商标具有比普通注册商标更强的保护力度，在于已注册驰名商标可在不相同且不类似商品或服务上获得保护，虽然未注册驰名商标亦可在相同或类似商品或服务上获得保护，但突破了普通注册商标的保护限制。

（2）销售侵权行为，即销售侵犯注册商标专用权的商品的行为。

（3）帮助侵权行为，主要指"故意为侵犯他人商标专用权行为提供便利条件，帮助他人实施侵犯商标专用权行为"。其中"提供便利条件"包括为侵犯他人商标专用权提供仓储、运输、邮寄、印制、隐匿、经营场所、网络商品交易平台等。例如市场管理方未对入驻商户尽到合理的审查义务和市场监管责任，在入驻商户销售产品被认定构成商标侵权时，则市场管理方可能构成帮助侵权。普通商标侵权为无过错责任，帮助侵权通常被认为适用过错责任原则。

（4）反向混淆行为，主要指商标使用人的行为可能致使"相关公众误认为在先商标权人的商品或服务来源于在后商标标识的使用者，或二者之间存在某种特定的联系"，反向混淆的认定构成要件与一般商标侵权案件基本相同，但应考虑涉案商标的显著性与知名度以及被诉侵权标识的知名度与使用情形等因素，给予相对应的保护强度。

（5）驰名商标侵权的特殊规则，除在前述有关近似混淆的部分所述，法律对驰名商标侵权给予了认定标准上的特殊保护，法律还对驰名商标给予了在案件类型上的特殊保护，包括："驰名商标权利人有权禁止相关方在不相类似商品上使用与其驰名的注册商标相同或者近似的……企业名称"，即驰名商标权利人可直接针对他人企业名称提起侵害商标权纠纷，而不仅是诉诸不正当竞争。"驰名商标权利人有权请求法院禁止相关方使用其复制、摹仿或者翻译原告驰名商标的注册商标"，即突破了普通注册商标针对他人使用注册商标的行为，其必须先行向商标行政主管机关提出无效宣告的限制，而驰名商标权利人可直接提起侵害商标权民事诉讼。

（二）版权类民事纠纷维权要点

"不打无准备的仗"。要想提起版权类民事诉讼，应该做好全面、充分的考量。笔者结合多年的知识产权法律实务经验，总结了以下检测项（如图 7-1），用以审查是否已做好充分的准备。

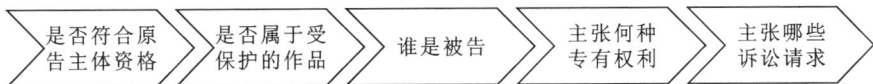

是否符合原告主体资格 ▷ 是否属于受保护的作品 ▷ 谁是被告 ▷ 主张何种专有权利 ▷ 主张哪些诉讼请求

图 7-1　版权类民事纠纷维权要点

1. 是否符合原告主体资格

可以提起版权之诉的通常包括：版权人、利害关系人（包括版权的被许可人）、邻接权人。

（1）版权人。

版权人一般是指作品的作者，但下列几种情形需留意：

① 法人作品推定单位为作者，即版权人。由法人或者非法人组织主持，代表法人或者非法人组织意志创作，并由法人或者非法人组织承担责任的作品，法人或者非法人组织视为作者。[①]

② 职务作品版权归单位，作者个人享有署名权。主要利用单位条件创作并由单位承担责任或单位系报社、期刊社、通讯社、广播电台、电视台的，则该职务作品的著作权由单位享有，创作者仅享有署名权，仅能就他人侵犯署名权的行为进行维权；若他人侵犯其他权利，必须由单位作为诉讼主体起诉。[②]

③ 委托作品的版权人遵照约定而定，无约定则为受托方。如果委托协议确定版权由委托人享有，则委托方作为版权人；如果没有约定的，依法确定受托方为版权人。[③]

④ 合作作品应由合作作者共同起诉，部分作者单独起诉可能面临主体审查。合作作者基于共同创作均享有该作品的版权，理论上应共同作为原

---

① 参见《中华人民共和国著作权法》第 11 条。
② 参见《中华人民共和国著作权法》第 18 条。
③ 参见《中华人民共和国著作权法》第 19 条。

告起诉，如果部分作者单独提起诉讼，实务中受限于个案特点（比如作品是否可分割）可能有不同的处理。是否必须审查合作作者的意见、是否必须通知所有合作作者参与诉讼——以何种身份参与诉讼、维权收入在合作作者间如何分配等都有争议空间。因此，如果仅有部分权利人提起诉讼，建议获取其他权利人表态不起诉或者授权其起诉的证据，并明确维权获赔的分配规则。①

（2）如何证明"版权人"的身份。

实务中，原告证明自身是版权人的方式通常有：提交作品登记证书、提供作品底稿等创作过程的证据、作品署名及发表方面的证据、作品区块链存证证据等。需留意的是，作品登记证书是推定版权人身份的初始证据而非版权的"许可证书"，如果对方有充分的相反证据证明实际版权人并非如此的，法院会根据优势证据推定原则来处理。

（3）版权的被许可人。

① 专有许可的被许可人。我国《著作权法》意义上的"专有许可"如无特别约定，视为有权排除包括著作权人在内的任何人以同样方式使用作品，类似于商标、专利中的"独占许可"。这种情况下被许可人有权单独提起维权之诉。②

② 非专有许可的被许可人。非专有使用权的被许可人无权直接以自身名义起诉，应先请求著作权人就特定案件提起诉讼，在著作权人不起诉或明确授予被许可人起诉的情况下，才可提起维权之诉。实务中，版权许可的内容及措辞往往多种多样，不一定遵照法律规定的逻辑来设置许可条款，因此，需特别留意审查具体许可的时间、地域、权利内容、专有权限等是否足以覆盖拟主张的诉讼请求。若约定不明或许可条款过于复杂的，建议请版权人就起诉案件明确准予被许可人享有以被许可人名义提起诉讼且获赔的权利。

（4）邻接权人。

邻接权人指对作品本身之外的劳动成果享有权利的人，包括表演者、录音录像制作者、广播组织者、版式设计者。

---

① 参见《中华人民共和国著作权法》第14条。
② 参见《中华人民共和国著作权法实施条例》第24条。

2. 是否属于受保护的作品

除主体适格外还需考察：拟保护的成果是否构成《著作权法》意义上的"作品"？是否落入了《著作权法》明确不予保护的范围？如果构成作品，属于什么类型的作品？

《著作权法》意义上的"作品"不同于文学意义上的"作品"，需满足：（1）由人创作的；（2）属于文学、艺术和科学领域的；（3）具有独创性；（4）且以某种有形形式复制的智力成果（以上4个为形式要件）；（5）具备"独创性"（实质要件）。[①] 实质要件"独创性"指智力成果必须源于本人独立创作，且能反映作者创作时独特的判断、选择，能体现作者的个性表达。

有些成果虽然来之不易，但并不受《著作权法》的保护。比如：创作灵感（单纯的构思并未形成具体的表达）；各类操作方法、技术方案（实用性功能）；官方正式文件；单纯的事实消息及通用公式、表格等。[②]

作品的表达形式众多，但并非所有类型的表达均受著作权保护，区分作品类型能准确锁定适格客体，同时，不同类型作品的权利人享有的权利也不尽相同，识别作品类型对权利辨析亦具有重大意义。《著作权法》第3条以正面清单形式将作品分为了9大类（如图7-2）。

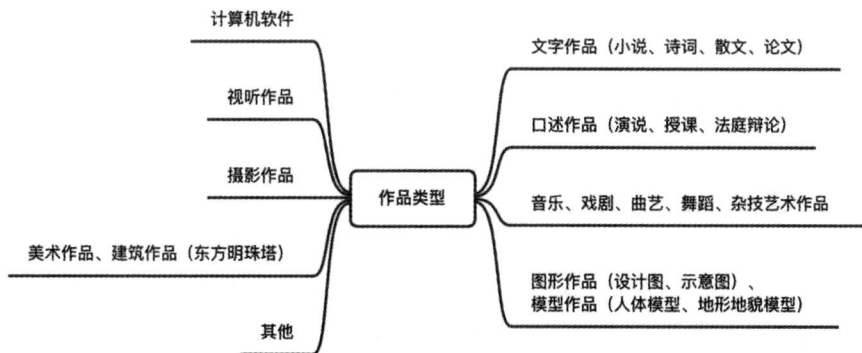

图 7-2　《著作权法》保护的作品类型

---

① 参见《中华人民共和国著作权法实施条例》第2条。
② 参见《中华人民共和国著作权法》第5条。

同一作品根据观察视角不同可能构成不同类型的作品，如：某位书法家以其自创字体书写了不少独创诗词，从书法欣赏的角度来看，该诗词构成美术作品，若着眼于诗词本身的遣词造句则属于文字作品。

3. 谁是被告

实践中，侵犯著作权的行为往往涉及多个主体，同时涉及多个被侵害的权利，此时，权利人可针对所有侵权行为同时起诉，将各个环节的侵权人作为共同被告，也可根据轻重缓急，先选择损害后果最严重或造成损失最大的侵权人提起诉讼、主张权利，同时亦可对未起诉侵权人进行非诉方式的沟通，可参见本章后续内容结合分析。

4. 主张何种专有权利

《著作权法》赋予了权利人排他利用作品的权利，称为"专有权利"，此乃维权的基础。据是否与人格利益相关联，可将著作权分为人身权利与财产权利两大类，对不同的行为类型继续细分可将著作权分为 16 项专有权利（如图 7-3）及 1 项兜底权利。[①]

一项专有权利控制着一类行为，权利人可据此禁止他人从事该项行为，换言之，若行为人的某种行为落入某项权利控制的范围，且未取得权利人许可也无法定抗辩事由，则构成侵权。因此，维权的核心在于辨析自身享有何种权利、该权利可控制哪类行为。

实务中，对侵犯何种专有权利这一问题的认定，既需要细致审视案件事实，又需要在法律层面理解和解释特定专有权利的概念内涵。在互联网环境及新技术高速发展的时代背景下，往往存在诸多争议，绝非简单的非此即彼的问题。

以邻接权中的表演者权设定场景（如图 7-4），表演者既享有人身权利，也享有财产权利，财产权中的"首次固定权"控制将表演者的表演初次录制的行为：假设某人在演唱会上就歌手的演唱进行了录制，该行为首先侵犯了歌曲著作权人的"复制权"，同时还侵犯了歌手身为表演者所享有的"首次固定权"，此时，著作权人仅能主张"复制权"，针对"首次固定权"须由表演者进行主张。在维权过程中，涉及他人享有的权利可通过善意提醒等方式寻求联动，助力于维权工作。

---

① 参见《中华人民共和国著作权法》第 10 条。

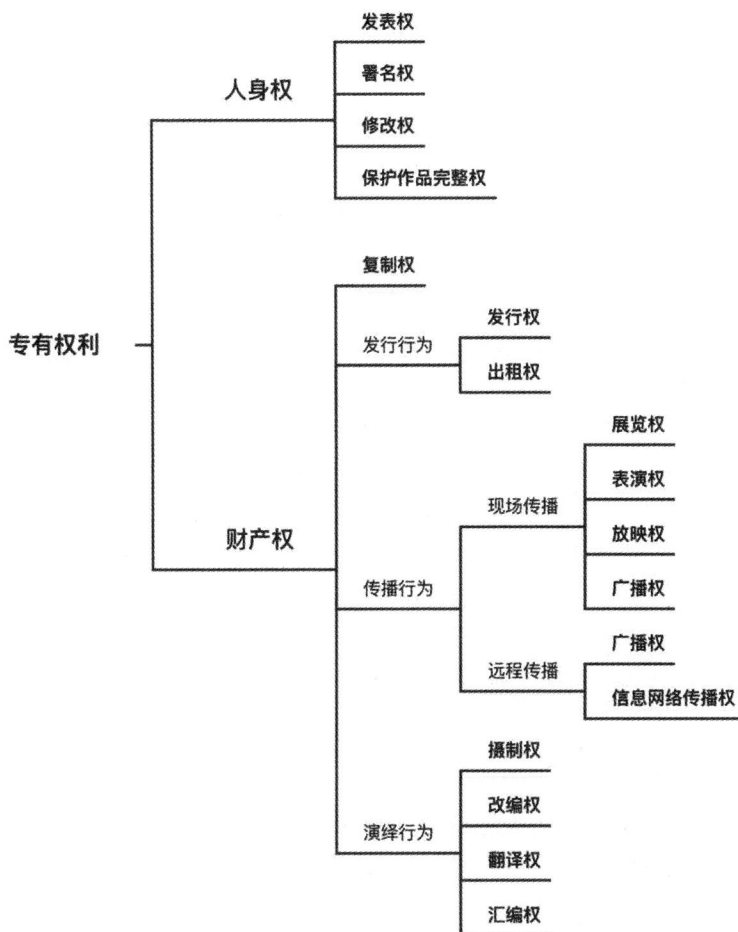

图 7-3 著作权专有权利划分

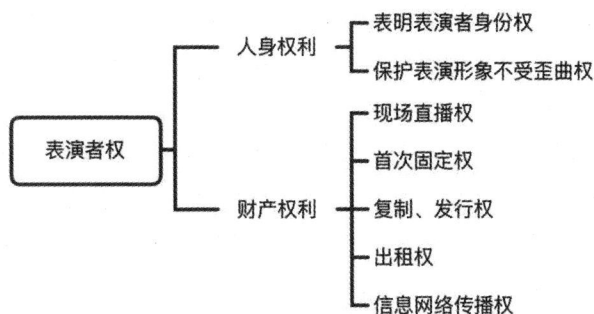

图 7-4 表演者权利划分

5. 主张哪些诉讼请求

每一项知识产权维权的背后，都有商业竞争的博弈以及商业价值的考量。原告发起维权诉讼时会有期待的效果，而效果对应着诉讼请求。权利人在民事层面可主张的请求为：停止侵害、消除影响、赔礼道歉、赔偿损失。① 此外，因著作人身权与人格利益相关，具备一般人格权属性，故依据《民法典》第一千一百八十三条关于精神损害赔偿的规定，对于侵犯著作人身权造成严重精神损害的，可主张精神损害赔偿。

若情况紧急，权利人还可请求临时禁令——行为保全②，在纠纷未经过司法审理、尚处于混沌状态时使行为人停止有关行为，防止损失扩大。

不同的维权目的需准备的资料也不尽相同，在以停止侵权为目的的维权过程中应侧重证明主客体的适格性及侵权人实施了何种侵权行为；在以索要赔偿为主要目的的维权过程中应将证明重点放在侵权人的侵权获利额、自身的损失额以及著作权的许可费用等金额标准上。

（三）专利类民事侵权纠纷维权要点

1. 专利侵权行为的认定

《专利法》规定，发明和实用新型专利权被授予后，除法律另有规定的以外，任何单位或者个人未经专利权人许可，都不得实施其专利，即不得为生产经营目的制造、使用、许诺销售、销售、进口其专利产品，或者使用其专利方法以及使用、许诺销售、销售、进口依照该专利方法直接获得的产品。

外观设计专利权被授予后，任何单位或者个人未经专利权人许可，都不得实施其专利，即不得为生产经营目的制造、许诺销售、销售、进口其外观设计专利产品。

从规定中可以看出，一个行为是否构成专利侵权需要考虑以下几点：

（1）行为所侵害的对象是处于有效状态的专利。如果行为实施时涉及的专利是处于无效状态，权利人就缺乏合法的权利基础，行为人实施的行

---

① 参见《中华人民共和国著作权法》第 52 条。

② 参见《中华人民共和国著作权法》第 56 条。

为不构成侵犯专利权；

（2）行为人是以生产经营为目的。如果非以生产经营为目的实施的，则不构成侵权。行为是否"以生产经营为目的"，应当着眼于具体的被诉侵权行为，综合考虑该行为是否属于参与市场活动、是否影响专利权人市场利益等因素，既不能将"为生产经营目的"简单等同于"实际获利"，又不能仅根据实施主体的性质认定其是否具有生产经营目的；

（3）行为人客观上实施了《专利法》规定的侵权行为；

（4）该实施行为未经权利人许可；

（5）行为人实施的行为没有法律规定的其他视为不侵犯专利权的情形。

2. 专利权保护范围的确定

发明或者实用新型专利权的保护范围以其权利要求的内容为准，说明书及附图可以用于解释权利要求的内容。说明书对权利要求用语有特别界定的，从其特别界定。说明书对权利要求的用语无特别界定时，一般应根据本领域普通技术人员理解的通常含义进行解释。对于仅在说明书或者附图中描述而在权利要求中未记载的技术方案，权利人在侵犯专利权纠纷案件中依法不能将其纳入专利权保护范围。

专利申请人、专利权人在专利授权或者无效宣告程序中，通过对权利要求、说明书的修改或者意见陈述而放弃的技术方案，依法不能将其纳入专利权保护范围。

外观设计专利权的保护范围以表示在图片或者照片中的该产品的外观设计为准，简要说明可以用于解释图片或者照片所表示的该产品的外观设计。

3. 实施行为与专利权利要求的比对原则

（1）用于侵权比对的权利要求，一定是获得授权的专利权利要求。

经过无效宣告程序被取消部分权利要求或者修改权利要求的，则应当以无效宣告后维持有效的权利要求为准。专利人根据其专利技术方案生产制造的专利产品，并非用于侵权比对的样本。

（2）判断被诉侵权技术方案是否落入专利保护范围首先应当遵循全面覆盖原则。

如果被诉侵权技术方案包含了专利权利要求的全部技术特征，就可以判定被诉侵权技术方案落入了专利的保护范围。如果被诉侵权技术方案缺少专利权利要求所记载的一个或多个技术特征，这时被诉侵权技术方案就没有落入专利的保护范围。应注意，侵权比对不是将权利人提供的专利产品与被诉侵权技术方案进行比对。

（3）技术比对方法。

专利侵权判定中的技术比对时需要对权利要求书的技术特征和产品或技术的技术特征分解后将技术特征进行逐一比对。技术特征是指技术方案中能够相对独立地实现一定的技术功能，并产生相对独立的技术效果的最小技术单元。

技术特征的对比，按照全面覆盖原则进行。只有被诉侵权技术方案包含与权利要求记载的全部技术特征相同或者等同的技术特征的，才能认定其落入专利权的保护范围；被诉侵权技术方案的技术特征与权利要求记载的全部技术特征相比，缺少权利要求记载的一个以上的技术特征，或者有一个以上技术特征不相同也不等同的，应当认定其没有落入专利权的保护范围。

（4）实施行为是否构成侵犯专利权的判断。

发明专利或实用新型专利的侵权比对时，如被诉侵权技术方案与权利要求记载的全部技术特征相同时，即可认定为构成技术方案相同的侵权。在与外观设计专利产品相同或者相近种类产品上，采用与授权外观设计相同的外观设计的，即可认定被诉侵权设计落入外观设计专利权的保护范围。

在发明专利或实用新型专利的侵权比对时，如果被诉侵权技术方案的某项技术特征与专利的相应技术特征虽然不相同，但是被诉侵权技术方案的该项技术特征与专利技术特征相比，是以基本相同的手段，实现基本相同的功能，达到基本相同的效果，并且本领域普通技术人员在被诉侵权行为发生时无须经过创造性劳动就能够联想到的，则该项技术特征与专利的相应技术特征构成等同。此时，被诉侵权技术方案也落入专利的保护范围，构成等同侵权。

在与外观设计专利产品相同或者相近种类产品上，采用与授权外观设计相近似的外观设计的，应当认定被诉侵权设计落入外观设计专利权的保护范围。

（5）专利权人可对侵权行为采取的维权措施。

《专利法》规定，对侵犯专利权引起纠纷的，可由当事人协商解决；不愿协商或者协商不成的，专利权人或者利害关系人可以向人民法院起诉，也可以请求管理专利工作的部门处理。专利权人的维权措施主要有以下三种途径：

① 专利权人可以与疑似侵权行为人协商解决。协商解决的方式可以灵活多样。向行为人发送侵权警告函是常见的一种方式。警告函的内容往往包含权利人声明对权利持有情况、对侵权行为的提醒，以及要求停止侵权的警告。警告函能对行为人起到提示警告的作用，当侵权的事实比较明显时，行为人往往会停止侵权行为。但是，协商解决作为一种私力救济，一般很难实现获得损害赔偿。权利人向他人发出侵犯专利权的警告，被警告人或者利害关系人经书面催告权利人行使诉权，自权利人收到该书面催告之日起一个月内或者自书面催告发出之日起两个月内，权利人不撤回警告也不提起诉讼，被警告人或者利害关系人可以向人民法院提起请求确认其行为不侵犯专利权的诉讼。

② 请求管理专利工作的部门处理。无法协商解决侵权的，可以向当地的管理专利工作部门提出专利侵权，进行行政裁决。进行处理工作的部门应当事人的请求，可以就侵犯专利权的赔偿数额进行调解；调解不成的，当事人可以依法向人民法院起诉。人民法院受理的侵犯专利权纠纷案件，已经过管理专利工作的部门作出侵权或者不侵权认定的，人民法院仍应当就当事人的诉讼请求进行全面审查。

③ 向人民法院提起侵权诉讼。通过向法院提起侵权诉讼，有利于权利人更彻底制止侵权行为，并可得到相应的侵权损害赔偿。

（6）专利侵权损害赔偿。

《专利法》规定，侵犯专利权的赔偿数额按照权利人因被侵权所受到的实际损失或者侵权人因侵权所获得的利益确定；权利人的损失或者侵权人获得的利益难以确定的，参照该专利许可使用费的倍数合理确定。对故意侵犯专利权，情节严重的，可以在按照上述方法确定数额的一倍以上五倍以下确定赔偿数额。

权利人的损失、侵权人获得的利益和专利许可使用费均难以确定的，人民法院可以根据专利权的类型、侵权行为的性质和情节等因素，确定给予三万元以上五百万元以下的赔偿。赔偿数额还应当包括权利人为制止侵权行为所支付的合理开支。

人民法院为确定赔偿数额，在权利人已经尽力举证，而与侵权行为相关的账簿、资料主要由侵权人掌握的情况下，可以责令侵权人提供与侵权行为相关的账簿、资料；侵权人不提供或者提供虚假的账簿、资料的，人民法院可以参考权利人的主张和提供的证据判定赔偿数额。

权利人因被侵权所受到的实际损失，可以根据专利权人的专利产品因侵权所造成销售量减少的总数乘以每件专利产品的合理利润所得之积计算。权利人销售量减少的总数难以确定的，侵权产品在市场上销售的总数乘以每件专利产品的合理利润所得之积，可以视为权利人因被侵权所受到的损失。

侵权人因侵权所获得的利益，可以根据该侵权产品在市场上销售的总数乘以每件侵权产品的合理利润所得之积计算。侵权人因侵权所获得的利益，一般按照侵权人的营业利润计算，对于完全以侵权为业的侵权人，可以按照销售利润计算。

权利人主张合理开支，应当提交相关的合同和已经实际支付的凭证。该合理开支在其他相关联的案件中已获得赔偿的，不再重复计算。

（四）商业秘密类民事纠纷维权要点

1. 商业秘密法定要件

侵害商业秘密纠纷中，根据"谁主张，谁举证"的原则，原告在主张保护其商业秘密时，应先明确其主张保护的信息构成商业秘密。我国《反不正当竞争法》规定的商业秘密构成要件与《与贸易有关的知识产权协定》（"TRIPS"）一致，可归纳为三项，即"不为公众所知悉"的秘密性，"具有商业价值"的价值性及"采取相应保密措施"的保密性。

（1）秘密性。

司法解释规定，权利人请求保护的信息在被诉侵权行为发生时不为所属领域的相关人员普遍知悉和容易获得的，人民法院应当认定为《反不正当竞争法》第九条第四款所称的不为公众所知悉。据此，秘密性应当包"不为相关人员普遍知悉"和"不易获得"两个要件。因商业秘密法律上分为经营信息、技术信息和其他构成商业秘密的信息，因保护对象的不同，秘密性的构成也千差万别。

① 经营信息。

经营信息包括与经营活动有关的创意、管理、销售、财务、计划、样本、招投标材料、客户信息、数据等。在经营信息中，关于客户信息的争议较为常见。鉴于司法实践中认定客户信息是否构成商业秘密难度较大且标准不易掌握，故司法解释特意采用列举式指出客户信息的具体形态包括客户的名称、地址、联系方式以及交易习惯、意向、内容等。

实践中，若仅有客户的名称、地址、联系方式等基本信息不属于商业秘密，通常必须有能够体现客户的交易习惯、交易意向、价格承受能力、设备维修保养等区别于公知信息的深度信息。该深度信息可以是公知信息的组合整理和挖掘。原告应证明为获得深度信息投入了大量的人力、物力和财力，这些信息并非相关从业人员普遍知悉或从互联网上查询即可知。最新司法解释为了避免以商业秘密保护的名义变相垄断"保持长期稳定交易关系"的客户，故将其删除，不支持当事人仅以与特定客户保持长期稳定交易关系为由，主张该特定客户属于商业秘密，但并不意味着长期、稳定的交易关系不再是客户信息构成商业秘密的考虑因素。

为证明属于深度信息，原告可从以下几个方面举证：提供客户特定的交易需求、订单利润空间等证据；提供信息开发、收集等证据；提供与客户过往合同、款项往来凭证等证据。

② 技术信息。

技术信息包括与技术有关的结构、原料、组分、配方、材料、样品、样式、植物新品种繁殖材料、工艺、方法或其步骤、算法、数据、计算机程序及其有关文档等。在侵害技术秘密纠纷中，原告往往首先要通过梳理"秘点"的方式明确技术信息的具体范围和内容。技术信息需要符合"秘密性"的要件要求，但这不意味着所有公知信息或者其组合当然不能落入"秘点"描述范围中。原告在从其技术资料等载体中总结、概括、提炼秘密信息时，应当允许将其具有秘密性的信息结合现有技术及公知常识形成一个完整的技术方案请求保护。即使对原告主张的技术信息割裂来看，各种参数、公差配合、技术要求都能在公开的标准中找到，但经过工作人员精心计算并最终选择的某一标准，也具备秘密性。

此外，在《反不正当竞争法》于2019年修订之前，原告往往需要通过司法鉴定报告来举证其技术内容满足秘密性的要件，但在修法后的第三十二条的裁判思路下，对原告所称技术信息符合秘密性的初步举证责任不宜过重。原告提供了证明技术信息秘密性的初步证据，或对其主张的技术秘密之"不为公众所知悉"作出合理的解释或说明，即可初步认定秘密性成立，法院一般不会要求原告提供非公知性的鉴定报告。原告若要证明技术信息的秘密性，还可通过提供技术信息的研发计划及方案等过程性文件、阐述技术信息与区别于公知领域的特征的书面说明、检索报告等证据予以说明。

（2）价值性。

价值性指的是商业秘密可以为原告带来现实的或潜在的经济价值或竞争优势。法院往往在秘密性的基础上，通过逻辑分析推定商业价值的存在。不过原告仍需注意，价值性的高低会影响后续的赔偿数额。实践中曾有法院基于原告对于涉案技术秘密属于拟淘汰技术、市场价值不高的自认，从而认定经济损失较低的案例。

（3）保密性。

法院对"三性"的审查中，往往先审查保密措施是否合理，再考虑秘密性，这样诉讼最为经济、有效率。原告在诉讼中往往通过提供员工手册、劳动合同、保密协议、离职证明、加密系统等证据证明其已经采取了合理的保密措施。

保密协议是企业商业秘密对内、对外管理的必要手段。然而，并非只要签订了保密协议就符合保密性构成要件。如果保密协议中商业秘密范围界定过于宽泛和笼统，缺乏具体信息内容和事项，导致他人无法识别到商业秘密的，所主张的信息不具有保密性。同时，并非未签订保密协议，就不构成保密性。除了约定的保密义务外，还存在法定的保密义务。对公司商业秘密负有法定保密义务的员工，即使未签订保密协议，基于诚实信用原则的要求，也应当对用人单位负担忠诚义务。

2. 证据保全

在侵犯商业秘密案件中，因被告侵权行为较为隐秘，或者其使用案涉技术秘密生产的产品未上市、价格昂贵等因素不易获得，以及被告获利的财务证据由被告自行掌握，原告在举证证明被告使用涉案信息及被告获利时存在一定难度。在此情况下，原告可以在诉讼过程中申请法院对被告采取证据保全措施。若原告只申请证据保全，但未和法院沟通保全的必要性、未提供有效的证据保全线索和方式的，法院也很难同意原告的申请。通常法院在证据保全必要性审查上，一般会通过谈话方式进行，对原告举证的商业秘密范围、内容以及被告初步侵权的行为进行明确。此外，原告也需要提前做好前期调查工作，如提前锁定被告位置、熟悉保全地点方位及出入口、向法院提供具体的保全查询方案，以便配合法院顺利完成证据保全工作。

证据保全过程中，如果被告不配合保全，法院无法对裁定书所列的证据事项进行保全，被告很可能要承担不利的法律后果，甚至构成举证妨害。如在某侵害技术秘密纠纷案中，因原告已竭尽全力举证，然证明待证事实的直接证据由被告掌握却拒不提供，法院直接推定原告主张的待证事实成立，即被诉游戏软件源代码与涉案商业秘密构成实质相同，被告侵权成立。但该推定事实成立的前提依然是原告主张的商业秘密符合法定要件。

3. 鉴定意见

在技术秘密案件中，鉴定意见作为证据的情形相对更多，包括非公知性、同一性、商业价值及技术贡献度等鉴定意见。而对于经营信息而言，即使现在大多数鉴定机构已经可以做相关鉴定，但实际案件中原告委托的较少，法院也是综合信息核心部分的形成过程、信息的相似程度、接触可能性来判断。

通常原、被告都可以在诉讼过程中向法院提交单方委托作出的鉴定意见。而当事人自行委托提供的鉴定意见并不属于民事诉讼法规定的"鉴定意见"，不具有客观性。特别是在近几年的审判实践中，为了避免"以鉴代审"的情形，法院不管是关于哪种类型的鉴定报告，都要综合整体案情来审查能否将其作为定案依据。如（2021）最高人民法院知民终 2298 号案件中，法院对双方当事人单方委托提交的鉴定均仅予以部分采纳。

此外，原、被告也可以在诉讼过程中向法院申请委托司法鉴定，由法院决定是否准予该申请。在关于秘密性申请鉴定中，如果在现有证据的基础上，已经可以对原告所主张的技术信息作出判断（即不具有秘密性而不属于技术秘密的判断），已无进行司法鉴定的必要性。目前在技术秘密案件中关于同一性的鉴定意见存在较多的被采纳的情形，但也不是一概而论，如在（2019）最高人民法院知民终 7 号案件中，若要证明被告使用的技术信息与原告主张的技术信息相同或者实质性相似，也可通过现场勘验等方式。

最后，关于商业价值及技术贡献率的鉴定意见，法院一般不会进行司法鉴定，往往都是由原、被告来举证，但在实践中该鉴定意见完全被采纳的情形较少，法院一般都是综合案情予以采纳。

4.《反不正当竞争法》第三十二条初步举证责任适用

在传统审判思路下，商业秘密存在举证难、审理难、保护难的问题。《反不正当竞争法》第三十二条较为完善地对审判思路进行了矫正。根据该条第一款的规定，原告对所主张的商业信息符合秘密性举证责任不宜过重。原告提供证明信息秘密性的初步证据不要求达到"非公知性"鉴定意见的证明程度，对所主张的信息"不为公众所知悉"作出合理的解释或说明即可完成证明责任，转而由被告承担所涉信息属于公知信息的举证责任，其亦可主张将公知信息从原告主张范围中剔除，从而在当事人的诉辩对抗中完成案涉信息事实认定。

此外，根据《反不正当竞争法》第三十二条第二款的规定，在原告通过初步证明商业秘密被侵犯的情况下，由被告举证其不存在侵犯商业秘密的行为。如在（2022）最高人民法院知民终 275 号案件中原告举证证明被告离职短时间内开发出和原告相似的产品，且在原告提起诉讼后，被告还向原告公司的工作人员威胁要公开某产品配方。法院认为原告举示的证据已经满足《反不正当竞争法》第三十二条第二款第 2 项规定的举证责任，应由被告未能反证其未实施被诉侵权行为，那么无须就涉案技术秘密与被诉侵权产品配方是否构成实质相同进行比对。

5. 损害赔偿

按照法律规定，侵权损害赔偿的顺序应当按照权利人的实际损失、侵权人的侵权获利、商业秘密许可使用费、法定赔偿的顺序。实践中，绝大部分案件均以法定赔偿确定最终的赔偿金额，实际损失和侵权获利的适用情况相较于其作为损害赔偿第一、第二顺位的地位仍有较大差距。在秘密性丧失的情况下可考虑商业秘密的商业价值，即综合考虑研究开发成本、实施该项商业秘密的收益、可得利益、可保持竞争优势的实际研发成本来计算实际损失。

即使原告无法就实际损失和侵权获利提供准确数据，但仍可以通过多元化的方式，尽量掌握有关数据，如在申请证据保全时同步要求保全被告的销售合同、发票、报关清单、交易记录以及其他与本案相关的全部财务及交易资料，主动搜集上市公司的年报、被告网络渠道披露的经营、销售或融资等状况，向法院申请向海关、税务局调取报关清单和税务票据。此外，原告还应该尽力去举证涉案商业秘密价值、被告侵权时间、主观恶意、是否存在以侵权为业、对市场冲击等，为法院确定损害赔偿提供更为充分的计算方式及计算依据。

（五）不正当竞争纠纷民事诉讼维权实务要点

企业参与市场经营，难免会遇到竞争，有些竞争行为属于正常经营范畴，比如研发新产品、调整价格策略和执行营销策略等。但企业也会遇到超出正常经营范畴的竞争行为，比如抄袭产品、虚假宣传、窃取商业信息等。对于此类非正常竞争行为的规制，我国在 1993 年出台了《反不正当竞争法》，并且在 2017 年及 2019 年进行了修订。《反不正当竞争法》分则中列举了一系列的不正当竞争行为，包括商业标识的混淆行为、商业贿赂行为、不正当商业宣传行为、侵犯商业秘密行为（专章讨论，不再赘述）、不正当有奖销售行为、商业诋毁及通过互联网技术手段实施的不正当竞争行为等。上述不正当竞争行为是企业在日常经营活动开展过程中容易碰到的，我们对上述不正当竞争行为，从构成要件、司法认定及应诉要点方面进行梳理，供企业在实际经营活动中参考和适用。

1. 商业标识混淆行为

（1）商业标识混淆行为的构成要件。

根据《反不正当竞争法》第六条规定，商业标识混淆构成不正当竞争行为需符合以下三个条件：第一，经营者擅自使用他人商业标识；第二，商业标识具有一定影响；第三，产生引人误认为是他人商品或者与他人存在特定联系的后果。

（2）商业标识混淆行为的司法认定。

① 擅自使用行为的认定。明知他人企业的商业标识，为攀附名声或"搭便车"，不经许可，擅自使用或者超出原来许可范围使用。

② 有一定影响的商业标识的认定。有一定影响，指在市场上有一定知名度，被一定范围的相关公众知道和熟悉，一定范围指特定地域范围即可，无须全国知名。相关公众也视不同商品（服务）而不同。

商业标识，泛指在商业活动中具有识别性或区分性的标识，按照通识可分为区分商品（服务）来源的、区分经营主体的和区分经营活动的。《反不正当竞争法》第六条中列举了区分商品（服务）来源的标识，比如商品名称、包装、装潢等，这里的"等"还包括商品的形状、广告语以及其他有识别性的标识；区分经营主体的标识，比如企业名称（包括简称、字号等）、社会组织名称（包括简称等）、姓名（包括笔名、艺名、译名等）；区分经营活动的标识，比如域名的主体部分、网站名称、网页等。

商业标识的仿冒混淆行为，应针对有一定的市场知名度或者说影响力的标识，如果没有知名度和影响力，仿冒人无从攀附或"搭便车"，也谈不上对市场经营秩序造成损害。一定的市场知名度的含义，在《最高人民法院关于适用〈中华人民共和国反不正当竞争法〉若干问题的解释》（法释〔2022〕9号）第四条中，规定应当综合考虑如下因素："中国境内相关公众的知悉程度，商品销售的时间、区域、数额和对象，宣传的持续时间、程度和地域范围，标识受保护的情况等因素。"因此，在认定知名度要件时应从上述因素考虑并综合认定。

③ 混淆误认的认定。混淆，指引人误认为是他人的商品（服务）或者与他人存在特定的联系。"特定联系"的含义，在《最高人民法院关于适用〈中华人民共和国反不正当竞争法〉若干问题的解释》（法释〔2022〕9号）第十二条中，指"包括误认为与他人具有商业联合、许可使用、商业冠名、广告代言等特定联系。"还应包括关联公司等。"误认"，指法律抽象出一般人标准，即具有一般或者中等识别能力的人会产生误解。

这里的混淆误认条件是从结果出发，如果存在对他人商业标识的擅自使用行为，他人商业标识存在一定影响力，且仿冒的商业标识与他人商业标识存在相同或者近似，即可认定存在混淆误认的可能性。再结合案件事实和证据情况，比如混淆的实际事例、标识的显著程度、他人商品（服务）的规模及相关领域消费者识别能力等，进而判定存在商业标识混淆。

2. 商业贿赂行为

（1）商业贿赂行为的构成要件。

根据《反不正当竞争法》第七条规定，商业贿赂行为构成不正当竞争需要符合以下三个条件：第一，经营者行贿人与受贿人明确；第二，商业贿赂的目的是为获取交易机会或竞争优势；第三，贿赂的手段为财务手段和其他手段。

（2）商业贿赂行为的司法认定。

① 商业贿赂主体的认定。具备行贿人和受贿人，受贿人范围广泛，不限于交易相对方，还包括相对方的委托人员和机构、利用职权和影响力能够影响到交易的单位或人员。

② 商业贿赂目的的认定。为获取交易机会或竞争优势，目的要件是判断商业贿赂的核心要件。

③ 商业贿赂手段的认定。贿赂手段包括财务手段和其他手段。其他手段一般行政责任难以规制，必要时需要启动刑事程序，贿赂手段指支付折扣、支付佣金，或者其他手段。其他手段指免费或不合理低价向受贿主体提供物质、使用权、学习工作机会及性服务等。

3. 不正当商业宣传行为

（1）不正当商业宣传行为的构成要件。

根据《反不正当竞争法》第八条规定，商业宣传行为构成不正当竞争需要符合以下三个条件：第一，实施了虚假或引人误解的宣传行为；第二，宣传的对象为经营者相关商品（服务）本身；第三，造成欺骗、误导的后果。

（2）不正当商业宣传行为的司法认定。

① 不正当商业宣传方式的认定。目前《反不正当竞争法》未列举不正当商业宣传的方式，原则上来说广告和商品本身及以外其他方式都可以作为不正当竞争的宣传方式。

② 虚假或引人误解的认定。虚假指以不符合实际内容，比如捏造、虚构或者扭曲的事实进行商业宣传。引人误解指非以虚假的事实，比如模糊不清的、片面的或者有歧义的事实，但足以让一般人产生误解的方式进行商业宣传。

③ 宣传对象的认定。《反不正当竞争法》对宣传对象进行了列举，包括商品（服务）的性能、功能、质量、销售状况、用户评价、曾获荣誉等。

④ 欺骗、误导后果的认定。从目前的司法实践来看，引起欺骗、误导的后果是认定不正当商业宣传的关键要件，如果消费者发现经营者存在虚假和引人误解的宣传，但最终没有使消费者受到欺骗或者造成误导的结果，也不能认定不正当商业宣传成立。

⑤ 组织虚假交易等其他的帮助行为也会被认定为不正当商业宣传行为。

4. 不正当有奖销售行为

（1）不正当有奖销售行为的构成要件。

根据《反不正当竞争法》第十条规定，有奖销售行为构成不正当竞争需要符合以下三个条件：第一，商品（服务）的经营者和购买者明确；第二，有奖销售目的在于招揽和留住消费者；第三，有奖销售手段超出法律禁止性限定。

（2）不正当有奖销售行为的司法认定。

① 不正当有奖销售主体的认定。商品（服务）的经营者向购买者提供的，购买者一般为消费者。

② 不正当有奖销售目的的认定。有奖销售的目的在于招揽和留住顾客消费者。

③ 不正当有奖销售手段的认定。有奖销售行为本质上是一种商业贿赂行为，只是有奖销售行为更加透明，对符合条件的所有消费者都是同样的标准。但法律对有奖销售的手段严格控制，因为"羊毛出在羊身上"，过激的有奖销售方式必然会对一部分消费者造成损害。

《反不正当竞争法》采用列举方式对有奖销售手段作出禁止性限定，具体不得存在如下情况：所设奖的种类、兑奖条件、奖金金额或者奖品等有奖销售信息不明确，影响兑奖；采用谎称有奖或者故意让内定人员中奖的欺骗方式进行有奖销售；抽奖式的有奖销售，最高奖的金额不得超过五万元。

5. 商业诋毁行为

（1）商业诋毁行为的构成要件。

根据《反不正当竞争法》第十一条规定，商业诋毁行为构成不正当竞争需要符合以下三个条件：第一，商业诋毁的主体明确；第二，商业诋毁的手段为编造、传播虚假信息或者传播误导性信息；第三，商业诋毁结果为竞争对手的商业信誉、商品声誉遭受损害。

（2）商业诋毁行为的司法认定。

① 商业诋毁主体的认定。商业诋毁的主体为经营者，限于经营者与竞争对手之间，行为主体之间有竞争关系。商业诋毁的对象既可以是明确的

竞争对手，也可以是未明确的竞争对手，但通过编造、传播信息的内容可以确定是被诋毁对象。且竞争关系应该作广义理解，比如虽然提供的商品（服务）不同，但商品中特定的功能相同，也属于竞争关系，如手机和专业的相机；再者，即使不属于同一行业，但会共同争夺消费者的注意力，如互联网游戏与线下实际体验游戏等。

②商业诋毁手段的认定。编造、传播虚假信息或者传播误导性信息。虚假信息是指不符合实际的信息。误导性信息多指模糊不清的、片面的或者有歧义的真实信息。

③商业诋毁结果的认定。商业诋毁造成竞争对手的商业信誉、商品声誉遭受损害。损害可以是实际的损害结果，也可以是可能的损害结果。造成可能的损害结果的，经营者应该停止侵权，适当情况应该赔礼道歉。

6. 通过互联网技术手段实施的不正当竞争行为

（1）通过互联网技术手段实施的不正当竞争行为的构成要件。

根据《反不正当竞争法》第十二条规定，经营者通过互联网技术手段实施的竞争行为构成不正当竞争需要符合以下要件：第一，经营者为利用网络从事生产经营活动的主体；第二，经营者利用技术手段，影响用户选择或者其他方式；第三，造成破坏其他经营者合法提供的网络产品或者服务正常运行的后果。

（2）通过互联网技术手段实施的不正当竞争行为的司法认定。

①通过互联网技术手段实施的不正当竞争主体的认定。互联网市场的不正当竞争行为关系包含了传统市场的不正当竞争行为关系。互联网市场出现后，一方面，互联网经营者要面对传统市场中物质稀缺、竞争赛道限定（限定在特定行业的特定商品或服务）的残酷竞争关系；另一方面，还要面对互联网同行的冲击，互联网市场中注意力经济、用户黏性、锁定效应和双边市场等特点，让互联网市场的经营者极易形成赢家通吃的局面，并且参与竞争的经营者往往是跨行业的，目的都在于争夺更多的消费者注意力，占据消费者更多的时间。例如，在某即时通信软件 A 公司与某安全软件 B 公司的不正当竞争纠纷案中，"A 公司主营的市场是以某即时通信软件为主的即时通信社交软件服务市场，而 B 公司主营的市场是以某安全软件为主的安全软件服务市场"。

② 竞争手段的认定。基于互联网市场竞争关系的特点，除传统的不正当竞争手段外，互联网行业经营者也会基于平台化、数据化的特点，采用技术手段来干涉产品和服务，进而形成竞争优势。《反不正当竞争法》第十二条列举了互联网市场经营者常用的不正当竞争手段。当然，基于互联网技术手段实施的不正当竞争行为远不止这些，也是无法穷举的，基于新的技术手段实施的竞争行为是否不正当，应该从《反不正当竞争法》保护法益的精神和具体损害认定事实作出判断。

③ 竞争损害的认定。互联网市场竞争损害认定不能按照传统思维局限于货币财务、信息本身，还应增加考量维度，比如消费者注意力、时间等。例如，深圳 A 公司与北京 B 公司的不正当竞争纠纷案，法院认为："……平台经营中，往往并不直接向互联网用户收取费用，网络用户的注意力是决定另一端平台收益高低的重要因素……在互联网经营者争夺网络用户注意力的过程中，应当通过必要付出获得，恶意利用他人的诚实付出而争取网络用户注意力的行为，属于不正当竞争行为。"

7. 其他不正当竞争行为

上述内容讨论基于市场经营者之间的不正当竞争关系，即有一定竞争关系的经营主体之间的不正当竞争行为，该不正当竞争行为主要损害竞争对手的利益和市场经营秩序。但《反不正当竞争法》规制的不正当竞争行为范围不止于此，《反不正当竞争法》第二条也规定，对于经营者损害市场竞争秩序，不正当调整交易相对人的行为，增加交易成本，最终损害消费者合法权益的行为也应该受到规制，从目前的技术发展状况来看，互联网平台公司基于锁定效应、用户黏性等特性，已经成为不正当竞争行为破坏市场秩序和损害消费者权益的"罪魁祸首"。

针对互联网平台公司的不正当竞争行为，2021 年浙江省知识产权局出台《浙江省平台企业竞争合规指引》以规制平台企业的不正当竞争行为。

三、企业知识产权民事诉讼应对实务要点

（一）商标类民事纠纷常见抗辩策略

商标侵权民事纠纷中常见的抗辩策略主要包括程序抗辩和实体抗辩。

其中常见的程序抗辩包括原告资质、重复起诉、诉讼时效、管辖问题等。实体抗辩则主要有不侵权抗辩（针对是否满足前述侵权标准进行抗辩，如商标标识不近似、商品不类似、不具有混淆可能性等），该部分是商标侵权民事案件中较为基础、常见的抗辩理由，主要考量当事人、代理人对于案件的深入理解以及处理经验。此外，另有如下几个关键的抗辩理由，包括权利滥用抗辩、正当使用抗辩、在先使用抗辩、未使用不赔偿抗辩、合法来源抗辩。而产品销售商还可提出合法来源抗辩从而主张免赔偿。后文将主要围绕实体抗辩中的该部分关键策略展开。

1. 权利滥用抗辩

适用情形。原告系恶意抢注他人商标后进行维权，或原告商标的取得并无不当但其维权行为构成权利滥用甚至具有明显恶意。《商标法》并未明确规定权利滥用的抗辩事由，该抗辩主要系基于诚实信用原则，以及《民法典》及相关规定，并具有司法实践中的相关案例支持。

实践中，权利滥用抗辩一般需满足以下条件：权利人持有有效的注册商标。权利人的维权行为具有不正当性，包括：

（1）权利人获得注册商标的行为具有不正当性。即，权利人恶意抢注他人商标后进行维权。其中抢注商标的行为是否需要满足《商标法》中相应条款，如第十五条、第三十二条、第四十四条第一款等之要件，理论上并无硬性要求，也无须以商标行政程序（商标无效宣告程序）前置，而可在本诉中由受理法院一并审理；

（2）权利人维权的行为本身具有不正当性。即，权利人注册商标的行为并不具有不正当性，但其维权行为本身具有不正当性。

权利人前述行为可能损害国家利益、社会公共利益或他人合法权益。

2. 正当使用抗辩

该抗辩事由为《商标法》法定抗辩事由，主要包括：

第一类：注册商标中含有本商品的通用名称、图形、型号，或者直接表示商品的质量、主要原料、功能、用途、重量、数量及其他特点，或者含有地名，商标权人无权禁止他人正当使用。

第二类：三维标志注册商标中含有的商品自身的性质产生的形状、为获得技术效果而需有的商品形状或者使商品具有实质性价值的形状，注册商标专用权人无权禁止他人正当使用。

适用要件包括：使用人具有主观善意，即仅旨在使用前述第一类标识的含义或使用第二类的三维形状，并不存在混淆来源的主观意图；使用人使用的标识包含且仅包含前述类型标识，如在前列类型的标识外还包含他人具有显著性的商标或商标部分，则不能适用本抗辩理由；使用人的使用方式通常需要在合理限度内，如未突出使用和明确的描述性使用；使用的客观效果并不造成来源混淆后果。

3. 在先使用抗辩

根据《商标法》的规定，商标注册人申请商标注册前，他人已经在同一种商品或服务，或者类似商品或服务上先于商标注册人使用与注册商标相同或者近似并有一定影响的商标的，商标权人无权禁止该使用人在原使用范围内继续使用该商标，但可以要求其附加适当区别标识。

在先使用抗辩的性质存在争议。部分观点认为其属于不侵权抗辩，抗辩成功则视为使用人的使用行为不构成对权利人的侵权；笔者对此持有不同意见，认为该抗辩并非不侵权抗辩，原因在于其抗辩成功的效果并不能否定权利人的权利有效性，仅是基于使用人在先使用情形为在先使用人在原有使用范围内给予了特殊通行证。适用要件包括：使用人应当在权利人申请商标之前已经实际使用；使用人的在先使用行为已取得一定影响；在先使用人在权利人商标注册后的使用范围仍限于其原有在先使用范围，超出原有范围仍可能构成侵权；通常来说，原有范围的界定应主要考虑地理范围及渠道（如线上渠道），相同地理范围或渠道情况下，生产规模、产量的扩大或者销售量的增大不视为突破原有范围。

通常情况下，提出在先使用抗辩事由的主体应为在先使用人本人。实践中存在在先使用人下游经销商被诉侵权，经销商提出在先使用抗辩的情形。经销商是否可以突破身份限制主张在先使用抗辩，实践中存在争议。

4. 未使用不赔偿抗辩

注册商标专用权人请求赔偿，被控侵权人以注册商标专用权人未使用注册商标提出抗辩的，人民法院可以要求注册商标专用权人提供此前三年内实际使用该注册商标的证据。注册商标专用权人不能证明此前三年内实际使用过该注册商标，也不能证明因侵权行为受到其他损失的，被控侵权人不承担赔偿责任。

该抗辩并非不侵权抗辩，仅为免赔偿抗辩。在认定侵权的情形下予以免赔，其法理依据在于原告注册商标并未实际使用因此未在市场上与原告之间建立起产源指向性价值，被控侵权行为不会对其产源指向性价值造成破坏，因此原告因不存在损失而无权获得损害赔偿。

目前在实践中提出未使用抗辩，原告对于其使用行为的举证责任并不高，甚至在一定程度上低于商标行政程序中的连续三年不使用撤销程序的举证责任。

5. 合法来源抗辩

销售不知道是侵犯注册商标专用权的商品，能证明该商品是自己合法取得并说明提供者的，不承担赔偿责任。该抗辩事由仅适用于销售商，性质非不侵权抗辩，仅为免赔偿抗辩，适用要件包括：第一，被控侵权人能够提供合法来源；第二，被控侵权人具有善意。

需要特别注意的是，我国《商标法》适用无过错责任，原因在于我国注册商标制度采取公示制，由此推定在相同或类似商品或服务上使用与他人已注册商标相同或近似的商标的行为均构成推定应知，从而构成侵权。在此制度背景下，销售商仅主张其不知侵权并不构成合法来源抗辩成功的充分主观要件，销售商需提出相关证据用以证明其确已尽到合理注意义务，侵权后果超出其基本判断能力，才能更有效起到抗辩成功的效果。

（二）版权类民事纠纷常见抗辩策略

在版权类民事诉讼的对抗中，被告常见的答辩事由包括：

1. 针对主体的抗辩

原告是否适格。若不慎被诉侵犯他人著作权，可首先关注权利人本身是否系适格主体。

被告是否适格。例如，避风港原则[①]为网络服务提供者这一特殊身份设置了特殊的侵权抗辩事由，在维权者要求网络服务提供者承担责任时可抗辩已于接到通知时移除疑似被侵权作品，即可依法不承担赔偿责任。

---

① 参见《信息网络传播权保护条例》第 22 条。

2. 针对权利基础的抗辩

针对权利基础的抗辩是指关注权利"作品"本身是否应受《著作权法》保护，若维权者据以主张权利的成果本身并非《著作权法》保护的对象，便无请求权基础。在一些案件中，案涉"作品"即便表面上符合作品形式，其是否具备独创性也具有争议空间，成功否定独创性即可否定其权利基础。

此外，《著作权法》对作品财产性权利的保护是有期限的[①]，超出保护期限的作品将流入公有领域，属于全人类的信息资源，不可再主张财产性权利。

3. 以"合理使用"抗辩

著作权人享有排他使用作品的权利，若不加以约束将导致权利过于垄断，故《著作权法》在赋予权利的同时也进行了限制，称为"合理使用"[②]，包括 12 种行为及兜底条款（如图 7-5），任何人采用该 12 种行为利用作品均无须经权利人许可也无须向权利人支付报酬。

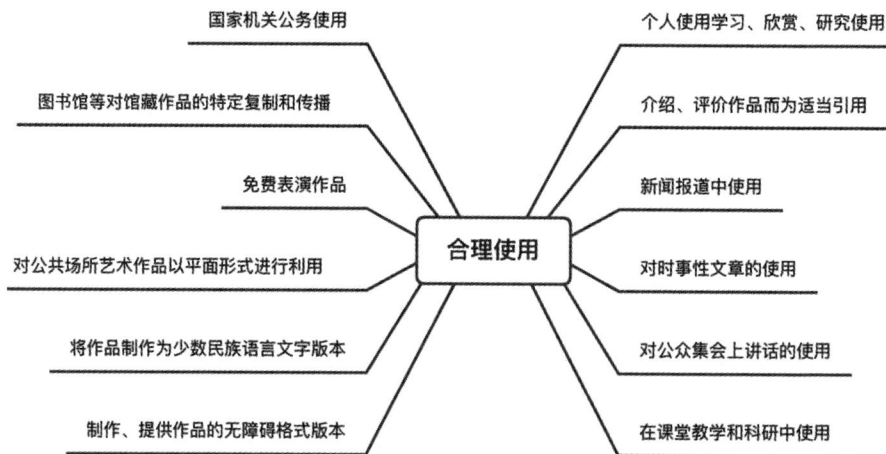

国家机关公务使用

图书馆等对馆藏作品的特定复制和传播

免费表演作品

对公共场所艺术作品以平面形式进行利用

将作品制作为少数民族语言文字版本

制作、提供作品的无障碍格式版本

合理使用

个人使用学习、欣赏、研究使用

介绍、评价作品而为适当引用

新闻报道中使用

对时事性文章的使用

对公众集会上讲话的使用

在课堂教学和科研中使用

图 7-5 以"合理使用"抗辩的情形

[①] 参见《中华人民共和国著作权法》第 22 条、第 23 条。

[②] 参见《中华人民共和国著作权法》第 24 条。

需注意，因兜底条款的存在，法院可在必要时超出明确规定的 12 种行为认定其他某种未经许可利用作品的行为不侵犯《著作权法》，换言之，并非仅能就前述 12 种行为进行"合理使用"抗辩，"合理使用"的核心是"三步检验法"，即作品的利用行为是否产生了市场替代性以影响作者的合法权益，若没有，则可主张兜底条进行抗辩。

4. 以"法定许可"抗辩

除"合理使用"外，《著作权法》还设定了权利的部分限制，称为"法定许可"，意为法律代替权利人"事先"就相应权利进行许可，即行为人实施该 6 种行为（如图 7-6）无须权利人许可，但需支付报酬。

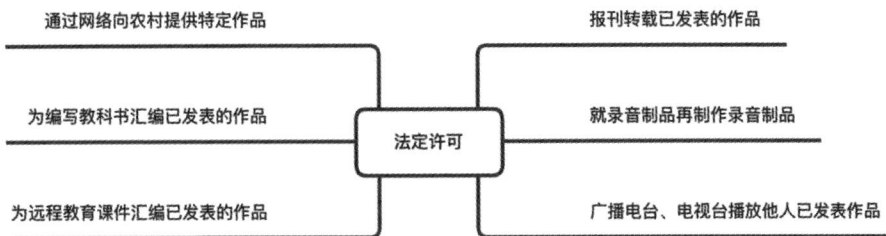

图 7-6　以"法定许可"抗辩的情形

与"合理使用"不同，"法定许可"仅排除侵权性，行为人仍负有支付报酬的义务，但需注意"法定许可"存在权利保留制度：若著作权人明确未经许可不得由报刊进行转载、不得再进行录制，则法律"事先"进行的"法定许可"失效，也无法据此抗辩。

5. 以权利类型抗辩——明确权利范围边界

不同的作品类型对应不同的权利类型，不同的权利对应不同的侵权判断条件，权利类型的辨析对维权至关重要。常见的抗辩技巧有：

第一，若原告选择的专有权利类型不当，被告便有空间抗辩诉争侵权行为并未落入该项专有权利的保护范围——互联网环境下的行为争议空间尤甚；

第二，有些专有权利仅针对特定的作品类型或特殊载体要求，比如展览权、出租权等；

第三，有些专有权利本身就有法定的抗辩理由，比如"发行权穷竭原则"。

6. 获得许可或合法来源抗辩

在一些作品商业运营过程中，可能存在层层许可的情况，部分案件中的被告会证明其行为取得了原告之外的某主体许可，若其许可链条得以周延则可能产生较好的抗辩效果。此外，复制品的发行者或者视听作品、计算机软件、录音录像制品的复制品的出租者可以通过证明其发行、出租的复制品有合法来源来抗辩免于承担赔偿的法律责任。

7. 减损抗辩

经前述抗辩仍无法排除侵权风险时，可考虑减损抗辩策略，尽可能地降低不利的诉讼后果，包括：主观过错程度、及时停止侵权、原告是否为批量维权、类案参考判赔金额、被告获利甚微、侵权作品的"贡献率"等角度。

8. 企业自媒体矩阵侵权风险认知中的常见误区

自媒体时代，企业通过公众号或自有网站进行品牌建设、宣传发展已是常态，而自媒体环境下的著作权误区也屡见不鲜。笔者在为客户提供法律服务的过程中，发现对于自媒体矩阵的侵权风险方面，企业往往存在一些认知误区，影响了对侵权风险的识别和预防。

误区一：只要非营利性使用就不侵权。

很多企业界的朋友认为，自媒体宣发平台又不是"网店"，未直接产生销售行为，应该属于"非营利"的，但实际上商事主体的宣传矩阵本身就带有商用推广价值，恐难谓"非营利"。此外，《著作权法》里侵权的认定并未要求是"营利性使用"。因此，不能以自己理解的"非营利性使用"来否定侵权风险。

误区二："合理使用"是万能护身符。

自媒体举证中常见的所谓"合理使用"场景是"为介绍、评价作品而进行适当引用"，故公众号文章中出现大段搬运的情况，搬运者称此为合理使用，甚至有些认为这是一种"致敬"。其实"合理使用"的认定是需要具备相当的法律专业能力才能识别的，"适当引用"如果没有对作品构成转换性使用，或者引用量超过了"适当"的标准，同样不能免除侵权风险。

误区三：转载行为属于"法定许可"。

部分人认为转载其他公众号文章，注明来源及姓名，便不需要获取作者的许可，仅需要支付报酬即可，这是误认为网络环境下的文章"转载"构成前述"法定许可"中的"转载已发表的作品"，但该"法定许可"针对实体报刊，并未囊括网络环境下的转载行为，网络文章不在此列。

误区四：已有许可就可覆盖所有使用行为。

随着合规意识的提升，很多企业已积极获取版权人的许可，但因版权专有权利类型众多、涉及的主体众多（包括版权人、邻接权人等），可能已获得的许可仅仅只是部分许可——比如音乐作品涉及词作者、曲作者、录音制品制作者，比如互联网环境下的使用可能涉及信息网络传播权、广播权，比如许可可能仅包括对作品本身的使用而未同意进行改编……诸如此类的细分差异，使得版权许可存在不同维度的立体网状关系。因此，即便已获得许可，也建议进一步审查和准确理解许可的范围，确保其足够覆盖拟使用的场景需求。

误区五：已支付对价就可以豁免。

很多案例中，被告会觉得委屈，自己已经就被控侵权行为支付过对价，比如向某商用图库支付费用、向音著协付款、聘请专业设计公司等。这些抗辩事由可能存在偏差，比如商用图库本身就未获得版权人许可、案涉作品不是音著协库内的作品。设计公司交付的成果确实侵权，但其不能成为有效抗辩的根本原因在于，被告与其支付对价的主体之间的关系，不能当然地阻却原告的权利。比如被告因使用聘请的设计公司交付成果而侵权，依然需要向原告承担责任，只是事后可以找该设计公司主张合同下的违约责任，但不能因此"脱身"，让原告直接找设计公司索赔。

误区六：打上"如有侵权，联系删除"等标语可以豁免。

笔者留意到，很多自媒体宣传中喜欢使用"请作者联系我领取报酬""如有侵权通知立即删除"等"打招呼"的字样，意在表示善意。然而，相关的标注并不能起到豁免侵权责任的法律效果，否则，所有使用场景仅需各种标语就可以架空版权人的专有权利了。

（三）被控专利侵权方的抗辩策略

专利侵权抗辩，是指被控侵权人用以对抗、否定专利权人或利害关系人专利侵权指控和诉求的事由。专利侵权抗辩通常出现在专利侵权民事诉讼中，也可以运用在非诉讼的侵权指控交涉中。

1. 被控技术方案或设计未落入专利保护范围抗辩

专利权具有一定的保护范围，只有落入该保护范围的产品或方法，才有可能构成专利侵权。被诉侵权技术方案或设计未落入专利保护范围的抗辩，通常也称为"不侵权抗辩"，是专利侵权诉讼中最常用的抗辩事由。

被诉侵权技术方案的技术特征与发明或者实用新型权利要求记载的全部技术特征相比，缺少权利要求记载的一个以上的技术特征，或者有一个以上技术特征不相同也不等同的，应当认定其没有落入专利权的保护范围，不构成侵权。

被诉侵权设计与外观设计专利产品相比，不构成相同或者相近种类产品，或者未采用与授权外观设计相同或者近似的外观设计的，不构成外观设计专利侵权。

2. 合法来源抗辩

为生产经营目的使用、许诺销售或者销售不知道是未经专利权人许可而制造并售出的专利侵权产品，且举证证明该产品合法来源的，不承担侵权损害赔偿责任。

合法来源抗辩成立，需要满足相应的主观和客观要件。主观方面要求实施者实际不知道且不应当知道其产品系制造者未经专利权人许可而制造并售出。客观方面则要求实施者通过合法的销售渠道、通常的买卖合同等正常商业方式取得，并且应当提供一个明确具体可验证真实的产品提供者。

如合法来源抗辩成立，侵权人一方一般只需要停止使用、许诺销售、销售被控产品，但被诉侵权产品的使用者举证证明其已支付该产品的合理对价的除外。

3. 专利权无效的抗辩

（1）宣告专利权无效。

《专利法》规定，自国务院专利行政部门公告授予专利权之日起，任何单位或者个人认为该专利权的授予不符合本法有关规定的，可以请求国务院专利行政部门宣告该专利权无效。

当行为人收到专利侵权警告或控告时，可以根据《专利法》相关规定，申请宣告涉案专利权无效。被宣告无效的专利权视为自始即不存在。

（2）专利权保护期限届满终止而无效。

《专利法》规定，发明专利权的期限为二十年，实用新型专利权的期限为十年，外观设计专利权的期限为十五年，均自申请日起计算。

有下列情形之一的，专利权在期限届满前终止：① 没有按照规定缴纳年费的；② 专利权人以书面声明放弃其专利权的。

4. 现有技术或现有设计抗辩

在专利侵权纠纷中，被控侵权人有证据证明其实施的技术或者设计属于现有技术或者现有设计的，不构成侵犯专利权。

如果被诉落入专利权保护范围的全部技术特征，与一项现有技术方案中的相应技术特征相同或者无实质性差异，则应当认定该技术为现有技术。被诉侵权设计与一个现有设计相同或者无实质性差异的，应当认定被诉侵权人实施的设计属于现有设计。

现有技术，是指申请日以前在国内外为公众所知的技术。现有设计，是指申请日以前在国内外为公众所知的设计。这里的"公众所知"强调的是一种公众想得知就能够得知的状态，而不取决于是否有公众得知。主张现有技术抗辩，要将被控产品与现有技术内容进行比对。

5. 先用权抗辩

根据《专利法》及司法解释的相关规定，在专利申请日前已经制造相同产品、使用相同方法或者已经做好制造、使用的必要准备，并且仅在原有范围内继续制造、使用的，不视为侵犯专利权。

先用权抗辩成立的条件包括：① 据以抗辩的实施行为发生于申请日之前，有优先权的，则应早于优先权日；② 实施的技术方案与涉案专利相同；③ 在原有范围内实施。原有范围，包括专利申请日前已有的生产规模以及利用已有的生产设备或者根据已有的生产准备可以达到的生产规模。

被诉侵权人以非法获得的技术或者设计主张先用权抗辩的，人民法院不予支持。

6. 专利权用尽抗辩

如专利产品或者依照专利方法直接获得的产品，由专利权人或者经其许可的单位、个人售出后，使用、销售、许诺销售、进口该产品的，不视为侵犯专利权，是为专利权用尽制度。

专利权用尽的抗辩规则仅限于专利产品而不包括方法，也不适用于制造专利产品行为的抗辩。

7. 诉讼时效抗辩

如果有证据证明权利人怠于行使权利，超过法定诉讼时效提起专利侵权诉讼的，被诉侵权人可以主张诉讼时效抗辩。侵犯专利权的诉讼时效为三年，自专利权人或者利害关系人知道或者应当知道侵权行为以及侵权人之日起计算。

权利人超过三年起诉的，如果侵权行为在起诉时仍在继续，则在该项专利权有效期内，人民法院应当判决被告停止侵权行为，侵权损害赔偿数额应当自权利人向人民法院起诉之日起向前推算三年计算。

发明专利申请公布后至专利权授予前使用该发明未支付适当使用费的，专利权人要求支付使用费的诉讼时效为三年，自专利权人知道或者应当知道他人使用其发明之日起计算。但是，专利权人于专利权授予之日前即已经知道或者应当知道的，自专利权授予之日起计算。

8. 不视为侵犯专利权的其他情形行为的抗辩

除了上述所列举的几种方案，《专利法》还规定一些特殊情形，不视为侵犯专利权，包括如下几种行为：临时通过中国领陆、领水、领空的外国运输工具，依照其所属国同中国签订的协议或者共同参加的国际条约，或者依照互惠原则，为运输工具自身需要而在其装置和设备中使用有关专利的；专为科学研究和实验而使用有关专利的；为提供行政审批所需的信息，制造、使用、进口专利药品或者专利医疗器械的，以及专门为其制造、进口专利药品或者专利医疗器械的。

（四）商业秘密类民事纠纷抗辩策略

1. 原告主张的信息的秘密点及载体未明确

对于法院而言，诉请保护的信息内容具体、载体明确是判断信息的内容是否符合商业秘密的法定构成要件，也是与被告使用的信息进行对比的前提条件，故被告可以原告未说明其主张信息的秘密点及载体为由抗辩。实践中，通常会遇到原告将"秘密点"与载体混为一谈的情形。如原告直接将提交的众多图纸作为主张的"秘密点"，却未对其中包含的信息进行任何说明。但这并不意味着原告不能主张图纸记载的技术信息全部构成商业秘密。原告主张图纸记载的技术信息构成技术秘密的，其既可以主张图纸记载的全部技术信息的集合属于技术秘密，也可以主张图纸记载的某个或某些技术信息属于技术秘密。

2. 原告主张的信息不符合商业秘密的法定要件

原告主张的信息不符合商业秘密所规定的秘密性、价值性及保密性是被告抗辩的主要理由之一，也是原告败诉的主要原因。

首先，多数案件的被告以原告诉请保护的信息不具有秘密性为抗辩理由。如原告诉请保护的信息为所属领域的相关人员通过观察产品即可直接获得；原告的信息早已被公开披露；原告的信息不需要投入一定代价就可以在互联网上轻易获得。

其次，原告未采取相应的保密措施也是被告常使用的抗辩理由。在侵害技术秘密纠纷中，原告一般会选择起诉离职员工，也会选择起诉其他第三人。对于市场流通的产品而言，原告仅在产品上贴附"私拆担保无效""品质保证撕毁无效"等内容标签，对技术秘密作出单方宣示并禁止不负有约定保密义务的第三人拆解产品的行为，不构成《反不正当竞争法》规定的保密措施。

最后，价值性是商业秘密的法定要件之一，被告通常不会将价值性的有无，作为侵害商业秘密的抗辩理由，但会将价值性的高低，作为赔偿金额过高的抗辩理由。

3. 客户信赖抗辩

客户信赖抗辩指的是，客户基于对员工个人的信赖而与该员工所在单位进行交易，该员工离职后，能够证明客户自愿选择与该员工或者该员工所在的新单位进行交易的，应当认定该员工没有采用不正当手段获取权利人的商业秘密。

按照司法解释的规定，信赖抗辩不仅要满足客户系主动自愿交易这一要件，还要同时满足客户与离职员工原单位交易同样是基于对员工个人的信赖。该问题实际上考虑的是单位提供的物质条件、交易平台的作用。司法实践中，部分法院对该要件进行突破，理由在于，员工在劳动单位工作过程中必然会使用单位所提供的物质条件、交易平台，但在工作过程中，因员工个人的服务水平和服务态度等赢得了客户的信赖而导致该员工离职之后客户仍然选择与该员工或者其新入职的单位进行交易，并未违反《最高人民法院关于适用〈中华人民共和国反不正当竞争法〉若干问题的解释》（法释〔2022〕9号）的本意。

虽然不同地区的法院对信赖抗辩的审查存在从宽或从严之分，但司法解释均规定重点审查客户是否主动自愿。被告采用信赖抗辩时，可以提交客户明确其系基于对员工个人的信赖自愿选择交易的声明、说明或者聊天记录、往来邮件证明客户系主动自愿和自己交易。不过，客户表态仅以证人证言的形式出现，在证人不出庭且原告不认可的情况下，法院很有可能不予采信。考虑到客户已与被告发生交易，存在利害关系，被告还应尽量提供其他证据予以佐证。

4. 反向工程抗辩

反向工程是技术秘密侵权案件的合法抗辩理由之一。被告对此负举证责任，其不仅要证明商业秘密可以通过反向工程获得，还要证明商业秘密确实是通过反向工程获得的。根据北京知识产权法院的裁判规则，该抗辩成立需要满足以下要件：（1）被告从公开渠道合法取得有关产品（从公开市场购买原告或第三方产品）；（2）被告通过技术手段进行拆卸、测绘、分析等劳动；（3）反向工程合法性（未采取破坏性手段）。法院一般会审查基础产品来源、实施人员及其技术背景、实施方法、过程及相应证据。

与此同时，实践中法院对跳槽人员提出的反向工程抗辩和独立研发抗辩，一般需从严审查。对于负有保密义务的离职员工且在职期间本身已掌握、接触到技术秘密，反向工程的抗辩则不成立，即对于获取商业秘密的人主张的事后反向工程抗辩无效。此外，被诉侵权人以不正当手段获取权利人的商业秘密后，又以反向工程为由主张未侵犯商业秘密的，人民法院也不予支持。

（五）企业不正当竞争纠纷民事诉讼应对实务要点

1. 主体抗辩要点

诉讼中对原告诉讼主体抗辩，本质上是原告权利来源抗辩。在不正当竞争纠纷中，主体抗辩是最常用的抗辩理由，并且不区分不正当竞争的行为模式，《反不正当竞争法》总则第二条中规定不正当竞争主体必须为经营者，因为《反不正当竞争法》所规制的不正当竞争行为是提供商品或者服务的经营者在经营活动中形成的。当然，此处的经营者应当作广义理解，可以为生产、销售中任一环节的参与者。如果被告并非生产、销售环节中的参与者，则不应作为合格被告。比如，商业标识混淆行为，被告如果仅是出于学习研究目的，则无论如何使用商业标识，都不会构成不正当竞争行为。

2. 权利基础抗辩要点

如果权利基础不稳定，维权人可能失去维权的根据，进而所有的诉求都失去法律依据。比如，权利基础违反公序良俗和国家法律规定，含有国旗国徽的标识，含有民族歧视性的标识。根据《最高人民法院关于适用〈中华人民共和国反不正当竞争法〉若干问题的解释》第五条和第六条的规定，如果请求保护的商业标志属于商品的通用名称、图形、型号；或者仅直接表示商品的质量、主要原料、功能、用途、重量、数量及其他特点的标识；或者仅由商品自身的性质产生的形状，为获得技术效果而需有的商品形状以及使商品具有实质性价值的形状，法院应当认定其不具有区别商品来源的显著特征。被诉侵权人因客观描述、说明商品而正当使用含有本商品的通用名称、图形、型号；直接表示商品的质量、主要原料、功能、用途、重量、数量以及其他特点；以及地名等标识，法院也不予认定为不正当竞争行为。

3. 一定影响力抗辩

权利基础稳定的前提下，应考虑权利使用因素，即权利在使用过程中产生的影响力。如果权利存在但维权人就没有使用过或者未公开使用，那么竞争行为并不会给权利人造成实质损害，不应承担停止侵权和损害赔偿责任；如果权利人仅是在小范围使用，达不到"有一定影响力"的标准（具体标准可以参见《最高人民法院关于适用〈中华人民共和国反不正当竞争法〉若干问题的解释》第四条，评价结果为一定范围的相关公众不知道、不了解，更谈不上熟悉），那么不正当竞争行为能够给权利人造成的损害极小，竞争行为不应被认定为不正当竞争，也不应承担损害赔偿的责任。

4. 竞争行为抗辩要点

不正当竞争本质上还是一种侵害合法权益的行为，因此侵权行为认定是案件的关键点，如果民事纠纷中的被告行为不符合不正当竞争手段要件，则不需要承担责任。比如，商业标识混淆。如果商业标识本身不相似，则仿冒混淆不成立；商业宣传中，宣传内容并非虚假、引人误导的内容，仅是基于事实对商品性能、功能、质量、销售状况的陈述，不正当商业宣传也不成立；经营者可能仅是对竞争对手丑闻的客观陈述，不能判断为商业诋毁等。

5. 损害结果抗辩要点

《反不正当竞争法》第十七条中规定，"给他人造成损害的，应当依法承担民事责任"。换而言之，经营者的不正当竞争行为即使存在，只要没有对相对方权益造成实质损害，就不应该承担赔偿责任。当然，在实践中损害结果可能是多维度的，尤其是互联网市场中，损害不限于货币、财物这些有体物，甚至信誉、名声，还有可能为信息数据、消费者的注意力等，这些也是应诉抗辩应当注意的要点，如果这些难以量化，甚至可以寻找专业评测机构出具专业意见，提供法庭评判参考。

四、针对权利滥用行为的反制措施

《最高人民法院关于知识产权侵权诉讼中被告以原告滥用权利为由请求赔偿合理开支问题的批复》中指出，"在知识产权侵权诉讼中，被告提交证据证明原告的起诉构成法律规定的滥用权利损害其合法权益，依法请求原告赔偿其因该诉讼所支付的合理的律师费、交通费、食宿费等开支的，人民法院依法予以支持。被告也可以另行起诉请求原告赔偿上述合理开支。"

在最高人民法院某终审案件中，法院认为"甲公司与乙公司签订的和解协议已经明确'一次性支付赔偿金''双方之间再无其他争议'后，在同一被告并未实施新的侵权行为情况下，针对同一销售行为再次提出侵害专利权诉讼，其诉讼目的显然并非为制止侵权，而意在获取额外赔偿的非正当利益。甲公司及乙公司作为关联公司将本可一次解决的纠纷，先后拆分诉讼，既增加作为小微零售商的被告的诉累与经济负担，也造成司法诉讼案件的非正常增长和司法资源的不合理耗费。综上，甲公司提起本案诉讼应当认定为滥用权利。本案甲公司故意'一事两诉'，违反诚实信用原则，滥用权利，并因此致使作为个体工商户的李某某增加交通费等不必要的诉讼开支，应当承担相应的法律责任"。

据此，作为知识产权诉讼的被告，如果发现权利人提起的诉讼存在权利滥用问题的，可以请求法院赔偿其因该诉讼所支付的合理的律师费、交通费、食宿费等损失。

如果权利人频繁提出侵权警告，但又不将侵权纠纷诉诸法院，则作为被警告的企业，也可考虑提起确认不侵害知识产权的不侵权之诉。

《最高人民法院关于审理侵犯专利权纠纷案件应用法律若干问题的解释》（法释〔2009〕21号）第十八条规定："权利人向他人发出侵犯专利权的警告，被警告人或者利害关系人经书面催告权利人行使诉权，自权利人收到该书面催告之日起一个月内或者自书面催告发出之日起二个月内，权利人不撤回警告也不提起诉讼，被警告人或者利害关系人向人民法院提起请求确认其行为不侵犯专利权的诉讼的，人民法院应当受理。"

《最高人民法院关于知识产权民事诉讼证据的若干规定》第五条规定："提起确认不侵害知识产权之诉的原告应当举证证明下列事实：（一）被告

向原告发出侵权警告或者对原告进行侵权投诉；（二）原告向被告发出诉权行使催告及催告时间、送达时间；（三）被告未在合理期限内提起诉讼。"

企业在日常经营中，在遇到相关方发起侵权投诉或侵权警告应积极应对，在满足相关条件时可以考虑提起确认不侵权之诉，以尽早恢复企业正常的生产经营或与警告人形成阻抗之势，争取相应主动权。

第二节　企业知识产权行政保护实务要点

一、知识产权行政保护概述

知识产权行政管理和执法机关针对行政相对人作出的有关知识产权处理决定大体分为三类：知识产权授权确权行政决定、知识产权侵权调处行政决定、知识产权行政执法处理决定。这里的知识产权行政机关不只是国家知识产权局以及各地的知识产权局，还包括了国家和地方的各级版权局、农林部门的知识产权管理部门、海关知识产权管理部门等等。

除了著作权、商业秘密及其他反不正当竞争外，知识产权权利的获得或丧失一般需要国家有关知识产权行政管理机关审查、备案或者登记，一旦获得国家有关知识产权行政管理机关的知识产权授权确权，相关知识产权权利人有权就知识产权侵权行为请求知识产权行政管理机关进行处理并就损害赔偿问题进行调解的权利。《专利法》第六十五条、《商标法》第六十条、《中华人民共和国植物新品种保护条例》第三十九条、《集成电路布图设计保护条例》第三十一条等法律法规，均规定了知识产权行政管理机关对侵犯知识产权行为的调处义务，同时也赋予了知识产权权利人有权就知识产权侵权行为获得行政机关行政救济的权利。行政机关此时基于不告不理的原则，依据权利人的请求而作出调处，且调处的内容和范围均应依据当事人的请求，不得随意扩大。

在知识产权的侵权行为的追偿过程中，某些侵权行为证据的固定往往是最为关键也是最难的一步。我国现有的知识产权法律制度中，权利人有权要求知识产权行政机关依法查处知识产权侵权行为。行政机关在这个过程中可以依职权直接进入到侵权行为人的办公场所或者加工区域、仓储地等，所形成的调查笔录、证人证言、扣押的侵权产品等最终都可以成为权利人在未来追偿当中所调取的证据。

二、相关知识产权对应的行政机关及执法权限

（一）版权保护方面的行政机关及执法权限

国家版权局是国务院著作权行政管理部门，主要职责包括负责外国以及我国台湾、香港和澳门地区的作者或其他著作权人的作品登记工作。各省、自治区、直辖市版权局负责本辖区的作者或其他著作权人的作品登记工作。中国版权保护中心受国家版权局委托，负责外国以及我国台湾、香港和澳门地区的作者或其他著作权人的作品登记工作，并且负责全国的软件著作权登记工作。

县级以上地方主管著作权的部门负责本行政区域的著作权管理工作，由主管著作权的部门责令停止侵权行为，予以警告，没收违法所得，没收、无害化销毁处理侵权复制品以及主要用于制作侵权复制品的材料、工具、设备等，违法经营额五万元以上的，可以并处违法经营额一倍以上五倍以下的罚款；没有违法经营额、违法经营额难以计算或者不足五万元的，可以并处二十五万元以下的罚款。

主管著作权的部门对涉嫌侵犯著作权和与著作权有关的权利的行为进行查处时，可以询问有关当事人，调查与涉嫌违法行为有关的情况；对当事人涉嫌违法行为的场所和物品实施现场检查；查阅、复制与涉嫌违法行为有关的合同、发票、账簿以及其他有关资料；对于涉嫌违法行为的场所和物品，可以查封或者扣押。

（二）专利、集成电路布图设计保护方面的行政机关及执法权限

专利、集成电路布图设计，由国家知识产权局负责专利、集成电路布图设计申请等相关工作。《专利法》所称管理专利工作的部门，是指由省、自治区、直辖市人民政府以及专利管理工作量大又有实际处理能力的设区的市人民政府设立的管理专利工作的部门；也就是意味着国家层面的法律法规，只授权了省级知识产权部门和市级知识产权部门执法权，但是多数

地区根据通过地方条例的授权，县一级的知识产权机构也可以进行行政执法。

管理专利工作的部门处理时，认定侵权行为成立的，可以责令侵权人立即停止侵权行为，但不得进行行政罚款及其他行政强制行为；对于专利假冒行为，知识产权行政部门还可以罚款并采取各种行政强制措施。

由国家知识产权局设立集成电路布图设计行政执法委员会（以下简称行政执法委员会），负责处理侵犯布图设计专有权的纠纷，调解侵犯布图设计专有权的赔偿数额。对没有行政强制措施的授权，作出停止侵权的决定后，只能请求人民法院强制执行。

（三）商标、地理标志、植物新品种保护方面的行政机关及执法权限

商标、地理标志，由国家知识产权局下属的国家商标局负责商标、地理标志申请等相关工作。对于商标、地理标志，县级以上工商行政管理部门根据已经取得的违法嫌疑证据或者举报，对涉嫌侵犯他人注册商标专用权的行为进行查处时，可以行使下列职权：询问有关当事人，调查与侵犯他人注册商标专用权有关的情况；查阅、复制当事人与侵权活动有关的合同、发票、账簿以及其他有关资料；对当事人涉嫌从事侵犯他人注册商标专用权活动的场所实施现场检查；检查与侵权活动有关的物品；对有证据证明是侵犯他人注册商标专用权的物品，可以查封或者扣押。

对于商标的行政保护措施而言，针对不同的违法行为，县级以上工商行政管理部门可以采取不同的行政处罚措施，比如：违反《商标法》第六条、第十条、第十四条，《商标印制管理办法》第七条至第十条等规定，行政机关有权采取责令限期改正、予以通报、警告、罚款等行政处罚措施；违反《商标法》第五十七条的商标侵权行为，行政机关依据《商标法》第六十条的规定，认定侵权行为成立的，可以采取责令立即停止侵权行为，没收、销毁侵权商品和主要用于制造侵权商品、伪造注册商标标识的工具，并根据违法经营的数额进行罚款；对侵犯商标专用权的赔偿数额的争议，权利人亦可请求工商行政管理部门进行调解，在部分省份可以根据工商行政管理部门与所在地法院的相关规定，直接向人民法院申请对调解协议进行司法确认，无须再另行提起民事诉讼。如贵州省高级人民法院与贵州省市场监督管理局共同制定的《关于开展知识产权纠纷行政调解协

议司法确认工作的实施意见（试行）》，旨在积极开展行政调解司法确认，减少权利人的诉累，同时提升商标的保护效率。

关于地理标志的行政保护，依据国家知识产权局在 2024 年 2 月 1 日颁布实施的《地理标志产品保护办法》（国家知识产权局令第 80 号），对地理标志本身的使用问题，存在第三十条规定的行为的，适用《商标法》及相关法律法规确定行政处罚方式；存在第三十一条规定的，由国家知识产权局注销其地理标志的注册登记，并停止其使用；存在第三十二条规定的地理标志产品问题的，则依据《中华人民共和国产品质量法》《中华人民共和国标准化法》等有关法律，结合具体情况予以行政处罚；存在第三十三条规定的将受保护的地理标志产品名称作为企业名称中的字号使用，误导公众的情形，则依据《反不正当竞争法》处理。

植物新品种、农产品地理标志，由农业农村、林业部门依法负责对其的促进和保护工作。农业农村部负责农产品相关的植物新品种、农产品地理标志登记等相关工作；国家林业和草原局负责林业相关的植物新品种的登记等相关工作；未经品种权人许可，以商业目的生产或者销售授权品种的繁殖材料的，品种权人或者利害关系人可以请求省级以上人民政府农业、林业行政部门依据各自的职权进行处理，对于这种违法行为，省级农林部门可以责令侵权人停止侵权行为，没收违法所得和植物品种繁殖材料；货值金额五万元以上的，可处货值金额一倍以上五倍以下的罚款；没有货值金额或者货值金额五万元以下的，根据情节轻重，可处二十五万元以下的罚款。

假冒授权品种的，由县级以上人民政府农业、林业行政部门依据各自的职权责令停止假冒行为，没收违法所得和植物品种繁殖材料；货值金额五万元以上的，处货值金额一倍以上五倍以下的罚款；没有货值金额或者货值金额五万元以下的，根据情节轻重，处二十五万元以下的罚款；情节严重，构成犯罪的，依法追究刑事责任。

（四）商业秘密、"双反"方面的行政机关及执法权限

关于反不正当竞争（含商业秘密）和反垄断，由市场监督管理部门依法负责商业秘密促进和保护工作以及反垄断执法工作。

不正当竞争行为由县级以上人民政府履行工商行政管理职责的部门进行查处（法律另有规定的除外）。不同地方对于此类查处的具体承办情况可能基于内部机构设置、政务数字化改革或委托执法等会有不同的安排，

并且可能会动态调整。比如：重庆市各区级市场监督管理局有权查处辖区内的违反《反不正当竞争法》案件，由重庆市市场监督管理局进行指导，但依据《重庆市反不正当竞争条例》的规定，"重大不正当竞争行为"可能由市局直接查处，具体由重庆市市场监督综合行政执法总队承办，对于"重大"的认定需结合个案情况来判断。广东省推出了"12345政务服务"一体化平台，可统一受理包括反不正当竞争的相关投诉，再由平台转呈相关主管单位。因此，如果企业需要通过行政保护程序维权的，建议充分咨询管辖地对于类案的受理细则和具体接办程序，提高维权的效率和质量。

关于垄断协议、滥用市场支配地位、滥用行政权力排除、限制竞争等行为的反垄断执法工作通常由省级市场监督管理部门负责。县级市场监督管理部门有权实施商品/服务价格收费监督检查、查处价格违法案件，并可受省级部门委托开展反垄断执法工作。

关于经营者集中的反垄断审查，目前市场监督管理总局正在推行试点，委托北京、上海、广东、重庆、陕西等5个省（直辖市）市场监督管理部门对符合下列标准之一的部分经营者集中案件进行反垄断审查，试点时间截至2025年7月31日：（1）至少一个申报人住所地在该部门受委托联系的相关区域；（2）经营者通过收购股权、资产或者合同等其他方式取得其他经营者的控制权，其他经营者的住所地在相关区域；（3）经营者新设合营企业，合营企业住所地在相关区域；（4）经营者集中相关地域市场为区域性市场，且该相关地域市场全部或主要位于相关区域；（5）市场监管总局委托的其他案件。试点省级市场监管部门及相关区域如表7-1所示。

表7-1　试点省级市场监管部门及相关区域

序号	试点单位	相关区域
1	北京市市场监督管理局	北京、天津、河北、山西、内蒙古、辽宁、吉林、黑龙江
2	上海市市场监督管理局	上海、江苏、浙江、安徽、福建、江西、山东
3	广东省市场监督管理局	广东、广西、海南
4	重庆市市场监督管理局	河南、湖北、湖南、重庆、四川、贵州、云南、西藏
5	陕西省市场监督管理局	陕西、甘肃、青海、宁夏、新疆

（表格来源：《市场监管总局关于试点委托开展部分经营者集中案件反垄断审查的公告》）

公平竞争审查，是指政策制定机关评估其制定的涉及经营主体经济活动的规章、规范性文件、其他政策性文件以及"一事一议"形式等政策措施对市场竞争的影响，防止政策措施排除、限制市场竞争。公平竞争审查工作通常由市场监督管理部门会同本地发改、财政、商务、司法等部门建立协调机制来推动。对于未进行公平竞争审查或者违反审查标准出台涉及经营主体经济活动的政策措施，可依据本地公平竞争审查的规定依法予以举报。

三、知识产权行政诉讼的管辖

知识产权的行政诉讼要受行政诉讼管辖一般原则的限制，但又有不一样的特点。关于行政诉讼的一般原则，本书不再赘述，主要针对知识产权行政诉讼的特点，向读者介绍其特殊之处。

（1）由国家行政机关作出的行政裁判引起。专利权、商标权、植物新品种、集成电路布图设计、地理标志等需要行政机关确权，依照相关知识产权法律，当事人对该确权决定不服可以向行政裁判机关（比如国家知识产权局专利局复审和无效审理部〈原专利复审委员会〉和商标评审委员会）等申请复审，对该复审决定（其实质是行政裁判）不服的，可以提起行政诉讼。

（2）由国家行政机关作出的具体行政行为引起。在知识产权确权和转让、使用过程中，确权机关依相关知识产权法，对当事人作出具体行政行为（包括行政决定、行政许可和行政处罚等），行政相对人不服的可以提起行政诉讼。

以上两种行政诉讼一审均由知识产权法院管辖。二审上诉中，商标、地理标志由知识产权法院所在地的高级人民法院管辖，专利权、植物新品种、集成电路布图设计等技术类的由最高人民法院管辖。

（3）由地方知识产权行政机关行政执法引起。对于具有知识产权执法权的地方各级知识产权行政机关，可以对侵犯知识产权等违法行为进行处罚和调解，相对人对该处罚或者调解决定不服的，可以提起行政诉讼。

以上案件，发明专利、实用新型专利、植物新品种、集成电路布图设计、技术秘密、计算机软件的权属和侵权纠纷以及垄断纠纷第一审行政案件由知识产权法院、省、自治区、直辖市人民政府所在地的中级人民法院和最高人民法院确定的中级人民法院管辖；外观设计专利的权属、侵权纠纷以及涉驰名商标认定第一审行政案件由知识产权法院和中级人民法院管辖；经最高人民法院批准，也可以由基层人民法院管辖，但外观设计专利行政案件除外。除此之外的其他普通知识产权行政案件，具体包括著作权、商标、不正当竞争（涉技术秘密除外）等侵权纠纷第一审行政案件，由各地辖区内有知识产权案件管辖权的基层人民法院管辖。

第三节　企业知识产权电商平台争议实务要点

随着互联网的发展，电商平台逐渐兴起并成为企业重要的产品销售渠道。与线下实体店经营一样，线上电商平台经营也存在诸多知识产权侵权纠纷，需要经营者树立知识产权合规经营意识，并掌握处理电商平台知识产权争议的能力。

一、企业知识产权电商平台争议类型

（一）知识产权侵权争议

卖家在平台上销售的商品或服务侵犯了他人的知识产权，如专利、商标、著作权等。

（二）虚假宣传和误导消费者争议

卖家在平台上对商品或服务进行虚假宣传，或者对消费者进行误导。

（三）不正当竞争争议

卖家在平台上的行为违反了《反不正当竞争法》，如盗用他人的图片、文字等信息，或者进行价格欺诈等。

（四）合同争议

买卖双方在交易过程中产生的合同争议，如对交易条件、交货时间、质量标准等的争议。

二、企业知识产权电商平台争议解决途径

（一）协商解决

争议双方可以通过协商解决争议，达成和解协议。

（二）投诉举报

消费者或权利人可以向平台提出投诉或举报侵权行为，平台应当采取必要措施制止侵权行为，并向有关部门报告。

（三）民事诉讼

争议双方可以向法院提起民事诉讼，通过诉讼解决争议。

（四）仲裁

具有买卖关系的争议双方可以在交易合同中约定仲裁条款，将争议提交仲裁机构仲裁。

三、电商平台的知识产权责任

（一）电商平台注意义务

在涉及平台的知识产权侵权案件中，平台是否承担侵权责任，取决于其是否尽到了合理的注意义务。一般来说，平台的注意义务取决于其对侵权行为的知晓程度和控制能力。如果平台已经知道或者应当知道侵权行为的存在，但没有采取必要的措施，则可能承担侵权责任。如果平台没有直接参与侵权行为，但在其控制范围内存在侵权行为，且没有采取必要的措施，则可能承担共同侵权责任。

（二）电商平台协助调查义务

在知识产权侵权案件中，平台有义务协助权利人或者司法机关调查侵权行为的相关信息，例如，平台应当提供侵权商品或者服务的交易记录、卖家的身份信息等。如果平台拒绝协助调查，则可能承担相应的法律责任。

（三）电商平台连带责任

在某些情况下，电商平台可能会被判定与侵权人承担连带责任。例如，如果平台明知侵权行为的存在，但仍然为侵权行为提供便利或者帮助，则可能承担连带责任。此外，如果平台没有尽到合理的注意义务，导致侵权行为的发生，也可能承担连带责任。

四、电商平台知识产权维权方式

（一）电商平台知识产权投诉维权途径

通过电子商务平台实施的知识产权侵权行为，由于侵权成本低、侵权行为简单易行，是知识产权侵权高发领域。针对各类不同侵权行为，权利人可以采取多种维权方式，如发律师警告函、行政监管投诉查处、诉讼、仲裁等，不同的维权方式花费的时间成本和金钱成本有很大的区别。

针对侵权者的抄袭、销售和许诺销售等行为向电商平台投诉，要求电商平台删除链接和下架产品是非常直接、有效的维权方法。2019 年 1 月 1 日颁布的《中华人民共和国电子商务法》（以下简称《电子商务法》）明确了电子商务平台配合权利人进行知识产权保护的义务，规定了适用于电子商务领域的知识产权投诉机制。其中第四十一条规定："电子商务平台经营者应当建立知识产权保护规则，与知识产权权利人加强合作，依法保护知识产权。"第四十二条第一款规定："知识产权权利人认为其知识产权受到侵害的，有权通知电子商务平台经营者采取删除、屏蔽、断开链接、终止交易和服务等必要措施。"

对电商平台上的侵权行为向电商平台进行投诉，要求电商平台断开、下架、删除侵权产品，在适用"通知-删除"规则的情况下，权利人可以第一时间阻止侵权人的侵权行为，避免损失的扩大。

（二）电商平台知识产权投诉维权流程

目前，如阿里巴巴、京东、苏宁易购等主流线上电商平台均建立了较为成熟的知识产权争议解决机制，也有相对较为专业的知识产权侵权审核团队专门处理涉知识产权争议，其初步审核的处理周期约为 5—10 个工作日，整个流程约需一个月。

各大电商平台对投诉的流程设计大同小异，具体操作流程可以参照各大电商平台提供的操作指南，一般都包括如下步骤：

1. 提交投诉人的身份证明。如果是个人用户则提交身份证照片或扫描件，如果是企业则需要提供营业执照，如果是代理权利人进行投诉，则需要提交代理人身份主体证明和授权委托书。

2. 提交权利人的知识产权权属证明。权利人在电商平台进行侵权投诉，建议提供必要的材料权利证明，根据权利主要包括：

（1）商标权纠纷：商标注册证，涉嫌侵权商标使用情况证明材料。

（2）著作权纠纷：作品登记证，作品首次公开发表或发行日期证明材料，创作手稿，经权威机构签发的作品创作时间戳等有效权属证明。

（3）专利权纠纷：专利权证书，包括权利要求书、说明书、附图等，或专利登记簿副本；涉及实用新型和外观设计专利权的投诉，提交专利权评价报告或无效宣告请求审查决定书；被请求产品落入涉案专利保护范围的侵权比对分析意见。

（4）地理标志纠纷：地理标志证明商标、集体商标注册证明，或地理标志产品保护公告。

（5）相关纠纷的行政、司法机关的处理决定书、判决书。

提交涉嫌侵权的链接及投诉诉求。如涉及针对侵犯专利权的投诉，还需要提交侵权比对分析，即将平台中涉及的侵权产品与专利的权利要求进行对比，说明相应的特征构成相同或近似。如果侵权网页中的产品信息较为全面，可直接进行比对；但是如果产品信息不全面，建议购买相关产品后进行详细的对比。平台后方负责处理知识产权投诉的人员水平差异很大，一份相对详细的对比材料，会极大提高投诉成功的概率。

3. 电商平台将投诉材料转交给涉嫌侵权方（多为平台上的卖家），一般会要求其在3—5天的期限内答复或申诉，申诉包括不侵权的理由，例如，权利已过保护期，产品使用的是已进入公众领域的图片、专利等。平台也会将涉嫌侵权方的申诉转交给权利人。

4. 平台根据双方提交的资料作出处理意见和决定，进而判断是否采取行动，视情节严重程度采取断开或删除链接、查封账户、关闭店铺、店铺监管、限制发货、限制发布商品、限制网站登录、限制发送站内信、全店或单个商品监管等处理措施。

需要注意的是，根据《电子商务法》第四十三条的规定，如投诉完成后投诉人收到平台转送的不存在侵权行为的声明，但未能在15日内通知平台已经提起行政投诉或者民事诉讼的，平台有可能终止此前采取的必要措施。因此，在提交投诉后，务必及时关注平台对投诉的处理进展，并根据不同情形评估是否采取进一步的法律行动，否则会导致投诉的失败，并且如被证明投诉行为存在恶意，投诉人还需加倍承担赔偿责任。此外，互联网侵权证据具有转瞬即逝、取证难的特点，在投诉过程中，建议权利人尽可能在第一时间固定证据且满足具备法律效力的要求，有条件的可以选择公证保全的方式，将侵权证据固定下来，作为后续诉讼使用和获得赔偿的证据。另外，为了防止权利人滥用权利，《电子商务法》对恶意投诉设置了惩罚性赔偿规制：因通知错误造成平台内经营者损害的，依法承担民事责任；恶意发出错误通知，造成平台内经营者损失的，加倍承担赔偿责任。

五、企业在电商平台遇到知识产权侵权投诉的处理思路

各平台接到投诉通知后，虽然处理流程会有一些差异，但基本大同小异。以某电商平台为例，平台接到投诉通知后，会先实施初步的形式审查；初审合格后，投诉信息将被通知卖家，卖家可提交证据或产品合法性相关的证据资料并在线上提起反通知；卖家提起反通知之后，系统自动通知投诉方，投诉方认可反通知，该链接将会被保留，不予删除，投诉方作出不予认可反通知处理，则由该电商平台知识产权部再次进行实质审查，得出结论，并确定商品链接是否被移除。

对于被投诉方而言，在电商平台被投诉侵权时，有两次机会。第一次是在接到侵权通知后进行主张不侵权的反通知；第二次是在平台认定侵权进行处理后提出申诉。无论是在哪个阶段，主张不侵权的理由都围绕着权利人投诉的权利是否能成立以及被控侵权行为是否成立。

一般应对电商平台知识产权投诉可以参考以下处理方式：

第一，了解投诉方及其主张的权利基础情况，了解被投诉产品情况。可根据投诉方主张的知识产权的编号，在相应网站查看到该知识产权更详细的信息。

第二，判断被投诉产品是否构成侵权，决定是否异议申诉。如构成侵权，与投诉方协商解决。如有一定的区分，可以准备相应的申诉材料。

（一）遇到专利权投诉需要申诉的一般材料

1. 了解投诉方专利情况

检索和了解投诉方专利是否有维权、侵权判决记录，专利评价报告，专利无效宣告审查决定等，分析投诉方专利权的稳定性。

2. 专利不侵权抗辩

主张被诉技术方案没有落入涉案专利保护范围之内。具体来说，有两种情况：一是被诉侵权技术方案的技术特征与权利要求记载的全部技术特征相比，缺少权利要求中记载的一项或一项以上技术特征；二是被诉侵权技术方案的技术特征与权利要求中对应技术特征相比，有一项或者一项以上的技术特征既不相同也不等同。基于以上分析，形成专利侵权比对意见。

3. 现有技术抗辩

《专利法》第六十七条规定："在专利侵权纠纷中，被控侵权人有证据证明其实施的技术或者设计属于现有技术或者现有设计的，不构成侵犯专利权。"现有技术抗辩分两种情况：在先使用抗辩和在先公开抗辩。在先使用抗辩是指，如果在整个电商平台或被投诉方自己有在先生产销售，或者有他人在先销售的证据，可以对抗其专利投诉。在先公开抗辩，则需要找出投诉方专利申请之前已经公开的对比文献和证据。

4. 合法授权抗辩

需要提供相关进货凭证，如合同、发票等，如果采购自专利权人的代理商处，需要一并提供进货凭证以及专利权人授权该代理商进行销售的授权书。

5. 先用权抗辩

《专利法》第七十五条第（二）项规定，"在专利申请日前已经制造相同产品、使用相同方法或者已经做好制造、使用的必要准备，并且仅在原有范围内继续制造、使用的",不视为侵犯专利权。由于先用权抗辩对于被控侵权人而言,证据要求比较苛刻,并且即使胜诉,法律又同时要求其继续实施该项技术的范围较窄,被忽视的可能性较大,但是积极利用先用权抗辩不失为一项增加成功率的关键策略。

6. 专利无效抗辩

《专利法》第四十五条规定:"自国务院专利行政部门公告授予专利权之日起,任何单位或者个人认为该专利权的授予不符合本法有关规定的,可以请求国务院专利行政部门宣告该专利权无效。"《专利法》第四十七条第一款规定:"宣告无效的专利权视为自始即不存在。"正是有了《专利法》第四十五条赋予的无效宣告请求的权利和第四十七条对宣告无效的专利权的效力,才使得在侵权之诉时,每一个被诉侵权的个人或企业都能提起无效宣告程序,去审视涉案专利权是否稳定。一个不稳定的专利权一旦被宣告无效并生效后,专利权自始即不存在,侵权也就无从谈起。

由于专利无效宣告的成本高和周期长,一般是应对专利侵权诉讼较为常见的抗辩手段。对于仅仅是应付电商专利的投诉,提供在先公开的现有技术证据即可。如考虑长期销售涉案产品,可以考虑提出无效宣告,如被投诉方仅仅是销售商,可以联合生产商共同应对发起专利无效。

(二)如遇到商标权投诉需要申诉的一般材料

1. 商标不近似的抗辩

需要详细说明被投诉商品与商标注册所核定的商品不相同和不近似,被投诉商品上的商标与投诉商标不相同、不近似,或不存在驰名商标跨类保护范围之类的原因。

2. 在先使用抗辩

在投诉方商标注册以前,有大量使用并具有一定知名度方面的证据。

3. 被投诉产品系购买自商标权人处或其授权代理商处

需要提供相关进货凭证,如合同、发票等。如采购自商标权人的授权代理商处，需要一并提供进货凭证以及商标权人授权该代理商进行销售的有效授权书。

4. 被投诉人有销售授权

需要提供商标权人授权被投诉方进行销售的有效授权书。

（三）如遇到著作权投诉需要申诉的一般材料

1. 对被投诉作品本身享有著作权

提供早于权利人的著作权登记证书/合法出版物等，或者早于权利人作品完成日之前的产品目录或者商品销售记录等。提供该著作权的反证，证明在投诉方版权登记之日起，他人已经登记相同的版权，或者他人在先已经发表其版权，证明其投诉方的版权权利存在瑕疵。

2. 被投诉产品购自著作权人处或其授权代理商处

需要提供相关进货凭证，如合同、发票等。如采购自著作权人的代理商处，需要一并提供进货凭证以及著作权人授权该代理商进行销售的授权书。

总的来说，线上知识产权争议解决机制的定位比较灵活，是传统争议解决方式的重要补充，为权利人在诉讼、行政投诉、发警告函之外，提供了另外一种便捷的可行选择。不过，线上解决机制同时也是一把双刃剑，为某些恶意投诉者滥用权利提供了便利的条件。对此，国内外经营者也应当加强重视知识产权合规，合理运用平台规则，从而有效减少不必要的损失。

第八章
企业知识产权刑事保护

第一节　企业知识产权刑事控告实务要点

一、涉及知识产权犯罪的罪名

知识产权犯罪，是指违反知识产权保护法律的有关规定，未经知识产权所有人许可，非法利用或侵犯他人知识产权，破坏国家对知识产权的管理制度，危害社会主义市场经济秩序，情节严重的行为[①]。

知识产权犯罪规定在《刑法》的第三章"破坏社会主义市场经济秩序罪"中第七节"侵犯知识产权罪"中，一共八个罪名，包括：假冒注册商标罪，销售假冒注册商标的商品罪，非法制造、销售非法制造的注册商标标识罪，假冒专利罪，侵犯著作权罪，销售侵权复制品罪，侵犯商业秘密罪，为境外窃取、刺探、收买、非法提供商业秘密罪。

根据《刑法》第二百二十条的规定，以上八个罪名都含有单位犯罪，如单位涉及以上犯罪，可对单位判处罚金并对直接负责的主管人员和其他直接管理人员进行处罚。

除了以上罪名外，在实践中，与侵犯知识产权有关联的行为，还可能包括在以下罪名中：一是《刑法》分则第三章第一节规定的"生产、销售

---

① 参见李兰英、高扬捷等：《知识产权刑法保护的理论与实践》，法律出版社2018年版。

伪劣商品罪"，包括生产、销售伪劣产品、假药、劣药，不符合卫生标准的食品、有毒有害食品、不符合标准的医用器材、不符合安全标准的产品、伪劣农药、兽药、化肥、种子、不符合卫生标准的化妆品等九个罪名。二是《刑法》分则第三章第二节规定的走私罪。三是《刑法》第二百二十五条规定的非法经营罪等罪名。

二、企业知识产权刑事控告实务要点

（一）知识产权刑事案件管辖规则

根据《最高人民法院、最高人民检察院、公安部关于办理侵犯知识产权刑事案件适用法律若干问题的意见》（法发〔2011〕3号），知识产权刑事案件一般由犯罪地公安机关立案侦查，必要时可以由犯罪嫌疑人居住地公安机关立案侦查。侵犯知识产权犯罪案件的犯罪地，包括侵权产品制造地、储存地、运输地、销售地，传播侵权作品、销售侵权产品的网站服务器所在地、网络接入地、网站建立者或者管理者所在地，侵权作品上传者所在地，权利人受到实际侵害的犯罪结果发生地。

需要提请批准逮捕、移送审查起诉、提起公诉的，由该公安机关所在地的同级人民检察院、人民法院受理。对于不同犯罪嫌疑人、犯罪团伙跨地区实施的涉及同一批侵权产品的制造、储存、运输、销售等侵犯知识产权犯罪行为，符合并案处理要求的，有关公安机关可以一并立案侦查，需要提请批准逮捕、移送审查起诉、提起公诉的，由该公安机关所在地的同级人民检察院、人民法院受理。

因知识产权民事、刑事、行政案件"三合一"审判机制改革，在刑事案件的办理程序中，特别是在检察院批准逮捕及后续的审查起诉，以及法院审理阶段，都开始逐渐与民事、行政案件的管辖相一致。目前法院的审理均已完成知识产权案件"三合一"的审理，案件都集中管辖；而在检察阶段，因各个地区的改革步伐的不一致，未有最高检直接出台的司法解释来确定各地具体管辖，而是由各地自行根据实际情况来确定集中管辖的检察院。

在侵犯知识产权罪的罪名中，还有一类相对特殊的就是海关知识产权犯罪。因为海关类的案件一般都是由中级人民法院来管辖，故此类案件一般亦由海关所在地的中院来管辖。

侵犯知识产权犯罪案件一般具有多个管辖地，控告人应选择对自己最有利的管辖地公安机关进行刑事控告。

（二）刑事控告流程图

刑事控告流程图如图 8-1 所示。

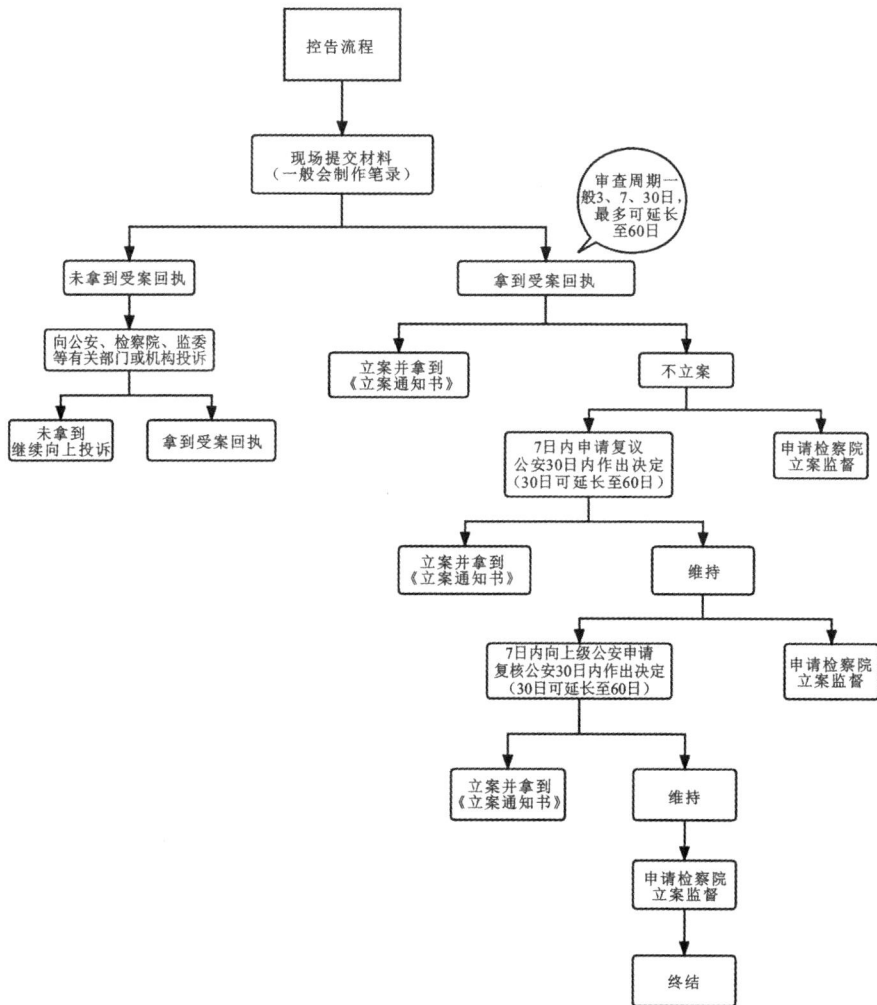

图 8-1　刑事控告流程

（三）知识产权类犯罪入罪标准

把握各罪的入罪标准是刑事控告成功的前提。知识产权类犯罪入罪标准散落分布在各司法解释中，包括《最高人民法院、最高人民检察院关于办理侵犯知识产权刑事案件具体应用法律若干问题的解释》（法释〔2004〕19 号，本节简称《解释一》）、《最高人民法院、最高人民检察院关于办理侵犯知识产权刑事案件具体应用法律若干问题的解释（二）》（法释〔2007〕6 号，本节简称《解释二》）、《最高人民法院、最高人民检察院关于办理侵犯知识产权刑事案件具体应用法律若干问题的解释（三）》（法释〔2020〕10 号，本节简称《解释三》），以及《最高人民法院、最高人民检察院、公安部关于办理侵犯知识产权刑事案件适用法律若干问题的意见》（法发〔2011〕3 号，本节简称《意见》）。此外，2023 年 1 月最高人民法院、最高人民检察院联合发布了《关于办理侵犯知识产权刑事案件适用法律若干问题的解释（征求意见稿）》。

依据《解释一》第十二条规定，"非法经营数额"是指行为人在实施侵犯知识产权行为过程中，制造、储存、运输、销售侵权产品的价值。已销售的侵权产品的价值，按照实际销售的价格计算。制造、储存、运输和未销售的侵权产品的价值，按照标价或者已经查清的侵权产品的实际销售平均价格计算。侵权产品没有标价或者无法查清其实际销售价格的，按照被侵权产品的市场中间价格计算。多次实施侵犯知识产权行为，未经行政处理或者刑事处罚的，非法经营数额、违法所得数额或者销售金额累计计算。参照《最高人民法院关于审理非法出版物刑事案件具体应用法律若干问题的解释》（法释〔1998〕30 号）第十七条规定，本解释所称"违法所得数额"，是指获利数额。

1. 假冒注册商标罪入罪标准

《刑法》第二百一十三条规定："未经注册商标所有人许可，在同一种商品、服务上使用与其注册商标相同的商标，情节严重的，处三年以下有期徒刑，并处或者单处罚金；情节特别严重的，处三年以上十年以下有期徒刑，并处罚金。"

《解释三》第一条规定："具有下列情形之一的，可以认定为刑法第二百一十三条规定的'与其注册商标相同的商标'：（一）改变注册商标的字体、字母大小写或者文字横竖排列，与注册商标之间基本无差别的；（二）改变注册商标的文字、字母、数字等之间的间距，与注册商标之间基本无差别的；（三）改变注册商标颜色，不影响体现注册商标显著特征的；（四）在注册商标上仅增加商品通用名称、型号等缺乏显著特征要素，不影响体现注册商标显著特征的；（五）与立体注册商标的三维标志及平面要素基本无差别的；（六）其他与注册商标基本无差别、足以对公众产生误导的商标。"

2. 销售假冒注册商标的商品罪入罪标准

《刑法》第二百一十四条规定："销售明知是假冒注册商标的商品，违法所得数额较大或者有其他严重情节的，处三年以下有期徒刑，并处或者单处罚金；违法所得数额巨大或者有其他特别严重情节的，处三年以上十年以下有期徒刑，并处罚金。"

《解释一》第二条第一款规定："销售明知是假冒注册商标的商品，销售金额在五万元以上的，属于刑法第二百一十四条规定的'数额较大'"。

《意见》第八条中规定："销售明知是假冒注册商标的商品，具有下列情形之一的，依照刑法第二百一十四条的规定，以销售假冒注册商标的商品罪（未遂）定罪处罚：（一）假冒注册商标的商品尚未销售，货值金额在十五万元以上的；（二）假冒注册商标的商品部分销售，已销售金额不满五万元，但与尚未销售的假冒注册商标的商品的货值金额合计在十五万元以上的。"

3. 非法制造、销售非法制造的注册商标标识罪入罪标准

《刑法》第二百一十五条规定："伪造、擅自制造他人注册商标标识或者销售伪造、擅自制造的注册商标标识，情节严重的，处三年以下有期徒刑，并处或者单处罚金；情节特别严重的，处三年以上十年以下有期徒刑，并处罚金。"

《解释一》第三条规定，具有下列情形之一的，属于《刑法》第二百一十五条规定的"情节严重"："（一）伪造、擅自制造或者销售伪造、擅自制造的注册商标标识数量在二万件以上，或者非法经营数额在五万元以上，或者违法所得数额在三万元以上的；（二）伪造、擅自制造或者销售

伪造、擅自制造两种以上注册商标标识数量在一万件以上，或者非法经营数额在三万元以上，或者违法所得数额在二万元以上的；（三）其他情节严重的情形。"

《意见》第九条规定，具有下列情形之一的，以销售非法制造的注册商标标识罪（未遂）定罪处罚："（一）尚未销售他人伪造、擅自制造的注册商标标识数量在六万件以上的；（二）尚未销售他人伪造、擅自制造的两种以上注册商标标识数量在三万件以上的；（三）部分销售他人伪造、擅自制造的注册商标标识，已销售标识数量不满二万件，但与尚未销售标识数量合计在六万件以上的；（四）部分销售他人伪造、擅自制造的两种以上注册商标标识，已销售标识数量不满一万件，但与尚未销售标识数量合计在三万件以上的。"

4. 假冒专利罪入罪标准

《刑法》第二百一十六条规定："假冒他人专利，情节严重的，处三年以下有期徒刑或者拘役，并处或者单处罚金。"

《解释一》第十条规定："实施下列行为之一的，属于《刑法》第二百一十六条规定的'假冒他人专利'的行为：（一）未经许可，在其制造或者销售的产品、产品的包装上标注他人专利号的；（二）未经许可，在广告或者其他宣传材料中使用他人的专利号，使人将所涉及的技术误认为是他人专利技术的；（三）未经许可，在合同中使用他人的专利号，使人将合同涉及的技术误认为是他人专利技术的；（四）伪造或者变造他人的专利证书、专利文件或者专利申请文件的。"

《解释一》第四条中规定，具有下列情形之一的，属于《刑法》第二百一十六条规定的"情节严重"："（一）非法经营数额在二十万元以上或者违法所得数额在十万元以上的；（二）给专利权人造成直接经济损失五十万元以上的；（三）假冒两项以上他人专利，非法经营数额在十万元以上或者违法所得数额在五万元以上的；（四）其他情节严重的情形。"

5. 侵犯著作权罪入罪标准

以营利为目的，有《刑法》第二百一十七条所列的犯罪情形，违法所得数额较大或者有其他严重情节的构成侵犯著作权罪。

《意见》第十条中规定："具有下列情形之一的，可以认定为'以营利为目的'：（一）以在他人作品中刊登收费广告、捆绑第三方作品等方式直接或者间接收取费用的；（二）通过信息网络传播他人作品，或者利用他人上传的侵权作品，在网站或者网页上提供刊登收费广告服务，直接或者间接收取费用的；（三）以会员制方式通过信息网络传播他人作品，收取会员注册费或者其他费用的；（四）其他利用他人作品牟利的情形。"

《解释一》第五条规定，违法所得数额在三万元以上的即为《刑法》第二百一十七条的"违法所得数额较大"。《刑法》第二百一十七条规定的"其他严重情节"指：（1）未经著作权人许可，复制发行其文字作品、音乐、电影、电视、录像作品、计算机软件及其他作品，复制品数量合计在五百张（份）以上的（《解释二》第一条）；（2）未经录音录像制作者许可，复制发行其制作的录音录像制品，复制品数量合计五百张（份）以上的；（3）未经著作权人许可，通过信息网络向公众传播他人文字作品、音乐、电影、电视、美术、摄影、录像作品、录音录像制品、计算机软件及其他作品，具有下列情形之一的："（一）非法经营数额在五万元以上的；（二）传播他人作品的数量合计在五百件（部）以上的；（三）传播他人作品的实际被点击数达到五万次以上的；（四）以会员制方式传播他人作品，注册会员达到一千人以上的；（五）数额或者数量虽未达到第（一）项至第（四）项规定标准，但分别达到其中两项以上标准一半以上的；（六）其他严重情节的情形。"（《意见》第十三条）

6. 销售侵权复制品罪入罪标准

《最高人民检察院、公安部关于公安机关管辖的刑事案件立案追诉标准的规定（一）》（公通字〔2008〕36号）第二十七条规定："以营利为目的，销售明知是刑法第二百一十七条规定的侵权复制品，涉嫌下列情形之一的，应予立案追诉：（一）违法所得数额十万元以上的；（二）违法所得数额虽未达到上述数额标准，但尚未销售的侵权复制品货值金额达到三十万元以上的。"

7. 侵犯商业秘密罪入罪标准

《最高人民检察院、公安部关于修改侵犯商业秘密刑事案件立案追诉标准的决定》（高检发〔2020〕15号）规定："侵犯商业秘密，涉嫌下列情形之一的，应予立案追诉：（一）给商业秘密权利人造成损失数额在三十万元以上的；（二）因侵犯商业秘密违法所得数额在三十万元以上的；（三）直接导致商业秘密的权利人因重大经营困难而破产、倒闭的；（四）其他给商业秘密权利人造成重大损失的情形。"

《解释三》第五条第一款规定："实施刑法第二百一十九条规定的行为造成的损失数额或者违法所得数额，可以按照下列方式认定：（一）以不正当手段获取权利人的商业秘密，尚未披露、使用或者允许他人使用的，损失数额可以根据该项商业秘密的合理许可使用费确定；（二）以不正当手段获取权利人的商业秘密后，披露、使用或者允许他人使用的，损失数额可以根据权利人因被侵权造成销售利润的损失确定，但该损失数额低于商业秘密合理许可使用费的，根据合理许可使用费确定；（三）违反约定、权利人有关保守商业秘密的要求，披露、使用或者允许他人使用其所掌握的商业秘密的，损失数额可以根据权利人因被侵权造成销售利润的损失确定；（四）明知商业秘密是以不正当手段获取或者是违反约定、权利人有关保守商业秘密的要求披露、使用、允许使用，仍获取、使用或者披露的，损失数额可以根据权利人因被侵权造成销售利润的损失确定；（五）因侵犯商业秘密行为导致商业秘密已为公众所知悉或者灭失的，损失数额可以根据该项商业秘密的商业价值确定。商业秘密的商业价值，可以根据该项商业秘密的研究开发成本、实施该项商业秘密的收益综合确定；（六）因披露或者允许他人使用商业秘密而获得的财物或者其他财产性利益，应当认定为违法所得。"

（四）知识产权刑事控告需提交的材料

1. 权利证明材料

控告人应提交权利证明材料，证明相应知识产权的存在并明确权利主体。各类知识产权的权利证明材料都需涵盖权利是否存在以及授权情况如何，其中注册商标权的证明还可提供关于商标知名度、影响力、品牌价值的相关证明材料，如被认定为"驰名商标""老字号"的相关凭证。著作权的证明还涉及在先作品的判定问题，应提供作品底稿、著作权登记证书、合法出版物、影视作品片头、在先上线的证明、软件研发文档等。

商业秘密权具有一定特殊性，由于该权利的成立必须先满足"秘密性、价值性和保密性"的三性要求，故其证明材料的提交应围绕上述三性展开。材料需清晰陈述商业秘密的内容、范围和秘密点，秘密点必须明确、具体且有载体。控告人应当提供电子文档、合同、账册等文件并说明秘密点的具体构成，还需提供权利人采取了保密措施的证明材料。

2. 侵犯知识产权行为（损失）证明材料

侵犯知识产权行为的证明材料不仅需要证明行为存在，还需证明行为所造成的损失或被控侵权人的获益已经达到了入罪标准。如果侵权产品有线上销售渠道则可以采用可信时间戳将产品销量等关键信息固定，并请公证机构进行购买公证，以此为依据确认非法经营数额、违法所得数额。此外，如能够提供权利人直接经济损失、复制品数量、复制品货值金额相关证明材料应一并提供。

3. 关于相同、同一的判定材料

侵犯知识产权犯罪要考虑与知识产权民事侵权相区分，《刑法》设定的打击对象仅为相同商标、同一作品、同一商业秘密，对"相同""同一"的认定就成为争议的核心。而由于假冒专利罪仅包括使用、标注专利号和伪造、变造专利证明文件两种行为模式，故假冒专利罪的认定不涉及同一的判定。

对于商标"相同"的认定，应以是否足以使一般消费者误认为是注册商标为标准。著作权类犯罪需进行作品独创性认定、作品同一性鉴定。商业秘密类犯罪需进行的鉴定包括非公知性鉴定、同一性鉴定。

（五）知识产权刑事自诉

依据《最高人民法院关于适用〈中华人民共和国刑事诉讼法〉的解释》（法释〔2021〕1号）第一条第二款，侵犯知识产权案（《刑法》分则第三章第七节规定的，但严重危害社会秩序和国家利益的除外）属于人民法院可以直接受理的自诉案件（无须控告前置），但前提是被害人有证据证明且属于有期徒刑不满三年的轻微刑事案件。

知识产权类犯罪的第一个量刑档次大多为三年以下，自诉可以作为有效维权手段之一。但自诉和刑事控告存在程序上的冲突，且相较于刑事控告，自诉程序中的自诉人无法依赖侦查机关、公诉机关对关键信息进行查证，所以自诉作为知识产权刑事救济中的补充手段较为适宜。

三、知识产权刑事控告示例

案例

案情摘要

2017 年 12 月，巩某在未经著作权人许可且无相关委托手续的情况下，将从书店购买的《×××××××》（1—5 册）正版图书制作成印刷所需要的电子文件，并擅自安排甲公司制版印刷共计 4903 本。甲公司系郭某与巩某共同出资设立，印刷过程中，郭某发现被控侵权图书没有委印单，遂将印刷行为叫停。巩某安排他人将印刷好的图书运至其在北京市朝阳区租赁的仓库中藏匿。经乙公司控告，公安机关对上述 4903 本被控侵权图书进行了查扣，天津市版权局认定上述图书为盗版图书。另查，涉案图书于 2013 年 12 月 26 日由丙韩国公司授权乙公司以纸质图书形式在中国大陆范围进行简体中文翻译版的印刷、发布、出版和销售，后乙公司授权丁出版社在中国大陆地区以图书形式出版发行涉案图书。

法院认为，在涉案复制品已有证据证明系非法出版、复制、发行的情况下，出版者、发行者具有证明"获得著作权人许可"的证明责任，不能提供相应证据材料的，可以认定为"未经著作权人许可"。巩某非法复制印刷《×××××××》（1—5 册）4903 本的行为，有崔某等证人证言证明受巩某指使在甲公司印刷该批图书、甲公司负责人郭某证明印刷该批图书没有委印单，天津市版权局出具涉案图书为侵权盗版图书的认定意见，巩某对擅自复制印刷行为亦予以供述，上述证据能够充分证明涉案复制品系非法复制，巩某不能提供获得著作权人许可的相关证据，可以认定为"未经著作权人许可"。巩某以营利为目的，未经著作权人许可，复制品数量达 4903 本，其行为构成侵犯著作权罪，且属情节特别严重，应当判处三年以上七年以下有期徒刑并处罚金。鉴于巩某认罪、悔罪并取得被害单位谅解等情节，最终判定巩某犯侵犯著作权罪，判处有期徒刑三年，并处罚金五万元。

案例启示

刑事控告的核心目的是推动公安立案调查程序的启动，所以控告人应当以证明案涉行为已达到入罪门槛为重点，并尽可能提供相关材料。本案控告成功的关键在于控告人提供了盗版图书的相关线索，公安机关才能第一时间完成对上述4903本被控侵权图书的查控，固定住犯罪事实，有效打击犯罪。

控告书示例：

刑事控告书

控告人：王××，男，××××年××月××日生，汉族，住××省××市××区，联系电话：×××××××××。

被控告人：张××，男，××××年××月××日生，汉族，住××省××市××区，联系电话：×××××××××。

控告请求：对被控告人涉嫌侵犯著作权罪的行为立案侦查，依法追究其刑事责任。

事实与理由：

一、关于被控告人涉嫌侵犯著作权罪的犯罪事实

围绕犯罪相关事实简要展开描述，明确时间、地点、人物等关键信息，应摒弃情绪化表达，只陈述事实。

二、被控告人的行为已达到侵犯著作权罪的入罪标准，应当予以追诉

被控告人实施了在网站或者网页上提供刊登收费广告服务，直接收取费用等行为，构成"以营利为目的"，且在被控告人所运营的网站上，被侵权作品的实际被点击数已超过五万次，属于"具有其他严重情节"，被控告人的行为已达到侵犯著作权罪的入罪标准，应当予以追诉。

此致

××市公安局××区分局

控告人：

年 月 日

第二节　知识产权刑事辩护实务要点

一、知识产权刑事辩护的辩点与方向

刑事辩护是一门精细的技艺，办案不规范可能使自己陷入违规甚至是刑事犯罪的风险。辩护要坚持以事实为根据，以法律为准绳。处理刑事案件最基本的就是对案件事实的研判，针对有罪指控判决认定的事实进行辩护或者说反驳。

1. 程序上辩护事由

知识产权犯罪程序上的辩护事由可以从三个方面展开：（1）程序是否存在违法，如管辖是否存在问题、是否存在越权受理、是否存在刑讯逼供、诱供等情形。（2）审查证据是否违法，对于鉴定意见、勘验笔录、现场照片等证据，需要审查其真实性和合法性。特别是对于鉴定意见的审查，需要审查鉴定意见的制作主体和程序是否合法。（3）审查证据是否能够形成完整的证据链，如扣押清单与物证之间的对应关系。

2. 实体上辩护事由

实体上主要审查是否构成犯罪或者构成何罪的问题，这一点上围绕着事实的构成要件进行。常见的辩护事由有：（1）犯罪主体是否适格，如是否达到刑事责任年龄等。（2）犯罪对象是否适格，如非法制造的商标标识是否为注册商标的标识。（3）是否符合"但书"情形，审查是否存在《刑法》第十三条中"但书"规定的情形。（4）是否存在主观罪过，知识产权犯罪是故意犯罪，要求主观上存在明知。（5）是否存在无因果关系，如侵犯商业秘密罪中违法所得数额的认定需要考虑违法所得与侵犯商业秘密行为之间的因果关系，发挥主要作用时，可以将全部利润计入重大损失，起次要作用时，不宜将全部利润计入重大损失。（6）行为后果是否达标，假冒注册商标罪、非法制造、销售非法制造的注册商标标识罪、假冒专利罪、侵犯商业秘密罪要求"情节严重"；销售假冒注册商标的商品罪、侵犯著作权罪要求违法所得数额较大或者其他严重情节；销售侵权复制品罪要求违法所得数额巨大或有其他严重情节。（7）是否属于民事纠纷或行政违法，如在假冒专利案中，被告人的行为可能是侵害专利权的行为，而不构成假冒专利罪。

3. 罪轻辩护事由

重罪到轻罪。如侵犯著作权罪与生产销售伪劣产品、非法经营等罪名存在牵连关系，而量刑差异较大。如侵犯著作权罪的法定最高刑为七年，非法经营罪可判处五年以上有期徒刑，生产销售伪劣产品罪则判处至无期徒刑，所以对犯罪行为的性质进行有效的界定，能够影响后续的量刑轻重。应审查是否存在指控非法经营罪实为侵犯著作权罪，指控侵犯著作权罪实为销售侵权复制品罪等情形。减少罪名个数，审查是否存在指控数罪实为一罪的情形。数额、情节在知识产权犯罪中不仅影响罪与非罪，同时在构成犯罪的情况下数额、情节影响到罪责的轻重。审查被告人在犯罪中的地位和作用，是否存在指控共同犯罪实为非共同犯罪的情形，如确系共同犯罪则区分主犯、从犯。审查是否存在犯罪未遂、犯罪中止等未完成形态问题。如销售明知是假冒注册商标的商品，尚未销售的货值在十五万元以上的，可能成立销售假冒注册商标的商标罪未遂问题。刑事案件中，有被害人过错情节，仅作为酌定量刑情节，对被告人的从轻刑罚。

4. 量刑辩护事由

审查以下量刑情节：判断当事人在案件中的地位、作用、影响、有无上下线，争取认定从犯身份。当事人有无自首、坦白、立功情节。通过律师及家属努力争取获得被害人谅解。初犯、偶犯无前科且认罪认罚等。

二、假冒注册商标罪刑事辩护实务要点

假冒注册商标罪，是指未经注册商标所有人的许可，在同一种商品、服务上使用与其注册商标相同的商标，情节严重的行为。

（一）罪名释义

构成本罪应具备以下条件：

1. 行为人使用他人注册商标未经注册商标所有人许可。"注册商标所有人"，即商标注册所有人。"未经注册商标所有人许可"，是指行为人使用他人注册商标时，未经注册商标所有人同意。这是构成本罪的前提条件。

2. 行为人在客观上实施了在同一种商品、服务上使用与他人注册商标相同的商标的行为，即商标相同，使用该商标的商品、服务为同一种类，这两个条件必须同时具备。

"同一种商品、服务"是指与注册商标核定使用的商标、服务相同的商品、服务；"相同的商标"是指违法行为人使用的商标与权利人注册商标高度一致。

根据《最高人民法院、最高人民检察院、公安部关于办理侵犯知识产权刑事案件适用法律若干问题的意见》（法发〔2011〕3号）第五条的规定，名称相同的商品以及名称不同但指同一事物的商品，可以认定为"同一种商品"。"名称"是指国家注册商标主管部门在商标注册工作中对商品使用的名称，通常即《商标注册用商品和服务国际分类》中规定的商品名称。"名称不同但指同一事物的商品"是指在功能、用途、主要原料、消费对象、销售渠道等方面相同或者基本相同，相关公众一般认为是同一种事物的商品。认定"同一种商品"，应当在权利人注册商标核定使用的商品和行为人实际生产销售的商品之间进行比较。

3. 行为人的上述行为，情节严重的才构成犯罪，这是区分罪与非罪的界限。根据《最高人民法院、最高人民检察院关于办理侵犯知识产权刑事案件具体应用法律若干问题的解释》（法释〔2004〕19号）第一条的规定，未经注册商标所有人许可，在同一种商品上使用与其注册商标相同的商标，具有下列情形之一的，属于前文所述的"情节严重"：（1）非法经营数额在五万元以上或者违法所得数额在三万元以上的；（2）假冒两种以上注册商标，非法经营数额在三万元以上或者违法所得数额在二万元以上的；（3）其他情节严重的情形。

同样根据《最高人民法院、最高人民检察院关于办理侵犯知识产权刑事案件具体应用法律若干问题的解释》（法释〔2004〕19号）第一条的规定，这里的"情节特别严重"包括下列情形：（1）非法经营数额在二十五万元以上或者违法所得数额在十五万元以上的；（2）假冒两种以上注册商标，非法经营数额在十五万元以上或者违法所得数额在十万元以上的；（3）其他情节特别严重的情形。

（二）辩点与方向

1. 对象上审查是否为同一种商品或者服务

认定"同一种商品"，应当在权利人注册商标核定使用的商品和行为人实际生产销售的商品之间进行比较。审查涉案商品在《类似商品和服务区分表》中对应的名称，与权利人核定注册的商标的商品名称是否相同，如果相同，就是同一种商品。如果对应的商品名称不同，还要考察商品的功能、用途、主要原料、消费对象、销售渠道等是否相同，以及在相关公众一般认知中是否属于同一种商品。

2. 行为上审查是否使用注册商标

假冒注册商标罪中的"使用"，是指将注册商标或者假冒的注册商标用于商品、商品包装或者容器以及产品说明书、商品交易文书，或者将注册商标或者假冒的注册商标用于广告宣传、展览以及其他商业活动等行为。在判断是否为商标的使用时，应当综合考虑使用人的主观意图、使用方式、宣传方式、行业惯例、消费者认知等因素来认定。

3. 是否与注册商标相同

根据《最高人民法院、最高人民检察院关于办理侵犯知识产权刑事案件具体应用法律若干问题的解释（三）》（法释〔2020〕10 号）第一条的规定，属于下列情形的，通常应认定为与注册商标相同的商标：改变注册商标的字体、字母大小写或者文字横竖排列，与注册商标之间基本无差别的；改变注册商标的文字、字母、数字等之间的间距，与注册商标之间基本无差别的；改变注册商标颜色，不影响体现注册商标显著特征的；在注册商标上仅增加商品通用名称、型号等缺乏显著特征要素，不影响体现注册商标显著特征的；与立体注册商标的三维标志及平面要素基本无差别的；其他与注册商标基本无差别、足以对公众产生误导的商标。

当然，毕竟是假冒商标行为，很多情况下二者之间不可能完全一样，没有任何差别。有些假冒者会有意通过细微改变注册商标的字体、字母大小写或者文字横竖排列、间距等，企图规避法律追究。对此，应当结合假冒商标和注册商标的具体情况，从二者在视觉上的差别大小、社会公众看到假冒商标是不是足以被误导等综合判断。同时，需要注意的是，虽有细微差别但不失为"相同"程度的商标，与"类似"程度的商标，应当是有明显区别的，二者不能混淆。如果行为人在同一种商品、服务上使用与他人注册商标近似的商标，或者在类似商品、服务上使用与他人注册商标相同的商标，或者在类似商品、服务上使用与他人注册商标近似的商标，也属于商标侵权行为，但不构成本罪。

另外，需要注意的是审查被侵权商标的合法性，即该被侵权商标是否可撤销、是否无效。如果属于《商标法》第 49 条可撤销、第 44 条无效的情形，则不需要承担侵权责任。

4. 审查主观上是否明知

假冒注册商标罪主观方面必须是故意，即行为人明知其是假冒仍有意实施。通常，对主要负责人认定主观明知争议不大，主要审查是否有授权即可。争议较大的是对员工主观明知的认定问题，因为侵权人会雇用大量员工为其加工、生产、储存、运输侵权产品，但部分员工仅按照侵权人的授意从事机械性劳动，并不清楚涉案商品侵犯他人的注册商标权。

5. 关于数额的计算

假冒注册商标类犯罪案件的数额关系到定罪以及量刑，主要包括销售金额、违法所得和非法经营额三种。销售金额是指销售假冒注册商标的商品后所得和应得的全部违法收入，可以通过账本、转账记录、聊天记录、销售清单、相关笔录等予以认定。

参照《最高人民法院关于审理非法出版物刑事案件具体应用法律若干问题的解释》（法释〔1998〕30 号）第十七条第二款规定，违法所得数额是指获利数额。"违法所得数额"应限定为"销售金额"减去"进货金额"或成本。

《最高人民法院、最高人民检察院关于办理侵犯知识产权刑事案件具体应用法律若干问题的解释》（法释〔2004〕19 号）第十二条规定本解释所称"非法经营数额"，是指行为人在实施侵犯知识产权行为过程中，制造、储存、运输、销售侵权产品的价值。已销售的侵权产品的价值，按照实际销售的价格计算。制造、储存、运输和未销售的侵权产品的价值，按照标价或者已经查清的侵权产品的实际销售平均价格计算。侵权产品没有标价或者无法查清其实际销售价格的，按照被侵权产品的市场中间价格计算。

三、销售假冒注册商标的商品罪刑事辩护实务要点

销售假冒注册商标的商品罪，是指销售明知是假冒注册商标的商品，违法所得数额较大或者有其他严重情节、违法所得数额巨大或者有其他特别严重情节的行为。

（一）罪名释义

销售假冒注册商标商品的行为，侵犯了商标注册所有人的商标专用权，而且，客观上使大量的伪、劣、次产品进入市场，对名优产品及同类产品造成冲击，也严重损害了消费者的合法权益。

构成本罪，应具备以下条件：

（1）行为人主观上必须是明知，即明知是假冒他人注册商标的商品仍然销售，从中牟取非法利益。

行为人是否明知，是本罪罪与非罪的重要界限。适用本条规定时，必须有证据证明行为人明知其销售的商品是假冒他人注册商标的商品，如果行为人不知是假冒注册商标的商品而销售，不构成犯罪。

（2）行为人在客观上实施了销售明知是假冒注册商标的商品的行为。这里的"销售"应是广义的，包括批发、零售、代售、贩卖等各个销售环节。"假冒注册商标"，是指假冒他人已经注册了的商标。如果将还未有人注册过的商标冒充已经注册的商标在商品上使用，不构成本罪，而是属于违反注册商标管理的行为。

（3）销售金额必须达到数额较大，才构成犯罪。根据《最高人民检察院、公安部关于公安机关管辖的刑事案件立案追诉标准的规定（二）》，销售金额在五万元以上的；尚未销售，货值金额在十五万元以上的；销售金额不满五万元，但已销售金额与尚未销售的货值金额合计在十五万元以上的，应予追诉。

　　根据《最高人民法院、最高人民检察院关于办理侵犯知识产权刑事案件具体应用法律若干问题的解释》（法释〔2004〕19号）的规定，这里的"数额较大"，是指销售金额在五万元以上的情形；"数额巨大"，是指销售金额在二十五万元以上的情形。

　　实践中，如果行为人销售的商品假冒了他人的注册商标，同时商品本身是伪劣产品，构成生产、销售伪劣商品罪的，应依照《刑法》规定的处罚较重的规定处罚。

（二）辩点与方向

1. 审查主观上是否明知

　　行为人进行销售时明知销售的商品是"假冒商标的商品"。司法实践中主要运用"推定"明知，即具有下列情形之一的，应当认定为属于《刑法》第二百一十四条规定的"明知"：知道自己销售的商品上的注册商标被涂改、调换或者覆盖的；因销售假冒注册商标的商品受到过行政处罚或者承担过民事责任，又销售同一种假冒注册商标的商品的；伪造、涂改商标注册人授权文件或者知道该文件被伪造、涂改的；其他知道或者应当知道是假冒注册商标的商品的情形。

　　根据《最高人民法院、最高人民检察院关于办理侵犯知识产权刑事案件具体应用法律若干问题的解释》（法释〔2004〕19号）第十六条的规定，为销售假冒注册商标的商品罪行为人提供运输、仓储等中立帮助行为的，应认定为销售假冒注册商标的商品罪共犯。从本罪的司法实践情况看，销售假冒注册商标的商品活动中大量的中立帮助者对制假、售假的主观故意和参与程度与实施销售行为主体有所不同，必须有充分的证据证明中立帮助者明知其运输、仓储的商品是他人销售假冒注册商标的商品，如果行为人不知是假冒注册商标的商品而帮助，则不构成本罪。

2. 审查是否属于"假冒注册商标的商品"

　　即涉案商品必须是"假冒注册商标的商品"，若不是，则不构成本罪。而何为"假冒注册商标的商品"，应当根据假冒注册商标罪的规定进行理解。主要把握两点：其一，"系同一种商品"；其二，"系相同的商标"。

3. 审查是否有"销售"行为

销售是指以采购、推销、出售或兜售等方法将商品出卖给他人的行为，包括批发和零售、请人代销、委托销售等多种形式。若不存在销售行为，比如最终仅是个人使用，则不属于销售。

4. 共同犯罪相关问题

第一，行为人明知是假冒注册商标的商品而销售的，并不与假冒注册商标的犯罪人构成共同犯罪；如果行为人事先与假冒注册商标的犯罪人通谋，然后分工合作等，则构成假冒注册商标罪的共犯。

第二，假冒注册商标的犯罪人销售自己假冒注册商标的商品的，只成立假冒注册商标罪，不另成立本罪。但是如果行为人在此商品上假冒他人注册商标，同时又销售他人假冒注册商标的彼商品，则数罪成立，实行并罚。

5. 关于本罪案件中尚未销售或者部分销售情形的定罪量刑问题

销售明知是假冒注册商标的商品，具有下列情形之一的，依照《刑法》第二百一十四条的规定，以销售假冒注册商标的商品罪（未遂）定罪处罚：假冒注册商标的商品尚未销售，货值金额在十五万元以上的；假冒注册商标的商品部分销售，已销售金额不满五万元，但与尚未销售的假冒注册商标的商品的货值金额合计在十五万元以上的。

假冒注册商标的商品尚未销售，货值金额分别达到十五万元以上不满二十五万元、二十五万元以上的，分别依照《刑法》第二百一十四条规定的各法定刑幅度定罪处罚。

销售金额和未销售货值金额分别达到不同的法定刑幅度或者均达到同一法定刑幅度的，在处罚较重的法定刑或者同一法定刑幅度内酌情从重处罚。

四、非法制造、销售非法制造的注册商标标识罪刑事辩护实务要点

非法制造、销售非法制造的注册商标标识罪，是指伪造、擅自制造他

人注册商标标识或者销售伪造、擅自制造的注册商标标识，情节严重的行为。

（一）罪名释义

本条规定了两种行为。第一种是伪造、擅自制造他人注册商标标识的行为。构成这一犯罪，行为人必须实施了伪造、擅自制造的行为。"伪造"，是指按商标所有人的商标标识进行仿制的行为，商标标识本身就是假的。"擅自制造"，主要是指商标印刷单位在与注册商标所有人的商标印制合同规定的印数之外，又私自加印商标标识的行为，商标标识本身是真的。"商标标识"，是指在商品本身或者在商品的包装上使用的附有文字、图形或其组合所构成的商标图案的物质实体，如商标纸、商标的包装、装潢、服装上的商标织带等。

第二种是销售伪造、擅自制造的注册商标标识的行为。这里的"销售"包括批发、零售，既包括在内部销售，也包括在市场上销售。上述行为，必须达到情节严重的程度才构成犯罪，这是罪与非罪的重要界限。根据以往的司法实践，"情节严重"，一般是指经工商行政管理机关处罚又非法制造、销售他人注册商标标识的；非法制造、销售已经注册的人用药品商标标识及造成恶劣影响等情况。

对非法制造、销售非法制造的注册商标标识的犯罪，本条规定了两个处罚档次：对情节严重的，处三年以下有期徒刑、拘役或者管制，并处或者单处罚金；情节特别严重的，处三年以上七年以下有期徒刑，并处罚金。根据《最高人民法院、最高人民检察院关于办理侵犯知识产权刑事案件具体应用法律若干问题的解释》（法释〔2004〕19号），这里的"情节严重"包括如下情形：① 伪造、擅自制造或者销售伪造、擅自制造的注册商标标识数量在二万件以上，或者非法经营数额在五万元以上，或者违法所得数额在三万元以上的；② 伪造、擅自制造或者销售伪造、擅自制造两种以上注册商标标识数量在一万件以上，或者非法经营数额在三万元以上，或者违法所得数额在二万元以上的；③ 其他情节严重的情形。

"情节特别严重"包括下列情形：① 伪造、擅自制造或者销售伪造、擅自制造的注册商标标识数量在十万件以上，或者非法经营数额在二十五万元以上，或者违法所得数额在十五万元以上的；② 伪造、擅自制造或者销售伪造、擅自制造两种以上注册商标标识数量在五万件以上，或者非法经营数额在十五万元以上，或者违法所得数额在十万元以上的；③ 其他情节特别严重的情形。根据《刑法》第二百二十条的规定，单位犯本条规定之罪的，对单位判处罚金，并对其直接负责的主管人员和其他直接责任人员，依照本条关于个人犯罪的规定处罚。

（二）辩点与方向

1. 是否为注册商标

在商标注册证上注明了商品的种类、权利人信息、商标的名称和 LOGO 图案及商标时限等，如已经到期的，还要在卷宗中查找商标续展注册证明，核实该时间是否续展，是否仍然处于保护期限之内。

2. 是否具有授权

办理商标类犯罪时，在案卷中还会附带《权利人未授权说明》，该授权说明证明权利人并未授权当事人使用其注册商标。该说明是定罪的关键。这个证据在实务中很难被排除。其实也存在一些局限性，这类案件大部分都是代理公司出具的，注意辨认其真伪。

3. 是否为非法制造

在商标类案件中，很少能够看到鉴定机构出具的商品真伪鉴定，而由商标权利人出具的涉案商品真伪鉴定的现象却十分普遍。他们既是被害人又是鉴定人，是否能够以存在利害关系，商标权利人不具有鉴定资质为由提出抗辩。其实并不能直接如此抗辩，商标类案件具有其特殊性，商标权利人对于涉案商品真伪具有更强的辨别能力。

首先，由商标权利人进行鉴定具有法律依据。原国家工商行政管理总局商标局在 2005 年 11 月 14 日回复浙江省工商行政管理局《关于查处商标侵权违法案件中商标注册人鉴定商品效力问题的请示》中明确："在查处商标违法行为过程中，工商行政管理机关可以委托商标注册人对涉嫌假冒注册商标的商品及商标标识进行鉴定，出具书面鉴定意见，并承担相应的法律责任。被鉴定者无相反证据推翻该鉴定结论的，工商行政管理机关将该鉴定结论作为证据予以采纳。"由此表明，在认定涉案商品真伪的问题上，商标权利人出具的鉴定意见具有当然的证明效力。

其次，该鉴定文本不具有鉴定意见的法律效力，应当结合其他证据综合认证。侵犯商标权刑事犯罪案件中，商标权利人是被害人，其与被告人的利害关系是客观存在的，并且基于言词证据的特性，商标权利人出具的鉴定意见有可能会出现虚假、失真的情况；特别是对于受托从事商业维权的机构，由于维权成效直接与其业绩评价、经济收益挂钩，不能断然排除受托鉴定人夸大其词，将正品商品作为假冒商品认定的可能性。因此，对该类鉴定文本的内容应当结合其他证据综合认证，有相反证据时可予以推翻。

最后，需要综合把握全案证据之间的印证关系。注册商标权利人出具鉴定文本之后，还需要结合书证、物证、讯问笔录或证人证言来予以印证，例如当事人供述自己伪造或销售了伪造的注册商标标识，或证人证言证实该注册商标标识不是通过正常渠道获得，而事实上也无法获得得到授权的注册商标标识。通过这些证据进行印证，证实鉴定文本的可信度。

4. 是否为注册商标标识

注册商标标识的特点是注册商标的载体，前提是上面要有注册商标。

5. 商标标识中的商标是否与注册商标相同

刑法意义上的"相同商标"并不以"与注册商标完全相同"为限，在司法实践中应当严格把握"视觉上与注册商标基本无差别，足以对公众产生误导"的认定标准。

6. 注册商标标识的数量认定

《最高人民法院、最高人民检察院关于办理侵犯知识产权刑事案件具体应用法律若干问题的解释》（法释〔2004〕19号）第十二条第三款规定："本解释第三条所规定的'件'，是指标有完整商标图样的一份标识。"一份标识即为一件。对于份的理解，可以按照具体的用途来区分。一份标识可包含多个商标，而不能简单地将商标的数量与标识的数量画上等号。该份标识上应有完整商标图样。注册商标标识的认定应以是否承载了注册商标为依据，对于没有注册商标或者只有一部分注册商标图样的标识，不能认定为注册商标标识。

（三）辩护实务中的疑难点

1. 非法制造的认定

本罪的"非法制造"在《刑法》中的表述为"伪造、擅自制造"。"伪造"，是指未经注册商标权利人许可，通过临摹、绘制、复印、翻拍、扫描及上述手段的结合等方法仿造他人注册商标标识的行为。"擅自制造"则通常表现为与注册商标所有人委托加工合同期满后继续加工，或在合同期限内超越授权委托数量额外加工，或以不正当手段获取商标标识原版而私自进行印制他人注册商标标识的行为。

2. 数罪并罚与牵连犯问题

现实中很多非法制造商标标识后用于标识销售或直接用于商品，此时将存在数罪并罚牵连犯问题，相关法律文件对此也有具体规定。

2019 年上海知识产权法庭《关于常见知识产权犯罪的量刑指引》：其他情形的，可以相应确定量刑情节调节比例：（1）既有非法制造注册商标标识，又有销售同种非法制造的注册商标标识的，以非法制造、销售非法制造的注册商标标识罪定罪，在法定刑幅度内酌情从重处罚。对于非法制造注册商标标识，又销售不同种非法制造的注册商标标识的，对件数或者犯罪金额累计计算，并在相应量刑幅度进行量刑；既有件数又有犯罪金额的，在处罚较重的法定刑或者同一法定刑幅度内酌情从重处罚。

此外，非法制造后又销售商标标识的件数和数额如何认定呢？2019 年上海知产庭《关于常见知识产权犯罪的量刑指引》规定：既非法制造又销售同种的注册商标的，件数和数额不累计计算，但酌情从重处罚；既非法制造又销售不同种的注册商标的，件数或者金额累计计算，再酌情从重处罚。

五、假冒专利罪刑事辩护实务要点

假冒专利罪，是指假冒他人专利，情节严重的行为。

（一）罪名释义

通常意义上的专利是指专利权，是国家专利机关依据《专利法》授予专利申请人或其他权利继承人，在法定期限内对其发明创造享有的制造、使用或销售的专有权利。专利权是一种专有权，一经授予，除经专利权人同意外，任何单位、个人都不得实施其专利。

本罪规定的"假冒他人专利"，是指侵权人在自己产品上加上他人的专利标记和专利号，使公众认为该产品是他人的专利产品，以假乱真，侵害他人合法权利的行为。而单纯的专利侵权行为，并非刑法规制的假冒他人专利行为。专利侵权，是指未经专利权人许可，实施其专利技术方案或外观设计的行为，但并未冒充其专利号或专利标记。专利权人包括单位和个人，也包括在我国申请专利的国外的单位和个人。实施其专利，是指行为人为生产经营目的，将他人专利技术或外观设计用于生产、制造、销售产品的行为。专利侵权属于民事纠纷，假冒他人专利达到立案标准，则构成犯罪。

行为人假冒他人专利的行为必须达到情节严重的程度，才构成犯罪，这是罪与非罪的界限。根据《最高人民检察院、公安部关于公安机关管辖的刑事案件立案追诉标准的规定（二）》，假冒他人专利，非法经营数额在二十万元以上或者违法所得数额在十万元以上的；给专利权人造成直接经济损失在五十万元以上的；假冒两项以上他人专利，非法经营数额在十万元以上或者违法所得数额在五万元以上的；以及其他情节严重的情形，应予追诉。本条规定对假冒他人专利，情节严重的，处三年以下有期徒刑或者拘役，并处或者单处罚金。

根据《最高人民法院、最高人民检察院关于办理侵犯知识产权刑事案件具体应用法律若干问题的解释》（法释〔2004〕19号）的规定，这里的"情节严重"包括如下情形：（1）非法经营数额在二十万元以上或者违法所得数额在十万元以上的；（2）给专利权人造成直接经济损失五十万元以上的；（3）假冒两项以上他人专利，非法经营数额在十万元以上或者违法所得数额在五万元以上的；（4）其他情节严重的情形。根据《刑法》第二百二十条的规定，单位犯本条规定之罪的，对单位判处罚金，并对其直接负责的主管人员和其他直接责任人员，依照本条关于个人犯罪的规定处罚。

（二）辩点与方向

1. 被假冒的专利不存在

假冒不存在的专利，也称为冒充专利，是指将非专利产品冒充专利产品或者将非专利技术冒充专利技术。假冒专利罪，在客观方面必须是假冒了他人的专利号，该"他人的专利号"必须是真实存在的。

2. 被假冒的专利已失效

被假冒的专利号必须为他人仍在有效期的专利。有的专利权因未及时续费已经终止；有的专利权已被他人申请宣告无效；有的专利权权利期限已经届满等。假冒已失效的专利号（包括假冒自己的已失效专利），不构成假冒专利罪。构成侵害专利权的行为以专利权有效为前提条件，当专利权无效时，便不能成立侵权行为，当然也不构成假冒专利罪。因此，专利权无效是假冒专利罪的重要抗辩事由。专利权无效的事由主要包括专利权已经超过保护期、已经被权利人放弃、被生效法律文书宣告无效等。

3. 侵权抗辩

只有行为人侵犯了专利权中的专利标记权才有可能构成假冒他人专利的行为。如果行为人只是实施了他人专利技术或外观设计，而未假冒他人专利，则其行为构成专利侵权，只承担民事赔偿责任，不构成犯罪。这就是专利侵权行为的非罪化。

六、侵犯著作权罪刑事辩护实务要点

侵犯著作权罪，是指以营利为目的，未经著作权人许可，复制发行其文字、音像、计算机软件等作品，出版他人享有独占出版权的图书，未经制作者许可复制发行其制作的音像制品，制作、展览假冒他人署名的美术作品，违法所得数额较大或者有其他严重情节的行为。

（一）罪名释义

构成侵犯著作权罪必须具备以下条件：

第一，行为人在主观上是故意的，并且以营利为目的。这是罪与非罪的界限。"以营利为目的"，是指行为人侵犯他人权利的行为是为了获取非法利益。本罪中的以营利为目的，主要区别于其他目的，如有些教学科研单位未经权利人许可复制他人作品供教学、科研之用；有些个人复制音像制品或计算机某一程序供个人观赏、学习、使用，没有将其作为商品进入商品流通领域，不是以营利为目的，不构成犯罪。

第二，行为人在客观上实施了侵犯他人著作权的行为。本罪对侵犯他人著作权的行为具体规定为以下四种情形：

1. 未经著作权人许可，复制发行其文字作品、音乐、电影、电视、录像作品、计算机软件及其他作品。"著作权人"，是指著作权的主体，即著作权权利义务的承受者。根据《著作权法》的规定，著作权人可以是作者本人，也可以是其他依照著作权法享有著作权的公民、法人或者其他组织。"未经著作权人许可"，是指没有得到著作权人授权或者伪造、涂改著作权人授权许可文件或者超出授权许可范围的情形。"复制"，是指以印刷、复印、拓印、录音、录像、翻录、翻拍等方式将作品制作一份或多份的行为。"发行"，既包括通过批发、出售、出租等方式，向公众提供作品的复制品，也包括侵权产品的持有人通过广告、征订等方式推销侵权产品。"复制发行"，包括复制、发行或者既复制又发行的行为。通过信息网络向公众传播他人文字作品、音乐、电影、电视、录像作品、计算机软件及其他作品的行为，应当视为复制发行行为。复制发行行为未得到著作权人的许可是构成犯罪的必备条件。"作品"，根据《著作权法》规定，包括以下列形式创作的文学、艺术和自然科学、社会科学、工程技术等作品：文字作品；口述作品；音乐、戏剧、曲艺、舞蹈、杂技艺术作品；美术、建筑作品；摄影作品；电影作品和以类似摄制电影的方法创作的作品；工程设计图、产品设计图、地图、示意图等图形作品和模型作品；计算机软件；法律、行政法规规定的其他作品。

2. 出版他人享有专有出版权的图书。"出版"，是指将作品编辑加工后，通过复制向公众发行。"专有出版权"，是指图书出版者依据其与著作权人之间订立的出版合同而享有独家出版权。

3. 未经录音录像制作者许可，复制发行其制作的录音录像。录音录像制作者，通过对原著作品编辑加工，以声音图像直观感性的形式把抽象的原著作品再现出来，对再现出来的作品形式享有专有出版权。未经录音录像制作者许可，复制发行其制作的录音录像，是一种侵犯他人著作权的行为。

4. 制作、出售假冒他人署名的美术作品。"美术作品"，是指以线条、色彩或其他方式构成的具有审美意义的平面或立体的造型艺术作品，包括绘画、书法、雕塑、建筑、工艺美术等。

第三，行为人的上述行为，必须是违法所得数额较大或者有其他严重情节的，才构成犯罪。根据《最高人民法院、最高人民检察院关于办理侵犯知识产权刑事案件具体应用法律若干问题的解释》（法释〔2004〕19号）的规定，违法所得数额在三万元以上的，属于"违法所得数额较大"；具有下列情形之一的，属于"有其他严重情节"，应当以侵犯著作权罪判处三年以下有期徒刑或者拘役，并处或者单处罚金：（1）非法经营数额在五万元以上的；（2）未经著作权人许可，复制发行其文字作品、音乐、电影、电视、录像作品、计算机软件及其他作品，复制品数量合计在一千张（份）以上的；（3）其他严重情节的情形。

根据上述司法解释的规定，违法所得数额在十五万元以上的，属于"违法所得数额巨大"；具有下列情形之一的，属于"有其他特别严重情节"，应当以侵犯著作权罪判处三年以上七年以下有期徒刑，并处罚金：（1）非法经营数额在二十五万元以上的；（2）未经著作权人许可，复制发行其文字作品、音乐、电影、电视、录像作品、计算机软件及其他作品，复制品数量合计在五千张（份）以上的；（3）其他特别严重情节的情形。

《最高人民法院、最高人民检察院关于办理侵犯知识产权刑事案件具体应用法律若干问题的解释（二）》（法释〔2007〕6号）第一条降低了复制发行侵权产品的数量标准，规定：以营利为目的，未经著作权人许可，复制发行其文字作品、音乐、电影、电视、录像作品、计算机软件及其他作品，复制品数量合计在五百张（份）以上的，属于刑法第二百一十七条规定的"有其他严重情节"；复制品数量在二千五百张（份）以上的，属于刑法第二百一十七条规定的"有其他特别严重情节"。该解释自2007年4月5日实施以后，复制发行侵权复制品构成《刑法》第二百一十七条规定之罪的，应适用新解释规定的数量标准。

（二）辩点与方向

1. 是否属于《著作权法》所保护的作品

《著作权法》第三条规定："本法所称的作品，是指文学、艺术和科学领域内具有独创性并能以一定形式表现的智力成果。包括（一）文字作品；（二）口述作品；（三）音乐、戏剧、曲艺、舞蹈、杂技艺术作品；（四）美术、建筑作品；（五）摄影作品；（六）视听作品；（七）工程设计图、产品设计图、地图、示意图等图形作品和模型作品；（八）计算机软件；（九）符合作品特征的其他智力成果。"《著作权法实施条例》第四条对相应作品进行了定义。《著作权法》第二十三条还规定："自然人的作品，其发表权、本法第十条第一款第五项至第十七项规定的权利的保护期为作者终生及其死亡后五十年，截止于作者死亡后第五十年的12月31日；如果是合作作品，截止于最后死亡的作者死亡后第五十年的12月31日。"所以在本罪中，应先判断涉案的复制品的内容是否为受我国《著作权法》所保护的作品，或者作品的保护期限是否已经届满。

2. 是否以营利为目的

如果行为人只是出于教学、科研等目的复制他人作品的，当然不构成本罪。另外，除了一般意义上的以营利为目的的著作权侵权行为之外，实务中，存在部分人员一开始并非以营利为目的而在网络中未经许可传播侵权作品，但是随着传播范围的扩大和人群的增加，有广告业主主动找到其要求投放广告，从此时开始，传播行为就转变为具有"营利为目的"了。作为辩论方，应将该时间节点与此前的时间节点进行分段计算。

3. 是否构成"复制发行"行为及相应的鉴定机构

目前的司法解释对于"复制"几乎没有做具体界定，而对于"发行"行为的界定在前后几次司法解释中均出现了同语反复等问题。从实务辩护来看，单纯复制或者单纯发行的行为，既复制又发行的行为，均可以构成犯罪。

实务中，本罪所指的著作权侵权与民事侵权中的著作权侵权的判断标准基本一致，均是采用"实质性相似＋接触原则"。《中华人民共和国计算机软件保护条例》第二十四条第一款就规定："复制或者部分复制著作权人的软件的"属于构成犯罪的行为。也就是说，本罪的侵权的复制品并非与被侵权的作品一模一样，只要构成实质性相似即可能会认定为《刑法》意义上的"复制"行为。

但是本罪中，在认定是否构成侵权的情况下，特别是相关文字作品、计算机软件等均会进行司法鉴定。所以在辩护的过程中，鉴定机构的资质，鉴定人员的资质，鉴定所依据的法律法规、标准是否准确，均是辩护过程中应注意的细节。

特别需要注意的是，"发行"行为中既包含了对自己侵权复制品的销售行为，亦包括了通过信息网络传播方式向他们提供作品的"发行"行为。

4. 既遂、未遂问题

简单来讲，本罪的行为人是以营利为目的，其制作的侵权复制品最终都是要流入市场，获取利益。如果不流入市场，不进行传播，那么该行为就属个人用途，不属于本罪的犯罪行为；如果行为人最终就是为了要流入市场，只是完成了侵权复制品的制作，也就是所谓的"复制"行为，但因个人意志以外的原因导致以上复制品最终未流入市场，应构成侵权著作权罪的未遂。

5. 犯罪数额的认定

本罪中，对于犯罪数额用的是"违法所得数额"来界定。对于"违法所得数额"，现有法律和司法解释并没有做任何具体解释，而犯罪数额是本罪入罪及定罪量刑最为重要的依据。实务中主要依据的是《最高人民法院、最高人民检察院关于办理侵犯知识产权刑事案件具体应用法律若干问题的解释》（法释〔2004〕19号）第十二条第一款规定："本解释所称'非法经营数额'，是指行为人在实施侵犯知识产权行为过程中，制造、储存、运输、销售侵权产品的价值。已销售的侵权产品的价值，按照实际销售的价格计算。制造、储存、运输和未销售的侵权产品的价值，按照标价或者已经查清的侵权产品的实际销售平均价格计算。侵权产品没有标价或者无法查清其实际销售价格的，按照被侵权产品的市场中间价格计算。"

从上述司法解释的本意分析，本罪指向的"非法经营数额"是大于我们一般意义上的"违法所得数额"。从有效辩护的角度出发，应向法庭全面展示被告人的经营成本（包括原材料成本、运输费用、服务器成本、人员工资等），实际获利情况，综合分析行为给权利人造成的损害后果及社会影响等，特别是不能简单地以交易流水直接进行认定，而应对交易流水进行仔细甄别、筛选，扣除非涉案金额。

另外本罪中的难点是，对于免费传播的作品，靠收取广告商的广告费的犯罪数额的认定，一般都是将广告费认定为非法经营数额。

6. 与销售侵权复制品罪的区分

这里面最大的争议点就是和《刑法》第二百一十八条的销售侵权复制品罪中的"销售"行为竞合的问题。因为根据现有司法解释规定，"销售"亦是"发行"行为的一种，而侵犯著作权罪的入罪门槛比销售侵权复制品罪低，处罚也相对更重。所以在辩护的过程中，应根据情况从有利于当事人的角度来做罪名的抗辩。为了区分两者，一般作如下理解：销售行为人自己制作的侵权复制品的，构成本罪；如果销售他人制作的侵权复制品的，构成第二百一十八条的销售侵权复制品罪。同时，也有观点认为本罪中的发行指的是总发行、批量销售或者大规模销售，而第二百一十八条中的"销售"解释为零售。

7. 个人犯罪、单位犯罪的问题

目前现有的知识产权罪名的司法解释中，对于个人犯罪、单位犯罪的定罪数额的标准均存在差异。根据《最高人民法院、最高人民检察院关于办理侵犯知识产权刑事案件具体应用法律若干问题的解释（二）》（法释〔2007〕6号）第六条的规定："单位实施刑法第二百一十三条至第二百一十九条规定的行为，按照《最高人民法院、最高人民检察院关于办理侵犯知识产权刑事案件具体应用法律若干问题的解释》和本解释规定的相应个人犯罪的定罪量刑标准定罪处罚。"《最高人民法院、最高人民检察院关于办理侵犯知识产权刑事案件具体应用法律若干问题的解释》（法释〔2004〕19号）第十五条规定："单位实施刑法第二百一十三条至第二百一十九条规定的行为，按照本解释规定的相应个人犯罪的定罪量刑标准的三倍定罪量刑。"故从有利于被告人的角度出发，当被告人是自然人的时候，当案涉的犯罪行为符合单位犯罪条件的时候，应从这个角度作出具体的辩护。

（三）涉及网络游戏著作权犯罪的新问题

1. 外挂

伴随着网络游戏的兴盛，外挂亦随之兴起。非法制售、使用非官方的"外挂"极大地破坏了网络游戏的公平性，同时损害了网络游戏经营者的合法权利。一般有如下三种不同的处理方式：

（1）侵犯著作权罪。部分法院认为外挂的运行仅是打破了原游戏的平衡，并未实质损害网络游戏系统本身，制作外挂的行为符合侵犯著作权罪中的"复制发行"行为；但是我们认为，一般来说"外挂"是修改目标软件程序，从侵犯著作权的角度，只是侵犯了著作权人的作品的修改权，构成民事侵权，但是不属于本罪中"复制发行"行为。

（2）非法控制计算机信息系统程序罪。部分法院认为外挂的使用必须将其软件文件注入客户端软件当中，构成破坏计算机信息系统程序罪；我们认为，"外挂"在形式上确实具有提供非法控制计算机信息系统程序行为的特征，但是二者所侵害的法益明显不同。非法控制计算机信息系统程序罪属于"扰乱公共秩序罪"，侵犯的法益是公共秩序，而网络游戏本身只是一种服务，与公共秩序无关。

（3）非法经营罪。部分法院认为行为人以营利为目的，未经批准利用互联网出售非法互联网出版物牟利，扰乱市场秩序，情节严重，构成非法经营罪。根据《刑法》的规定，明确限定"违反国家规定"，而违反国家规定仅限于违反法律、条例的规定，才属于犯罪行为。虽然1998年《最高人民法院关于审理非法出版物刑事案件具体应用法律若干问题的解释》（法释〔1998〕30号）第十一条规定，违反国家规定，出版、印刷、复制、发行该解释第一条至第十条规定以外的其他严重危害社会秩序和扰乱市场秩序的非法出版物，情节严重的，以非法经营罪论处。2006年新闻出版署在谈文明等非法制作《恶魔的幻影》外挂案的批复中确认外挂系非法出版物。新闻出版署的该批复只是从行政主管部门的角度对"外挂"进行了界定，该界定并非刑法意义上所称的"国家规定"，不能作为入罪的依据。

2. 私自架设服务器

私服与外挂不同，私自架设服务器（简称"私服"）是未经许可或授权，破坏合法出版的网络游戏的技术保护措施，复制并修改网络游戏的源代码，私服对游戏玩家进行营利经营的行为。私服与正版的网络游戏是互相独立的，而外挂是需要依附在网络游戏之上的。私服属于非法互联网出版活动，本质上属于网络盗版。

一般来说，私服的经营者破解著作权人的游戏源代码后，将修改过的源代码放在网络上供游戏玩家下载，这种行为属于"复制行为"，私服的经营者架设服务器对外公开运营的行为属于侵犯著作权罪的"发行"行为。情节严重的，构成侵犯著作权罪。

另外，辩护人还应当针对行为人在犯罪中的地位、作用、主观恶性程度、非法获利金额、侵权后果、社会影响、是否退赃退赔以及认罪认罚等多种因素进行全面分析和综合考量。

七、销售侵权复制品罪刑事辩护实务要点

销售侵权复制品罪，是指以营利为目的，销售明知是侵犯他人著作权、专有出版权的文字作品、音乐、电影、电视、录像、计算机软件、图书及其他作品以及假冒他人署名的美术作品，违法所得数额巨大的行为。

（一）罪名释义

构成本罪，必须具备以下条件：

行为人主观上必须：一是以营利为目的；二是明知是侵权复制品而销售。这是罪与非罪的重要界限。如果行为人不知其销售的是侵权复制品，不构成犯罪。

行为人实施了销售复制品的行为，并且其所销售的复制品必须是《刑法》第二百一十七条规定的侵权复制品，即"未经著作权人许可，复制发行、通过信息网络向公众传播其文字作品、音乐、美术、视听作品、计算机软件及法律、行政法规规定的其他作品的""出版他人享有专有出版权的图书""未经录音录像制作者许可，复制发行、通过信息网络向公众传播其制作的录音录像"，以及"制作、出售假冒他人署名的美术作品"等侵权复制品。

销售侵权复制品必须是违法所得数额巨大的，才构成犯罪。根据《最高人民法院、最高人民检察院关于办理侵犯知识产权刑事案件具体应用法律若干问题的解释》（法释〔2004〕19号）的规定，违法所得数额在十万

元以上的，属于"违法所得数额巨大"。如果销售量很小，违法所得数额不大，不构成犯罪。根据本条规定，对销售侵权复制品违法所得数额巨大构成犯罪的，处三年以下有期徒刑或者拘役，并处或者单处罚金。

（二）辩点与方向

1. 销售的复制品是否系《著作权法》所保护的作品

具体参照侵犯著作权罪中对于该部分内容的阐述，不再赘述。

2. 是否明知销售的复制品系侵权

本罪的犯罪构成之一是"明知是侵犯他人的著作权的复制品"。关于"明知"的认定，应综合考虑行为人的认知程度，侵权复制品的知名度，交易的价格、地点、方式等。实务中作品或者软件等在进行出版或者发行之后，会通过不同的渠道进行销售。如果被告人通过合法的途径采购而来，价格亦在合理的范围之内，并没有明显地低于正常的成本，一般普通人根本无法区分出是正版或是盗版的情况下，即使最后认定销售的复制品确实是盗版的，也不应认定为犯罪。反之，嫌疑人在采购该复制品的时候，明知或者按照一般常理就能推断出并非正品的情况下，依然采购而用于销售的，推定明知。

3. 既遂、未遂的问题

有些法院认为本罪中所指的"违法所得数额巨大"，并不是指行为人一定实际获得了数额巨大的非法财物，而是指行为人以谋取数额巨大的违法利益为目的，实施了销售侵权复制品的行为，但由于意志以外的原因尚未销售出去，此时在犯罪形态上，应属于未遂。当然也有一些观点认为，销售侵权复制品罪是结果数额犯，罪状中的违法所得数额巨大是成立要件而非既遂要件；构成销售侵权复制品罪的违法所得数额巨大，只有在行为人实际销售了侵权复制品的情况下才能成立，因此是对犯罪构成结果要件的规定；没有结果发生，则不构成犯罪，因此本罪并不存在"未遂"形态。但是在中国裁判文书网中没有查询到类似的无罪判决。所以，从有利于被告人的角度出发，可以从学理上做一些抗辩，但是也应根据案件的审理进程而调整。

4. 个人犯罪、单位犯罪以及犯罪数额的问题

具体参照侵犯著作权罪中对于该部分内容的阐述，不再赘述。

八、侵犯商业秘密罪刑事辩护实务要点

侵犯商业秘密罪，是指以盗窃、利诱、胁迫、披露、擅自使用等不正当手段，侵犯商业秘密，给商业秘密的权利人造成重大损失的行为。

（一）罪名释义

《刑法》第二百一十九条是关于侵犯商业秘密罪的规定。本条第一款具体列举了三种侵犯商业秘密的行为：

1. 以盗窃、贿赂、欺诈、胁迫、电子侵入或者其他不正当手段获取权利人的商业秘密。实施这一行为的人，一般是享有商业秘密的权利人的竞争对手。"贿赂"是指通过给予因工作关系等实际知悉商业秘密的人以财物，以获取权利人的商业秘密的行为；"胁迫"是指通过声称对他人本人或者亲友等实施人身伤害、披露隐私等方式，迫使他人向其提供商业秘密的行为；"电子侵入"是指通过技术手段侵入计算机网络等信息系统，非法获取他人的商业秘密的行为；"其他不正当手段"，是兜底性规定，是指行为人采取以上明确列举的行为之外的，其他属于不正当竞争行为的方式，非法获取他人的秘密的各种行为。"权利人"，是指商业秘密的所有人和经商业秘密所有人许可的商业秘密使用人。

2. 披露、使用或者允许他人使用以前项手段获取的权利人的商业秘密。"披露"，是指向他人透露行为人以盗窃、贿赂、欺诈、胁迫、电子侵入或者其他不正当手段获取他人商业秘密的行为，将权利人的商业秘密披露公开，会破坏权利人的竞争优势；"使用"，是指自己使用；"允许他人使用"，是指将非法手段获取的商业秘密，提供给其他人使用的行为。无论是行为人自己使用或是允许他人使用上述商业秘密，都是侵犯权利人商业秘密的非法行为。

3. 违反保密义务或者违反了权利人有关保守商业秘密的要求，披露、使用或者允许他人使用其所掌握的商业秘密。主要是指行为人所掌握的商

业秘密虽然是先前合法获取的，但是违反了保密义务或者违反了权利人有关保守商业秘密的要求，向第三人披露、使用或者允许第三人使用其所获取的商业秘密。例如，经营者通过与权利人签署合作协议取得商业秘密，之后违反与权利人关于保守商业秘密的约定或者权利人对保守商业秘密的要求，擅自向第三人披露该商业秘密，或者自己以权利人的身份又与他人签订技术转让合同等，允许他人使用其所掌握的商业秘密的行为。

本条第二款是关于以侵犯商业秘密论的行为的规定。根据这一规定，第三人自己虽未直接实施上述侵权行为，但如果明知他人具有上述三种侵犯商业秘密的行为，仍然从他那里获取、披露、使用或者允许他人使用该商业秘密的，以侵犯商业秘密论。由于第三人不是非法获取商业秘密的直接责任人，因此，第三人主观上必须是明知，才构成犯罪。如果第三人不知道该信息是他人非法获取、披露、使用的商业秘密的，则不是本罪中侵犯商业秘密的行为。

本条第三款是关于权利人范围的规定。根据这一规定，权利人包括商业秘密所有人和经商业秘密所有人许可的商业秘密使用人。商业秘密使用人，是与商业秘密所有人订立商业秘密使用许可合同的人。

"情节严重"可以综合给商业秘密的权利人造成的损失、权利人公司因而发生经营困难、行为人是否多次实施上述侵犯商业秘密的行为、行为人侵权所得数额等情形，加以判断。"情节特别严重"包括给商业秘密的权利人造成的损失数额巨大；或者侵权人违法所得数额巨大等情形。

《最高人民法院、最高人民检察院关于办理侵犯知识产权刑事案件具体应用法律若干问题的解释（三）》（法释〔2020〕10号）第四条对"给商业秘密的权利人造成重大损失"的认定作出了规定，具体情形包括：(1)给商业秘密的权利人造成损失数额或者因侵犯商业秘密违法所得数额在三十万元以上的；(2)直接导致商业秘密的权利人因重大经营困难而破产、倒闭的；(3)造成商业秘密的权利人其他重大损失的。此外，还规定，给商业秘密的权利人造成损失数额或者因侵犯商业秘密违法所得数额在二百五十万元以上的，应当认定为"造成特别严重后果"。

（二）辩点与方向

1. 是否具有秘密性

商业秘密之所以被称为秘密，是因为其客观上不被公众所知悉。因

"秘密性"的认定是纯粹的客观事实评价，只能是有或者无。根据《最高人民法院关于审理侵犯商业秘密民事案件适用法律若干问题的规定》（法释〔2020〕7号）的第四条，规定了五种"公知信息"：（1）该信息在所属领域属于一般常识或者行业惯例的；（2）该信息仅涉及产品的尺寸、结构、材料、部件的简单组合等内容，所属领域的相关人员通过观察上市产品即可直接获得的；（3）该信息已经在公开出版物或者其他媒体上公开披露的；（4）该信息已通过公开的报告会、展览等方式公开的；（5）所属领域的相关人员从其他公开渠道可以获得该信息的。

根据该司法解释，从辩护的角度出发，该司法解释规定的第一种情形通常是行业内从业人员都知道的，很少会引发争议；而对于第二种情形，一般认定标准为本领域相关人员不需要额外的创造性的劳动付出的情况下，仅凭自己的经验积累，通过观察产品即可获得相关技术信息的情形；后三种情形，主要是关于多项信息的组合，如果信息的形成过程中没有包含权利人的创造性劳动，那么就不符合商业秘密成立的要求。

2. 新颖性

虽然新颖性是专利申请的审查原则，但是在判断商业秘密时亦可以考虑商业秘密的新颖性。在一些刑事案件中，鉴定机构有时会将专利的新颖性标准来作为商业秘密的非公知性的鉴定。虽然商业秘密的新颖性与专利的新颖性标准存在一定区别，但是对辩护人来说，如果商业秘密不具有新颖性，也就意味着该商业秘密已经被公开，就不具有"非公知性"，这对当事人来说是一个有力的辩点。

3. 商业秘密的保密措施

权利人不设防的秘密，不是秘密，也是基于此，商业秘密的信息必须是建立在具有保密措施基础上的信息，是一种通过不公开的方式来保护的权利。法律亦明确规定，权利人主张的商业秘密的保密意愿应通过客观的保密措施体现出来。如果权利人没有采取如下任何一种保密措施，我们均认为该信息不属于商业秘密信息。约定保密义务，凡是接触到信息的人均需要有保密义务，未约定则视为未有保密义务。还需要考虑保密义务的期限，在保密义务期限届满后，保密性亦随之丧失。商业秘密可识别的义务，权利人应当通过区别措施使接触者知道其所接触的信息属于商业秘密，并且该区别措施是有效的，否则保密性亦无从谈起。限制接触的义务，保持一项秘密的状态就必然要严格限制必要接触人员的范围，否则人人可知的秘密就不是秘密了。

4. 不侵权抗辩

侵权行为的判断的原则也是"实质性相似＋接触＋合法来源"。作为被告人，所使用的信息或者技术与权利人的既不相同又不构成实质性相似，如是，则直接不侵权；必要的时候，应申请鉴定涉嫌侵权产品所承载的技术信息与权利人主张的技术秘密是否具有同一性，或者鉴定用于生产经营的经营信息与权利人主张的经营秘密是否具有同一性。被告人未有可以接触到权利人信息的条件与可能性。被告人所持有、使用的信息均有合法来源，比如合法授权，自行研发所得，或者通过反向工程破解所得。

这里面比较特殊的是，通过反向工程破解所获得的技术信息。如果权利人的产品上市后，通过从市场上购买的公开销售的产品，通过反向工程破解后生产出来的产品，不构成侵犯商业秘密罪。

5. 损失认定

《最高人民法院、最高人民检察院关于办理侵犯知识产权刑事案件具体应用法律若干问题的解释（三）》（法释〔2020〕10号）第四条中规定："（一）给商业秘密的权利人造成损失数额或者因侵犯商业秘密违法所得数额在三十万元以上的；（二）直接导致商业秘密的权利人因重大经营困难而破产、倒闭的；（三）造成商业秘密的权利人其他重大损失的。"以上三种情形属于"给商业秘密的权利人造成重大损失"；给商业秘密的权利人造成损失数额或者因侵犯商业秘密违法所得数额在二百五十万元以上的，应当认定为《刑法》第二百一十九条规定的"造成特别严重后果"。

在该司法解释中，对于违约性侵犯商业秘密罪及不正当获取型商业秘密罪进行了区分。最高人民法院司法案例研究院《〈关于办理侵犯知识产权刑事案件具体应用法律若干问题的解释（三）〉的理解与适用》认为，对于违约型侵犯商业秘密的情形，鉴于该情形下行为人对商业秘密的占有是合法正当的，较盗窃等不正当手段获取商业秘密的行为而言社会危害性相对较小，在入罪门槛上应当有所区别。造成的损失按照行为人使用商业秘密造成权利人销售利润的损失计算，而不应当以商业秘密的合理许可使用费或者商业秘密的商业价值作为认定损失的依据。该理解与适用中还指出，对给权利人造成重大损失的认定，应当以商业秘密实际使用造成权利人销售利润的损失为一般标准，以商业秘密的合理许可使用费、商业秘密的商业价值为特殊标准，且只适用于《关于办理侵犯知识产权刑事案件具体应用法律若干问题的解释（三）》（法释〔2020〕10 号）明确规定的情形。

对于"不正当获取型"侵犯商业秘密罪，可以通过合理许可费损失，甚至是以评估的许可费为计算依据。所以基于此，对于鉴定报告中，鉴定的商业秘密的范围需要仔细分析，是否将公有技术列入报告评估的范围，如有应予以剔除；有许可费的参照标准，特别是更新换代的技术，可以参照此前的技术的许可费的标准；另外，损失是否考虑市场波动因素和自身销售能力等情况，鉴定人的能力及此前是否有过相关鉴定被司法机关采纳的案例等方面。

6. 审查商业秘密的相关鉴定

在侵犯商业秘密案件中，涉案技术信息、经营信息是否属于商业秘密，行为人涉及的技术信息、经营信息与权利人的相关信息是否具有同一性或者实质相同，权利人的实际损害数额等内容，均需要司法鉴定予以认定。因此，在案件辩护中要重点关注司法鉴定意见是否足以证明涉案信息属于商业秘密、行为人涉及的信息与权利人的相关信息是否具有同一性或者实质相同、损失数额认定是否有误等。

九、为境外窃取、刺探、收买、非法提供商业秘密罪刑事辩护实务要点

为境外窃取、刺探、收买、非法提供商业秘密罪，是指为境外的机构、组织、人员窃取、刺探、收买、非法提供商业秘密的行为。

（一）罪名释义

构成本条规定的犯罪，须具备以下条件：

其一，行为人必须实施了窃取、刺探、收买、非法提供商业秘密的行为。其中，"窃取"是指行为人采用各种秘密手段非法获取，如通过盗窃、偷拍、偷录等行为而取得商业秘密的行为；"刺探"是指行为人通过各种途径和手段非法探知商业秘密的行为；"收买"是指行为人以给予财物或者其他财产性利益等好处，或者通过提供工作机会、拉拢人心等手段非法得到商业秘密的行为；"非法提供"是指知悉、保管、持有商业秘密的人，将自己知悉、保管、持有的商业秘密非法出售、交付、披露给其他不应知悉该秘密的境外机构、组织、人员的行为。

其二，行为人为境外的机构、组织或个人实施了本条规定的窃取、刺探、收买、非法提供商业秘密的行为。这里的"境外的机构、组织"包括境外机构、组织及其在中华人民共和国境内设立的分支（代表）机构和分支组织；"境外的个人"包括该个人身处境外，也包括虽然身处境内但身份属于外国人或者其他境外个人的情况。

"情节严重"是指：给商业秘密的权利人造成的损失数额很大；侵权人违法所得数额很大；多次实施犯罪行为；导致权利人公司失去核心竞争力或者因经营困难而破产、倒闭等情形。

（二）辩点与方向

1. 本罪系行为犯

和其他知识产权的罪名相比，其他七项罪名均是情节犯，而本罪为行为犯，一经实施，即构成本罪。情节的严重程度只是加重处罚的依据，不是犯罪的构成。

2. 要注意本罪与其他罪名的竞合

在我国，有些商业秘密亦是国家秘密，比如传统中药的配方，这种商业秘密亦属于国家秘密的内容。当行为人为境外机构、组织、人员窃取、刺探、收买、非法提供以上信息内容的，其行为同时触犯了两种罪名，亦构成为《刑法》第一百一十一条的为境外的机构、组织、人员窃取、刺探、收买、非法提供国家秘密、情报罪，择一重罪而处。

第三节　知识产权刑事犯罪典型案例

一、杭州某机器人科技公司、朱某某等侵犯著作权案

（一）案情简介

内蒙古某文化传媒公司分别于 2012 年 8 月 29 日、2013 年 1 月 3 日，与杭州某机器人科技公司签订两份《开发加工合同》，约定内蒙古某文化传媒公司向杭州某机器人科技公司定制 400 台自动售书机，合同总价款为 14064800 元，内蒙古某文化传媒公司依合同支付货款 9564800 元。案涉 235 台售书机于 2013 年 1 月 23 日交付给内蒙古某文化传媒公司并投入市场。自动售书机安装的操作系统为案涉软件。自动售书机在使用过程中发生故障，双方产生纠纷。

某操作系统公司于 2014 年 7 月 18 日作出鉴定证明，证明杭州某机器人科技公司为内蒙古某文化传媒公司安装的 235 套案涉软件均属于未经某操作系统公司授权、非法复制安装的盗版软件，相对应的正版软件及市场销售价格为 2001 元/套。呼和浩特市价格认证中心于 2014 年 8 月 18 日作出《估价鉴定结论书》，估价结论为 470235 元。内蒙古自治区价格认证中心于 2016 年 1 月 28 日作出《复核决定书》，认为呼和浩特市价格认证中心出具的《估价鉴定结论书》程序符合有关规定，方法选用恰当，但价格超出合理范围，撤销《估价鉴定结论书》，并认定复核标的在复核基准日的市场参考价格为 202100 元。中国人民大学物证技术鉴定中心于 2014 年 12 月 11 日出具《43 号检验报告书》，案涉扣押的三块硬盘的操作系统版本信息反映，案涉软件的创建、安装时间是 2013 年 3 月 4 日。

控方指控被告单位杭州某机器人科技公司以营利为目的，为降低其生产成本，在未经某操作系统公司授权许可的情况下，擅自复制、使用某操作系统公司享有著作权的某操作系统软件，侵犯了某操作系统公司著作权，非法经营数额达 474237 元，数额巨大；被告人朱某某明知其技术部门罗某某在公司生产的自动售书过程中复制、使用盗版某操作系统软件，仍放任罗某某在公司生产自动售书机中复制、使用某操作系统软件。犯罪事

实清楚，证据确实、充分，应以侵犯著作权罪追究被告单位杭州某机器人科技公司、被告人朱某某、罗某某的刑事责任。

辩护人提出：① 无证据证明案涉软件由谁安装；② 涉案自动售书机上安装的某操作系统软件是否属盗版事实不清；③ 案涉软件在 2008 年 6 月 30 日后已停止销售，已无官方销售价格，即便是使用了盗版软件，非法经营数额也无法认定。

（二）裁判结果

在非法经营数额无法确定的情况下，一审法院认定公诉机关指控杭州某机器人科技公司、朱某某、罗某某的侵犯著作权罪事实不清，证据不足。依照《刑事诉讼法》（2012 年修正，已修改）第一百九十五条第三项的规定，并经审判委员会讨论决定，判决：杭州某机器人科技公司无罪；朱某某无罪；罗某某无罪。

一审判决作出后，检察院提出抗诉。二审法院裁定驳回抗诉，维持原判。

（三）案例启发和意义

该案是典型的无罪辩护意见被法院采信并判决无罪的侵害著作权案件。辩护人综合运用了程序上的无罪推定、存疑有利于被告人和实体上"复制发行"认定、非法经营数额的认定等辩点，对本案中的关键问题进行一一回应，认为自动售书机中的案涉软件由谁安装无法认定，涉案自动售书机上安装的某操作系统软件是否属盗版事实不清，非法经营数额无法确定，并获得法院采信判处被告人无罪，达到了良好的辩护效果。

二、曹某某假冒注册商标案

（一）案情简介

被告人曹某某未经"×牌""×汽""×仓""×孚""×城"注册商标所有人许可，生产"中荷×""×汽××""×仓××"等与上述注册商标相同商标的机油、防冻液等产品，并销售给戴某、李某、刘某（均另案处理）等人，销售金额共计人民币 408354 元。经山东某司法鉴定所鉴定，上述"中荷×""×汽××""×仑××"商标与某牌国际股份公司、中国某汽车公司、中国某能源公司在同一商品上使用的注册商标相同。公诉机关认为，应当以假冒注册商标罪追究被告人曹某某的刑事责任。

辩护人提出的主要辩护理由和意见是：对假冒注册商标"壳牌""一汽""昆仑"产品有异议，被告人曹某某在其产品上使用的"中荷×""×汽××""×仑××"商标、标识，与前述注册商标不构成相同，不会引起相关公众误认；对山东某司法鉴定所出具的鉴定意见书有异议，认为鉴定方法、鉴定结论均有误，不应被采纳。请求对被告人曹某某从轻处罚。

（二）裁判结果

一审法院审理认为，被告人曹某某未经注册商标所有人许可，在同一种商品上使用与注册商标"×孚""×城"相同的商标，又销售该假冒注册商标的商品，情节特别严重，其行为已构成假冒注册商标罪。一审法院作出判决：被告人曹某某犯假冒注册商标罪，判处有期徒刑三年，缓刑四年（缓刑考验期，从判决确定之日起计算），并处罚金人民币二十万元（罚金在判决生效后十日内缴纳）；查获并扣押在案的假冒注册商标的产品及供犯罪所用财物，予以没收。

一审判决后，被告人在法定期限内未提出上诉，检察院亦未提出抗诉，一审判决已发生法律效力。

（三）案例启发和意义

该案是通过否定与注册商标相同来否定假冒注册商标罪成立的典型案例。所谓基本相同的商标，是指两者虽存在字体大小、颜色深浅等细微差异，但在视觉上基本无差别、足以对公众产生误导。行为人未经注册商标权利人许可，在同一种商品上使用与注册商标近似的商标，虽然可能构成商标民事侵权，但不应认定为构成假冒注册商标罪，有关产品数额亦不应计入犯罪数额。该案辩护律师巧妙通过商标图形比对，对检察机关指控的假冒"×牌""×汽""×仑"3个注册商标进行逐一否定，成功将被告人假冒注册商标的个数从指控的 5 个减少到 2 个，销售金额从人民币 408354 元减少到约 20 万元人民币，从而达到了良好的辩护效果。

三、聂某某、吴某某销售假冒注册商标的商品案

（一）案情简介

2016 年 4 月，被告人聂某某（已判刑）与杜某某（已判刑）商议在商洛市推销某名酒。后聂某某和吴某某以每瓶 300 元的价格向杜某某销售某名酒，再由杜某某以每瓶 750 元到 780 元的价格先后多次销售给商洛市某商贸有限责任公司。案发前，聂某某、吴某某共通过杜某某销售给商洛市某商贸有限责任公司某名酒 650 箱（每箱 6 瓶），合计 3900 瓶，销售金额117 万元。该批酒部分流入市场后被发现，公安机关追回 2951 瓶。经某酒厂公司对追回的 2951 瓶某名酒进行检验，该批某名酒均不是某酒厂公司包装生产的"××"酒，属于侵犯该公司"××"注册商标专用权的商品。经商洛市产品质量监督检验所检验，追回的某名酒符合《食品安全国家标准蒸馏酒及其配制酒》的要求。

一审法院认为，被告人聂某某、吴某某以营利为目的，违反商标管理法规，未经商标权人许可，销售明知是假冒注册商标的商品，销售金额数额巨大，二被告人的行为均已构成销售假冒注册商标的商品罪；遂作出以下判决：被告人聂某某犯销售假冒注册商标的商品罪，判处有期徒刑四年，并处罚金八十万元；被告人吴某某犯销售假冒注册商标的商品罪，判处有期徒刑二年，并处罚金四十万元。

一审判决后，被告人聂某某提出上诉。

（二）裁判结果

二审法院认为，虽然本案证据能够证明上诉人聂某某销售 650 箱（3900 瓶）某名酒的事实，但由于客观原因，仅对公安机关扣押的 2951 瓶某名酒经检验为侵犯某酒厂公司"××"注册商标专用权的商品，其余 949 瓶因原物灭失无法检验是否属于假冒注册商标的商品，故对上诉人聂某某、吴某某销售假冒注册商标商品的数量及违法所得，应以 2951 瓶计算，辩护人提出的辩护意见成立。

综上，原审判决定罪准确，但因认定上诉人聂某某及原审被告人吴某某销售假冒注册商标的商品的数量有所减少，故应对其二人的量刑和违法所得数额进行适当调整。二审法院判决：上诉人聂某某犯销售假冒注册商

标的商品罪，判处有期徒刑三年六个月，并处罚金八十万元；原审被告人吴某某犯销售假冒注册商标的商品罪，判处有期徒刑一年，并处罚金四十万元。

（三）案例启发和意义

该案是通过否定销售的商品属于"假冒注册商标的商品"从而否定销售假冒注册商标商品罪的典型案例。辩护律师提出两点辩护意见：一是根据被告人的辩解，提出被告人所销售的商品没有商标，不是假冒注册商标的商品；二是对销售假冒注册商品的商品数量提出异议。虽然第一点辩护意见由于证据不足未被法院采纳，但是第二点辩护意见被法院采纳，将无法证明的部分从销售假冒注册商品的商品数量中相应扣除，二审法院在量刑上相应减少了六个月，达到较好的辩护效果。

四、周某某假冒专利案

（一）案情简介

某县人民检察院指控，1999 年 5—9 月，被告人未经中国某实用新型专利权人卢某某许可，擅自组织生产侵犯该专利权的××牌双层艺术玻璃口杯，并分别销至河北、江西、成都等地，共销售 3168 只，非法经营额281673.5 元。公诉机关认为被告人的行为已构成假冒专利罪，请求依照《刑法》第二百一十六条之规定处罚。

辩护人认为，被告人不构成假冒专利罪，其理由如下：1. 被告人是合法生产销售××口杯，没有假冒卢某某的专利；2. 山东省专利管理局的专利侵权咨询鉴定书不能作为认定被告人侵犯卢某某专利的证据使用；3. 被告人向专利复审委员会请求宣告卢某某专利无效，是依专利法享有的权利，不能因此推断被告人生产销售××口杯就是使用、侵犯了卢某某的专利；4. ××口杯没有冒用或实施（包括生产销售）卢某某的姓名、专利名称、专利号或专利标记，被告人不具备假冒专利罪的客观要件。

（二）裁判结果

法院认为，被告人在生产、销售××口杯前即明知卢某某具有涉案专利权，具有假冒专利罪的主观要件。被告人在专利保护期内，未经专利权人许可，为生产经营目的非法制造、销售侵犯他人专利权的××口杯，属假冒专利行为。被告人非法经营额 282366.52 元，非法获利 76446.52 元，属假冒专利情节严重，被告人具备假冒专利罪的客观要件。判决如下：被告人周某某犯假冒专利罪，判处有期徒刑 2 年，并处罚金 5 万元，罚金于判决生效后 10 日内缴纳；被告人周某某非法获利 76446.52 元予以追缴，赃物××口杯 300 只予以没收。

一审宣判后，被告人不服，提起上诉，二审法院裁定驳回上诉，维持原判。被告人仍不服，向二审法院提出申诉，法院决定驳回申诉。

（三）案例启发和意义

该案是辩护人做无罪辩护的假冒专利罪典型案例。本案中，辩护人提出合法生产销售、专利侵权咨询鉴定书不能作为认定被告人侵犯卢某某专利的证据使用，请求宣告专利无效是合法行使权利，没有冒用或实施卢某某的姓名、专利名称、专利号或专利标记，被告人不具备假冒专利罪的客观要件等辩护理由，主张被告人无罪。辩护人的辩护意见没有得到法院的支持，最终被告人被判处假冒专利罪。

值得注意的是，该案一审判决时间是 2000 年 5 月 23 日，当时有效的《专利法》（1992 年修正，1993 年 1 月 1 日开始实施）第六十三条第一款规定"假冒他人专利的，依照本法第六十条的规定处理；情节严重的，对直接责任人员比照刑法第一百二十七条的规定追究刑事责任。"即比照 1979 年《刑法》假冒注册商标罪处罚。《刑法》在 1997 年全面修订后，增设了假冒专利罪，但是对于什么是"假冒他人专利"的行为并没有明确规定，1992 年修订的《专利法实施细则》对此也没有明确规定。因此，该案在审判时，司法上对于什么是假冒他人专利的行为并未形成共识。直到 2001年，新修订的《专利法实施细则》第八十四条明确规定了"假冒他人专利的行为"，《最高人民法院、最高人民检察院关于办理侵犯知识产权刑事案件具体应用法律若干问题的解释》（法释〔2004〕19 号）第十条沿用了2001 年修订的《专利法实施细则》第八十四条对"假冒他人专利的行为"的界定，即"（一）未经许可，在其制造或者销售的产品、产品的包装上标注他人专利号的；（二）未经许可，在广告或者其他宣传材料中使用他人的专利号，使人将所涉及的技术误认为是他人专利技术的；（三）未经许可，在合同中使用他人的专利号，使人将合同涉及的技术误认为是他人专利技术的；（四）伪造或者变造他人的专利证书、专利文件或者专利申请文件的。"若据此，该案中被告人的行为并未使用他人专利号，因而不属于假冒专利的行为，而是专利侵权行为，辩护人可主张侵权抗辩。

五、北京某铁道技术有限公司等侵犯商业秘密案

（一）案情简介

被告人郭某于 2010 年底入职青岛某铁道技术有限公司，担任公司技术人员。郭某同公司签订了保密协议，工作职责包括绘制用于模具生产的图纸，并负责保管、经手模具研发相关图纸。被告人郭某绘制、保管的相关图纸可以体现出模具的"秘点"技术信息。2012 年初，被告人郭某就职于被告单位北京某铁道技术有限公司，担任公司技术人员。2013 年间，被告人郭某提议将上述模具技术申请为专利，并提供专利申请所需材料。后北京某铁道技术有限公司于 2013 年 4 月 26 日提出"一种用于模制纵向轨枕的模具"专利申请，上述专利于 2013 年 10 月 9 日公开（公告）。该项专利内容与青岛某铁道技术有限公司设计的模具中的核心"秘点"技术信息具有同一性。经查，青岛某铁道技术有限公司为设计能实现"秘点"技术信息的模具投入研发成本共计人民币 80 余万元。

一审法院认为，被告单位北京某铁道技术有限公司及其直接责任人员被告人郭某违反权利人有关保守商业秘密的要求，披露其所掌握的商业秘密，给商业秘密权利人造成重大损失，其行为已构成侵犯商业秘密罪，应予惩处。故判决：① 被告单位北京某铁道技术有限公司犯侵犯商业秘密罪，判处罚金人民币十万元；② 被告人郭某犯侵犯商业秘密罪，免予刑事处罚。

被告单位和被告人不服一审判决，提起上诉。

（二）裁判结果

二审法院认为认定北京某铁道技术有限公司、郭某具有侵犯商业秘密罪的主观故意的证据不足，北京某铁道技术有限公司、郭某均不构成侵犯商业秘密罪。作出以下判决：① 撤销一审法院刑事判决；② 上诉单位（原审被告单位）北京某铁道技术有限公司无罪；③ 上诉人（原审被告人）郭某无罪。

（三）案例启发和意义

该案是一审判决构成侵犯商业秘密罪，二审辩护人通过精准辩护最终二审法院改判无罪的典型案例。二审辩护人主要提出三点辩护意见：一是认定涉案模具技术信息为商业秘密证据不足；二是涉案模具技术归属认定有误；三是不存在犯罪故意与犯罪行为。其中，第一点辩护意见围绕商业秘密的秘密性和新颖性展开。第二点辩护意见实质上是围绕着侵犯商业秘密罪的主观故意展开，如果能够认定涉案模具技术属于被告单位，那么将自己的商业秘密申请专利就不存在侵犯商业秘密问题。第三点辩护意见主要也是围绕侵犯商业秘密的主观故意展开。二审法院最终采纳第三点辩护意见，认为认定北京某铁道技术有限公司、郭某明知涉案模具技术属于青岛某铁道技术有限公司商业秘密而故意将之申请专利予以公开的证据不足，判决被告单位和被告人无罪。案例启发意义在于生效民事裁判认定构成侵犯商业秘密行为，在刑事上并不当然就构成侵犯商业秘密罪，侵犯商业秘密行为的主观要件可以是故意或者过失，但是侵犯商业秘密罪的主观要件只能是故意，并且在刑事上故意的证明标准要高于民事侵权行为故意的证明标准。

第九章
中国企业的海外知识产权管理

伴随中国对外经济合作交流的增多，中国企业在海外所面临的知识产权风险也逐年上升，中国深度参与国际知识产权交流合作以不断完善知识产权海外维权机制的价值日益显著。中共中央、国务院发布的一系列文件诸如《国家知识产权战略纲要》（国发〔2008〕18号）、《国务院关于新形势下加快知识产权强国建设的若干意见》（国发〔2015〕71号）、《知识产权强国建设纲要（2021—2035）》等均提到，提升知识产权创造、运用、保护、管理和服务水平，深化知识产权国际交流合作，深度参与全球知识产权治理，推动完善知识产权国际规则，完善知识产权海外维权援助机制等内容。

鉴于当前我国经济仍然存在很大比重的出口贸易、投资，企业仍有大量"走出去"的需求和价值，我们有必要剖析当前企业在海外所面临的知识产权风险，探讨企业运用国际规则维护自身权益和经济利益的方式，助力企业在"走出去"的贸易投资机遇中提升自身应对和解决知识产权风险的能力。本章通过梳理中国企业"走出去"过程中面临的知识产权风险，并以此为基础选取国际商标领域讨论中国企业在海外的商标布局与保护策略，以更好推动企业"走出去"和参与"一带一路"投资交流与合作。

第一节　中国企业"走出去"面临的知识产权风险

一、中国企业"出海"涉知识产权纠纷的可能性高

中国企业在"出海"过程中面临的知识产权风险类型较多，大体涵盖专利权、商标权、著作权侵权风险，侵犯商业秘密以及"337调查"、反倾销反补贴调查风险等。这些风险引起的纠纷数量近年来长期居高不下，原因既在于海外国家与我国不同的司法制度和各国贸易保护主义给企业带来的市场准入壁垒，也在于我国企业自身针对海外知识产权风险的预判与准备不足，因而共同导致了中国企业在海外涉知识产权纠纷长期数量较大。

从中国知识产权研究会、国家海外知识产权纠纷应对指导中心针对2022年中国企业在美的知识产权案件调查结果来看，中国企业在美知识产权诉讼新立案986起，数量总体持续上涨，其中商标诉讼新立案718起，增长35.73%，专利新立案287起，这些纠纷共涉及中国企业9569家，较上年增长75.06%，其中98.16%的中国企业为被告。

此外，中国是涉及美国"337调查"案件数量最多的国家。2010年到2020年间，美国国际贸易委员会（ITC）发起涉中国企业调查案件191起，占全部调查案件总数的35.4%。这一比例在2019年甚至高达57.4%。2022年中国企业涉美"337调查"共计22起，涉及107家中国企业，其中91.67%的案件因专利侵权被立案调查。同时，中国连续超过十五年成为全球遭遇反倾销、反补贴调查立案最多的国家，2020年中国遭遇28个国家（地区）发起的132起贸易救济调查，涉案金额达131亿美元。

二、海外知识产权诉讼成本和判赔金额较大，案件周期长，企业成本高昂

多年来，中国企业通过政府交涉、在诉讼及WTO框架下进行法律应诉以及寻求产业对话等多种方式不断应对纠纷，积累了大量知识产权纠纷解决经验，并切实获得了知识产权争议解决的显著成效，应对结果逐渐向

好。然而，企业在这中间也花费了高额应诉费用，以及承担了在被动应诉中难以实际估量的损失。

知识产权纠纷往往技术含量高，调查时间长，举证难，程序复杂，因而应诉成本高昂。欧美国家的知识产权保护规则在知识产权许可、侵权赔偿等方面均有严格的标准，其导致的知识产权纠纷解决成本也远远高于我国。知识产权案件诉讼审理周期通常较长也是另一成本增加的重要原因。近年来已结案件数据显示，专利诉讼审结的平均周期为480天，商标诉讼审结的平均周期为220天，商业秘密诉讼审结的平均周期甚至长达777天。

在此情况下，中国企业若在欧美等发达国家涉及知识产权纠纷必然面临高昂的应对成本。以美国为参考，美国一项知识产权侵权诉讼的律师费用在500万美元左右，一项"337调查"的律师费用也在200万美元左右，例如浙江通领科技集团应对美国"337调查"投入的律师费用约为1080万美元。这笔高昂费用往往是中小企业无力承担的。

此外，基于欧美等国严格的知识产权保护规则，企业面对的判赔不仅包括权利人的损失，甚至还会遭遇远高于实际损失的惩罚性赔偿，导致知识产权侵权诉讼的判赔金额很高。根据国家海外知识产权纠纷应对指导中心提供的2022年数据来看，专利诉讼平均判赔额为382.1万美元，商标诉讼平均判赔额为47.8万美元。其中，在涉及跨境电商的知识产权诉讼中，超过78%的中国企业败诉，平均判赔金额为9.4万美元，我国庞大的跨境电商群体面临巨大的知识产权风险挑战及伴随而生的经济负担。高额的经济赔偿加重企业的负担，不利于企业进一步"走出去"。

三、海外国家知识产权壁垒阻碍中国企业向外拓展

伴随国家倡导企业"走出去"以及积极推进"一带一路"倡议经贸往来，中小企业向海外市场发展的数量增幅在企业总体数量中占比最高。中小企业在对外贸易中所占贸易额增加的同时，基于知识产权的国际贸易壁垒和限制措施也不断增加。

为实施贸易保护，美国通过"337调查"的方式在关键领域、核心技术上对中国企业基于知识产权手段展开制裁，中国企业由于知识产权的弱势，常面对严厉的制裁措施和高昂的应诉成本。尤其近年来"337调查"针对的企业类型逐渐从传统生产密集型制造业向技术密集型行业过渡，中

国企业若拥有核心知识产权产品的比例较低，则会处于劣势地位。根据国家海外知识产权纠纷应对指导中心《2021年中国企业在美知识产权纠纷调查报告》，2011年到2021年，美国ITC发起调查的中国企业主要集中在电子设备以及娱乐、工艺美术等行业，针对这些企业的专利侵权展开调查。这期间，4G时代中国的电子通信移动设备生产企业均不得不在销往海外的国产手机上缴纳高额专利费，进入5G时代后，随着中国在全球标准关键专利技术上占比提升，这种情况得到很大改善。但是对于中小企业而言，这仍然是不小的风险和挑战。

四、海外市场中不同国家知识产权保护制度和发展程度不同，情况复杂

欧美等发达国家往往知识产权立法较完善，为保护本国技术优势和本土企业技术研发，往往通过建立严格的知识产权司法、执法体系以及一系列救济措施，为本土企业将技术转化为经济效益并提高市场竞争力提供强有力的制度保障。中国企业尤其是中小企业在这些国家（地区）的市场中必然会面临知识产权方面的严厉措施。

"一带一路"倡议的参与国多为发展中国家，经济基础多依赖能源、农牧业以及原材料生产与出口，科技含量不高，知识产权立法与执法情况较薄弱。中国企业在这些国家布局、投资与合作时，则面临知识产权被侵权的风险，既往已有企业在"一带一路"国家中遇到商品被大量仿制与销售的情况。

因此，不同的国家和地区市场往往带来不同的知识产权风险，情况复杂，并无统一的应对方法。

五、中国针对"走出去"企业海外知识产权维权的相关政策与举措

面对以上复杂的国际知识产权环境，为鼓励企业"走出去"，我国制定了一系列支持企业海外知识产权维权的措施，围绕重点出口企业开展了一系列纠纷应对指导工作，并发布政策性文件加以贯彻执行，如《关于进一步加强知识产权维权援助工作的指导意见》（2020）、《关于进一步加强海外知识产权纠纷应对机制建设的指导意见》（2021）、《知识产权强国建

设纲要和"十四五"规划实施年度推进计划》（2022）、《国家知识产权保护示范区建设方案》（2022）等。

国家通过国家海外知识产权纠纷应对指导中心及其各地分中心等机构向企业提供一系列积极应对海外维权支持举措，包括动态信息、环境信息、法律法规、实务指引等信息共享服务，内外联动工作机制、专班服务、风险预警等纠纷应对与咨询服务，海外侵权责任险等保险业务以及海外维权互助基金。

针对"一带一路"倡议，我国政府还积极与欧亚专利组织、东盟知识产权组织等涉及知识产权的国际组织建立联系，帮助中国企业应对有关国家的知识产权风险与纠纷。

第二节　企业的海外商标布局与保护策略

中国企业出海过程中为应对知识产权风险与纠纷，维护自身权益，保障海外投资及业务开拓、发展，应当基于前述可预见风险构建知识产权风险预警和管理机制：熟悉目标国家（地区）知识产权法律法规和政策，及时掌握法律法规和政策环境变化信息，不断调整境外投资策略和知识产权预警机制，了解行之有效的纠纷解决机制；重视并加强知识产权布局，充分运用知识产权规则保护企业核心技术，将知识产权策略融入技术开发、生产经营管理、市场营销战略中，针对所在行业和企业业务特点有效提升知识产权风险防范，形成有效防范知识产权国际纠纷的完备体系，以帮助企业提高竞争优势。

知识产权布局，即在类别、时间、空间上对知识产权保护途径进行规划与部署。《知识产权强国建设纲要（2021—2035 年）》《"十四五"国家知识产权保护和运用规划》已确立知识产权保护与商标品牌建设工作之间的紧密关联，企业在海外市场的商标布局构成企业出海知识产权布局的重要环节。

企业的市场竞争归根结底是品牌的竞争，品牌是市场的"通行证"，而品牌的核心是商标，因此商标布局在"走出去"企业知识产权布局中占据的分量很重。加强企业品牌管理，积极开展商标海外布局与保护策略，可以有效帮助企业在海外培育品牌竞争力和国际影响力，提升知名度。同时，商标的管理注册有专有性和地域性，因而品牌"出海"遵循"产品（销售）未动，注册先行"的原则，商标的预先有效布局既可以避免他人在先权利，也可以避免被竞争对手及境外企业恶意抢注，阻碍企业拓展国际市场的步伐，给企业造成不必要的利益损失。

一、我国企业在海外商标布局的整体情况

我国企业在海外市场往往重视商品营销，轻视商标布局。这些企业通常仅在与其商品服务相关的有限类别上注册申请国内商标。2018 年至 2022 年间，我国通过马德里体系申请国际商标注册的申请率常年仅为 0.02%—0.04%。如此低的国际注册申请率反映了我国企业缺乏海外商标注册申请的统一布局以及长远的商标与品牌发展规划。同一期间，德国企业的国际注册申请率达 0.26%，日本企业达 0.09%。与部分发达国家相比，我国企业在国际商标注册申请上仍有很大的提升空间。

二、中国品牌和企业在海外遭遇商标抢注和商标侵权情况

海外商标布局的能力决定了企业海外商标保护的能力。缺乏海外布局导致中国企业在海外常面对被抢注或被侵权使用的现状。近年来，诸多知名中国企业和品牌遭遇海外商标恶意抢注，如王致和、狗不理、老干妈等知名商标在德国被恶意抢注，五粮液、茶颜悦色等在韩国被抢注。小米手机在进军墨西哥市场时发现"小米"相关商标已被抢注，只能另外申请注册商标，使得品牌在当地市场被严重低估；重庆鼎工机电公司的商标在巴基斯坦被抢注，对方甚至以此要挟获得公司 5 年独家代理权。

在中国企业"走出去"的热门地区东南亚，中国企业和品牌商标被抢注和侵权的案例更是屡见不鲜。2022 年 6 月，中华商标协会曾发布预警提示有 21 个新能源领域的品牌商标在菲律宾等东南亚国家均有被抢注的行为。

无独有偶，2023 年 12 月泰国知识产权和国际贸易中央法庭宣布了中国瑞幸咖啡公司诉泰国皇家 50R 集团侵犯商标及著作权的判决——中国瑞幸咖啡公司败诉。泰国皇家 50R 集团旗下的泰国瑞幸咖啡有限公司在泰

注册申请了瑞幸品牌商标，泰国瑞幸品牌商标除文字部分是泰文外，其他视觉设计与中国瑞幸商标高度相似，仅将中国瑞幸的LOGO做了镜像翻转。相关公众在泰国看到泰国瑞幸咖啡从店面装修、商标设计至咖啡杯、手提袋的包装设计几乎均抄袭中国瑞幸咖啡，极易误认为是中国的瑞幸咖啡入驻泰国而纷纷前往打卡。从商标布局和保护的角度，中国瑞幸咖啡败诉的主要原因在于泰国瑞幸咖啡公司在泰国最先注册申请商标并使用。根据泰国法律法规，由于中泰之间没有签订商标合作协议，泰国瑞幸咖啡最先向泰国商标局注册申请该商标即有权在泰国从事该领域的业务。由于泰国瑞幸确实投入运营，在泰国开设多家咖啡店并正常经营，根据泰国法律，该商标大概率不会被认定为"恶意抢注"而是在先申请。这个案例足以凸显中国企业提前进行海外商标布局和保护的重要性。提前进行海外商标的注册申请与维护可以极大避免知名商标被侵权后因所在的法律、政策等原因而无法维权导致的巨大损失。若能提前进行商标海外布局，相比事后维权则显得事半功倍。

上述案件的出现，一方面是由于中国企业海外商标布局与保护的意识淡薄，另一方面在于中国企业在国外市场中也必须面对当地贸易保护主义、以商标等知识产权作为阻碍外国企业进入的客观现实。由于各国之间知识产权法律法规的差异和发展不均衡，遭遇侵权后再维权的难度远远高于预先布局、注册申请。这也是中国出海企业预先进行海外商标布局与申请对于商标与品牌保护的意义所在。

三、中国企业海外商标布局与申请

（一）企业海外商标申请的时间计划

从时间上说，企业海外商标申请布局是一项需要前瞻性的规划。海外申请商标的时间计划和不同国家申请的先后顺序既要考虑企业在海外国家的业务发展，也要考虑不同目标国家法律法规和政策环境的差异。

首先，针对拟出海的多个目标国家，企业需要了解和梳理目标国家商标申请流程、注册周期、费用等基本情况。基于每个国家地域性的知识产权规则，各国在商标审查方式和周期上存在巨大差别，如德国、新加坡等国家商标审查周期短，申请后1年内通常可获得注册，印度等国家审查周期长，往往经历几年时间才可获得注册。不同国家商标注册申请的成本也不尽相同，欧美或中东国家一般费用高昂，发展中国家则偏低。这些均可纳入企业海外商标布局的考量因素。

其次，企业"走出去"一般会制定商品或服务上的市场规划，企业应基于这些业务规划提前排查重点市场，了解市场所在国家（地区）知识产权法律法规环境，并开展商标风险检测与排查，在商品和服务投入市场前将商标侵权风险降至最低。不同的规划时间需要的商标布局方案也不同，对于短期内还未进入市场的商标，可以适当提前在核心类别上集中申请，以较小的注册花费避免未来维权上的更大损失。

（二）企业海外商标申请的目标国（地区）确立

首先，企业在制定海外商标布局计划时可以参考同行业企业的海外商标注册情况，基于大数据分析同类企业在不同国家和地区商标申请数量及类别，继而制定自己的方案。

其次，多数"走出去"的中国企业申请海外商标不仅是为了防御，更重要的是根据业务需求对商标和品牌进行全球布局。企业出海第一站有必要选择政策友好的国家（地区）开展业务，因而目标国的法律政策环境也应纳入重要的考量因素。如遇欧盟国家，则可以直接向欧盟申请商标注册，非欧盟国家也可以通过马德里体系将商标向目标国延伸。

最后，实践中，企业可以将商品服务已出口或即将出口的国家（地区）划定为核心区域，重点布局商标注册申请，将商品服务即将出口的国家（地区）划定为重点区域，提前布局适当申请，将中短期无明确规划但长期发展中可能会覆盖的国家（地区）作为其他区域，提前防御布局，防止恶意抢注。

（三）企业海外商标申请注册的途径

1. 马德里商标国际注册

马德里国际注册基于 1891 年签订的《商标国际注册马德里协定》和 1989 年通过的《商标国际注册马德里协定有关议定书》的约定建立起当前使用最广泛的国际商标注册体系。截至 2023 年，马德里体系拥有 114 个缔约方，涵盖 130 个国家和地区，覆盖世界贸易超过 80％ 的领土范围，其管理机构为世界知识产权组织国际局（以下简称"国际局"）。因此，马德里商标国际注册是进行国际商标注册最重要的途径之一。

作为一个缔约国广泛的国际商标注册途径，马德里商标国际注册具有显著优势：

（1）注册申请效率高。申请人可在原属国递交申请并一次性覆盖多个指定国家（目标国家必须为马德里联盟成员），申请人在原属国已注册或已申请的商标，只需使用一种语言（英语、法语、西班牙语）提交一份申请即可。通常情况下申请人在原属国已有基础申请或注册并且权利基础稳定。

（2）注册申请费用低。马德里体系注册申请费用标准透明，并要求缔约方的规费不得高于其国内注册费用。同时申请人的申请通过原属国向国际局转递，可使企业节省在目标国单一申请所需的代理费、律师费等。

（3）注册申请时间短。国际局受理后将通知指定国家进行实质审查，不同国家需在自国际局通知日起的 12 或 18 个月内完成审查。马德里体系遵循"默许原则"，在上述审查期间，如果被指定国家没有发出驳回通知，所申请商标在指定国家自动获得保护。马德里商标注册被核准保护后，大多数国家主管机关也无须单独发出商标注册证书。

（4）管理有效。马德里体系适用统一的管理平台，有利于申请人统一进行后续业务，包括指定、变更、转让、续展、删减等均可提交一份申请统一办理，避免不同国家的烦琐流程。

2. 单一国家商标注册

我国企业可以依据各国法律逐一向各国商标主管机关申请注册商标。此种方式不要求原属国提出申请或注册，申请国家主管机关可单独签发商标注册证。非马德里体系缔约国一般只能通过此种方式申请商标注册。

此种方式适用范围最广，但是成本较高。由于各国使用语言、申请注册条件、商标审查标准等均存在差异，申请人需要应对不同模式的申请和审核，并通过多种货币缴纳费用，相对烦琐。因此，申请人若使用此种方式申请，通常需委托海外律师或专业代理机构办理商标申请注册。

3. 地区注册申请

我国企业可以通过向一个区域性国际组织提交商标注册申请，获准注册后该商标的保护效力及于区域内各成员国。目前使用较多的国际组织包括欧盟知识产权局、比荷卢知识产权组织、非洲知识产权组织、非洲地区工业产权组织等。

相比单一国家商标注册，通过地区注册获准后效力可覆盖该区域性组织所有国家的商标专用权，此种方式更为便捷。但同时伴随的缺点是，如该申请被驳回，则在该区域各成员国内均不能获准注册。

实践中，企业可以根据其在国内商标注册的情况、商标在不同市场获得保护的时间规划等多方面因素进行综合考量，综合采用上述三种申请途径相结合的方式，确保利益最大化。如指定目标国家（地区）数量多，则优先考虑马德里商标国际注册申请方式进行布局。

第三节　中国企业海外商标申请面临的常见问题

一、文字商标的注册与维持

中国企业在国内申请商标习惯以纯中文为主。对于纯中文商标，外国审查机关可能会认为当地人无法识别中文商标的含义，因而商标无法起到识别商品服务来源的作用，被判定缺乏显著性，为应对此种情况，需要注意收集商标在其他国家的注册证明以及大量商标使用证据。

此外，为了在其他国家（地区）注册申请商标，企业常常会选择申请注册一个纯英文标识作为基础商标，再通过马德里体系进行延伸。这种选择需要企业关注该英文商标的实际使用问题，因为根据马德里体系"中心打击"原则，自国际注册之日起 5 年内基础商标未被核准或被撤销或宣告无效，国际商标则同时失效。

二、在美国申请时"申请基础"的确定

美国商标申请对"使用"的标准较高，审查遵循"保护使用在先原则"，一般要求申请人在申请中针对全部指定商品和服务项目提交使用证据作为申请基础。通常企业申请基础包括"实际使用""意图使用""存在

外国注册""基于马德里注册""基于优先权申请"等类别，较为严格。商标申请注册后，企业还需在商标注册后第五年、第六年、第十年提供真实使用证据，显然维持商标注册的条件更严格。

因此，考虑到美国法律法规，企业若暂无进入美国市场的计划，可考虑在商标申请后先提交意图使用证明，也可起到防止他人在美国恶意抢注商标的作用，而非一定直接依据《美国商标法》44（d）通过"在外国持有商标证"直接在美国注册商标。

三、关注相同商标在类似群组的共存风险

不同国家针对相同商标在相同商品服务类别、类似群中是否可以共存存在完全不同的标准。部分国家在商标领域存在禁止重复申请原则，如日本、韩国、俄罗斯等国家禁止同一申请人在相同商品或服务上重复申请相同商标，一经发现则申请人须删除在后申请的指定项目。在中国，相同商标在同一类似群组不可共存，然而在欧洲部分国家，这一共存存在可能性，法律允许部分情况下相同商标在类似商品上申请，若双方权利人达成合意，商标则可以共存。

此外，部分欧洲国家在商标申请时并不做实质审查，只向近似商标权利人发送通知，告知在相同或类似商品、服务类别上监测到相同或近似商标，权利人可据此提起商标异议。若权利人认为该商标暂未开始使用，不构成威胁，也可以暂时不提起异议，日后仍可提起无效程序。由此可见，在这些国家（地区），已注册商标仍然存在侵权风险。基于此种情况，企业在这些国家（地区）申请注册前做好更加审慎的商标检索和排查至关重要，在商标注册后仍需时刻关注商标情况。

四、注册后商标维护

多数国家商标有效期为 10 年，到期前须办理续展，否则商标将无效。还有国家诸如美国、墨西哥、菲律宾等需要在商标有效期届满前确认商标仍在使用，因此企业在海外注册申请后仍要注意商标权的维护，避免因疏忽导致此前申请注册失效。

　　拥有海外商标权是企业进入国际市场的通行证。未获取商标就将商品和服务推入国际市场，企业则会面临商标侵权、商标抢注的风险以及伴随而来的经济损失。面对不断变化的国际交流与广阔的国际合作、国际市场，中国企业在"走出去"的机遇中拥有巨大的投资与发展潜力，但也须及时应对知识产权风险与纠纷带来的挑战。积极以业务为中心开展海外商标布局，将后续的维权风险降至最低，不仅有利于企业提升品牌影响力与竞争力，更能助力企业集中于国际业务中不断开疆拓土，将商品与服务推向世界。